Helmut Rzehak (Hrsg.)

Echtzeitsysteme und Fuzzy Control

Helmut Rzehak (Hrsg.)

Echtzeitsysteme und Fuzzy Control

Konzepte, Werkzeuge, Anwendungen

Das in diesem Buch enthaltene Programm-Material ist mit keiner Verpflichtung oder Garantie irgendeiner Art verbunden. Der Herausgeber und der Verlag übernehmen infolgedessen keine Verantwortung und werden keine daraus folgende oder sonstige Haftung übernehmen, die auf irgendeine Art aus der Benutzung dieses Programm-Materials oder Teilen davon entsteht.

ISBN 978-3-528-05432-8   ISBN 978-3-322-85506-0 (eBook)
DOI 10.1007/978-3-322-85506-0

Vorwort

Seit 1990 findet jährlich die ECHTZEIT, eine Kongreßmesse für Echtzeit-datenverarbeitung statt, die sich als ein Forum für den Informationsaustausch zwischen Entwicklern und Anwendern sowie zwischen Forschung und Praxis sehr gut etabliert hat. Die Kongreßvorträge wurden in einem Tagungsband an die Teilnehmer verteilt, der jedoch nicht im Buchhandel erhältlich war. Als Verantwortlicher für das Kongreßprogramm habe ich mir für eine Reihe guter Beiträge eine größere Verbreitung gewünscht, und so ist der Gedanke gereift, eine Auswahl von Beiträgen als Buch zu veröffentlichen. Dieser Gedanke hat sich in dem vorliegenden Band konkretisiert.

Der Titel "Echtzeitsysteme und Fuzzy Control" berücksichtigt, daß Fuzzy Logik zunehmend als Lösungsansatz für Echtzeitanwendungen benutzt wird und soll nicht als ein Zugeständnis an den Zeitgeist mißdeutet werden. Bei der Auswahl wurde berücksichtigt, daß die zum allgemeinen Verständnis notwendigen Grundlagen sowie die bei den Anwendungen auftretenden grundsätzlichen Probleme und deren Lösungsmöglichkeiten dargestellt werden. Dabei mußte natürlich der Wunsch des Verlags berücksichtigt werden, den Umfang zu begrenzen.

Die ausgewählten Beiträge eignen sich auch zur Einarbeitung. Damit der Leser einen maximalen Nutzen aus dem Buch ziehen kann, wurden die Texte einheitlich aufbereitet und ein Index erstellt.

Die Aufbereitung der Texte und das Erstellen des Index ist mit viel Kleinarbeit verbunden. Hierbei bin ich von meinen Mitarbeitern, Frau Dipl.-Inform. H. Fahn-Friedle und Herrn Dipl.-Ing. M. Mächtel tatkräftig unterstützt worden. Hierfür möchte ich beiden meinen Dank und meine Anerkennung aussprechen. Dank gebührt auch den Beitragenden für die Bereitschaft, uns die Rohfassungen in der von uns gewünschten Form auf Datenträger zur Verfügung zu stellen, und dem Verlag für die Herausgabe des Bandes.

Neubiberg, im März 1994   Helmut Rzehak

Inhaltsverzeichnis

Einführung

Konzepte und Leistungsmerkmale von Echtzeitbetriebssystemen

Fuzzy-Logic in der Prozeßautomatisierung

Leistungsaspekte aktueller Rechnerarchitekturen

Werkzeuge für Programmierung und Test

Autorenliste

Sachwortverzeichnis

Echtzeitsysteme und Fuzzy Control
Übersicht über Technik und Anwendungen

H. Rzehak

1. Technische und wirtschaftliche Bedeutung

Rechner wurden bereits zu Beginn der Rechnerentwicklung für zeitkritische Anwendungen eingesetzt. Anfangs fristete dieser Anwendungsbereich ein Nischendasein und war nur für wenige Experten von Interesse. In den letzten Jahren kann man jedoch eine explosionsartige Ausweitung beobachten, so daß sich die technische und wirtschaftliche Bedeutung grundlegend geändert hat. Eine ähnliche Entwicklung liegt für Anwendungen der Fuzzy Logik noch vor uns. Es wird noch näher zu begründen sein, warum auch hier mit einer beträchtlichen Ausweitung der Anwendungen gerechnet werden kann.

Grundlage für diesen Aufschwung ist zunächst wie in anderen Rechneranwendungen die Leistungssteigerung bei Mikroprozessoren um mehrere Größenordnungen, die mit einer gewaltigen Kostenreduktion verbunden ist. Dadurch wurde der Einsatz in vielen Anwendungsbereichen unter wirtschaftlichen Aspekten erst möglich, und ältere Verfahren (z.B. aus der Regelungstechnik) konnten abgelöst werden. Gegenüber der kommerziellen Rechnernutzung verlief der Aufschwung etwas zeitverschoben. Die wichtigsten Ursachen hierfür sind:

- Das Marktvolumen wurde gegenüber Anwendungen in Organisation und Verwaltung geringer eingeschäzt. Deshalb wurden diese Bereiche für Investitionen zunächst bevorzugt.

- Das Rechensystem tauscht Daten unmittelbar mit der Umgebung aus. Entsprechende Baugruppen (Prozeßperipherie) mußten erst preisgünstig zur Verfügung stehen.

- Es müssen häufig spezielle Aspekte eines einzelnen Anwendungsfalls berücksichtigt werden. Der Einsatz von Standardsoftware wird dadurch erschwert. Allgemeine Lösungen für eine Klasse von Anwendungsfällen und Methoden zur Anpassung an den Einzelfall mußten erst entwickelt werden.

- Dem beträchtlichen Aufwand für die Entwicklung steht die geringe Leistungsfähigkeit der Entwicklungshilfsmittel gegenüber.

- Durch die Fortschritte in der Mikroelektronik und die damit verbundene Miniaturisierung waren viele Anwendungen wie z.B. in der Konsumelektronik erst möglich.

Heute werden Echtzeitanforderungen auch in Anwendungen aus Organisation und Verwaltung gestellt, und die Wachstumsraten werden für Echtzeitanwendungen als sehr hoch eingeschätzt. Dies ist darin begründet, daß Rechensysteme zunehmend zur Automatisierung von Abläufen dienen, bei denen die Aufgaben nicht mehr so recht in das klassische Schema von Dateneingabe, Verarbeitung und Datenausgabe passen. Ein angemesseneres Schema ist vielmehr die (zeitgerechte) Reaktion auf äußere Stimuli, das auch als Paradigma für Echtzeitsysteme dient.

Der sich abzeichnende Erfolg von Anwendungen der Fuzzy Logik basiert in ähnlicher Weise darauf, daß ein problemangepaßtes Beschreibungs- und Realisierungskonzept auf Grund der verfügbaren Hardware in einsatzfähige Systeme umgesetzt werden kann. Speziell für Fuzzy Control führt dieser stärkere Problembezug zu Systemen, die den intuitiven Vorstellungen vom gewünschten Verhalten mehr entsprechen.

Echtzeitsysteme und Fuzzy Control werden in vielen Anwendungen als Basistechniken benötigt. Das Verständnis ihrer Grundlagen, die Verfügbarkeit der Technologie und die Fähigkeit, diese weiter zu entwickeln, ist für ein Land lebenswichtig, das auf den Export von technologisch hochwertigen Produkten angewiesen ist. Es ist nicht ausreichend, wenn man zur Anwendung dieser Basistechniken nur auf Produkte des Weltmarktes zurückgreifen kann, das notwendige Knowhow für eine eigenständige Weiterentwicklung jedoch nicht mehr vorhanden ist. Eine strategische Abhängikeit der Industrie wäre die Folge davon.

2. Echtzeitsysteme: Stand der Technik

2.1 Anforderungsprofil

Für eine grobe Umschreibung des Begriffes "Echtzeitdatenverarbeitung" ist die Feststellung ausreichend, daß hierbei für die Ausführung eines Algorithmus, d.h. für die Erledigung einer Teilaufgabe, nicht nur die Folge der Anweisungen (logische Korrektheit) von Bedeutung ist, sondern auch das Zeitintervall, in dem diese erfolgt. Eine genauere Definition ist in dem Beitrag von H. Rzehak in diesem Band enthalten. Je nachdem wie strikt die Forderung nach Ausführung in einem bestimmten Zeitintervall ist, unterscheidet man zwischen "harten" und "weichen" Zeitbedingungen. Harte Zeitbedingungen liegen insbesondere dann vor, wenn eine verspätete Ausführung eine Katastrophe nach sich ziehen würde. Damit ist die Forderung nach Fehlertoleranz zwingend verbunden, da ein defektes System die zeitgerechte Ausführung ebenfalls verhindert. So gesehen ist die nicht zeitgerechte Ausführung eine besondere Fehlersituation unter anderen möglichen.

Nicht jede Verletzung von Zeitbedingungen zieht katastrophale Folgen nach sich, und weiche Zeitbedingungen sind in der Praxis der weitaus häufigere Fall. Gerade für die Praxis fehlt allerdings die nötige Präzisierung, was unter einer weichen Zeitbedingung zu verstehen ist. Die Überschreitung einer Zeitschranke bei der Ausführung kann in zweierlei Hinsicht bewertet werden. Man kann danach fragen,

- wie stark verspätet die Ausführung erfolgt, und

- wie häufig dies vorkommt.

Zur Bewertung der verspäteten Ausführung kann man den (relativen) Nutzen der Ausführung über der Zeitachse auftragen. Diese Nutzenfunktion (benefit function) läßt sich zur Steuerung der Betriebsabläufe im Rechensystem verwenden (vgl. den Beitrag von E.D. Jensen in diesem Band). Für eine Bewertung der Häufigkeit einer verspäteten Ausführung sind derzeit keine Modelle bekannt. Einfache Angaben über die Wahrscheinlichkeit sind nicht ausreichend, da ein Zusammenhang mit der erwähnten Nutzenfunktion hergestellt werden muß.

Echtzeitsysteme reagieren auf Anforderungen aus ihrer Umgebung, wobei verschiedene Anforderungen gleichzeitig vorliegen können. Man bezeichnet daher

Echtzeitsysteme in letzter Zeit auch als reaktive Systeme. Dies bringt besser zum Ausdruck, daß neben dem geforderten zeitgerechten Reagieren auch noch berücksichtigt werden muß, daß die zu bearbeitenden Teilaufgaben eine unterschiedliche funktionale Wichtigkeit haben. Dies kann im Einzelfall dazu führen, daß in Überlastsituationen Teilaufgaben von besonderer Wichtigkeit auch dann ausgeführt werden müssen, wenn dadurch die Zeitbedingungen anderer Teilaufgaben nicht eingehalten werden können.

2.2 Komponenten und Methoden

Die verwendeten Prozessoren und die Standardperipherie sind prinzipiell die gleichen wie in anderen Anwendungsgebieten. Wegen der deutlich größeren Anzahl der Anwendungen wird die Entwicklung dieser Komponenten durch allgemeine technisch wissenschaftliche Anwendungen und durch Anwendungen im Bürobereich bestimmt, und Sonderentwicklungen sind im allgemeinen nicht wirtschaftlich. Die Prozeßperipherie ist über den System- oder Peripheriebus mit der Zentraleinheit verbunden. Häufig findet man den PC/AT-Bus, der auch als ISA-Bus (Industrie Standard Architecture) bezeichnet wird. Aufwendigere Systeme basieren oft auf dem VME-Bus, und speziell für die Konsumelektronik ist der I^2C-Bus (Inter Integrated Circuit Bus) für die Verbindungen innerhalb eines Gerätes entwickelt worden. Durch die Standardisierung der Bussysteme kann die Hardware für eine Anwendung verhältnismäßig einfach konfiguriert werden.

Der Kern einer Echtzeitanwendung ist ein geeignetes Betriebsystem. Es hat die Aufgabe, die Bearbeitung der verschiedenen Teilaufgaben so zu steuern, daß diese zeitgerecht erledigt werden. Dabei müssen komplexe Aufgaben zur Verwaltung der Betriebsmittel und zur Abwicklung der Aufgaben erledigt werden. Die gleichzeitige Bearbeitung von Teilaufgaben erfordert ein Betriebssystem für Mehrprogrammbetrieb. Auch wenn diese Anforderung heute von verschiedenen Betriebssystemen für allgemeine Anwendungen erfüllt werden, so sind diese wegen einer Reihe weiterer Anforderungen für Echtzeitanwendungen nicht geeignet. Für alle gebräuchlichen Rechnerplattformen sind spezielle Echtzeitbetriebssysteme erhältlich. Eine Anwendung ohne Betriebssystem ist prinzipiell möglich, wenn die benötigten Funktionen anwendungsspezifisch implementiert werden. Durch eine solche "maßgeschneiderte" Lösung läßt sich der Bedarf an Systemressourcen vermindern. Dies sollte nur dann in Betracht gezogen werden, wenn die erwartete Anzahl von Installationen den beträchtlich höheren Entwicklungs- und Implementierungsaufwand rechtfertigt.

Es sind verschiedene echtzeitfähige UNIX-Derivate auf den Markt gebracht worden. Wie in dem Beitrag von H. Rzehak in diesem dargestellt ist, erfordert dies neben zusätzlicher Funktionalität ein Redesign des Systemkerns. Dabei haben sich neuere Implementierungen als durchaus erfolgreich erwiesen. Im Rahmen der Standardisierung von UNIX (Projekt POSIX) wird auch an Erweiterungen für Echtzeitanwendungen gearbeitet. Dem Thema Echtzeitbetriebssysteme ist in diesem Buch ein größerer Abschnitt gewidmet.

Es wurde bereits festgestellt, daß häufig spezielle Aspekte eines Anwendungsfalls berücksichtigt werden müssen. Dazu können systemnahe Erweiterungen (z.B. spezielle Gerätetreiber) erforderlich sein, die ohne Kenntnisse von systeminternen Schnittstellen nicht implementiert werden können. Der Anwender begibt sich dabei in eine strategische Abhängigkeit vom Betriebssystemhersteller, der ihm die nötige Information liefern muß. Eine sinnvolle Strategie ist es daher, das nötige Knowhow stets verfügbar zu haben und nicht erst abzurufen, wenn die Fortführung eines Projektes davon abhängt.

Die Prozessorunabhängigkeit von Anwendungsprogrammen konnte durch die Einführung von problemorientierten Programmiersprachen befriedigend erreicht werden. Programme für Echtzeitanwendungen sind außerdem auch wesentlich betriebssystemabhängig. Zur Eliminierung dieser Abhängigkeiten kann man ein Betriebssystemmodell in die Sprache aufnehmen, wobei das Programmiersystem eine Abbildung auf das konkrete Betriebssystem vornimmt. Mit diesem Ansatz wurde in Deutschland die Sprache PEARL entwickelt. Auch die in den USA entwickelte Sprache Ada benutzt diesen Ansatz. Ein großer Teil der Software wird jedoch in Programmiersprachen wie C oder PASCAL erstellt, indem man Betriebssystemfunktionen über die Schnittstelle für Prozeduraufrufe ausführt. Solche Programme sind betriebssystemabhängig und nicht portabel.

Unbefriedigend ist auch die Situation bei der Programmentwicklung. So gibt es trotz zahlreicher Versuche keine allgemein akzeptierte Methode zur Spezifikation von Echtzeitanwendungen. Ob der in anderen Anwendungsbereichen immer häufiger benutzte objektorientierte Ansatz auf Echtzeitanwendungen übertragbar ist bzw. welche Erweiterungen oder Modifizierungen notwendig sind, ist nicht befriedigend geklärt.

3. Fuzzy Logik für Echtzeitanwendungen

3.1 Ein Kalkül für unscharfe Aussagen

Auch wenn "fuzzy" mit "verschwommen" übersetzt werden muß, stellt die Fuzzy Logik eine klare mathematische Theorie dar, deren Grundlagen bereits seit 1965 bekannt sind. Sie stellt ein Hilfsmittel zur Darstellung unscharfer Sachverhalte dar, wie sie im täglichen Leben ständig benutzt werden. Aussagen wie "dieser Baum ist groß" werden nicht durch eine präzise Definition begleitet, was unter "groß" zu verstehen ist. Man geht vielmehr davon aus, daß jeder Mensch eine intuitive Vorstellung davon hat, die natürlich nicht bei allen exakt übereinstimmt. Die Bildung von Gegensatzpaaren wie "groß" und "klein" führt zu keiner brauchbaren Klasseneinteilung für die Objekte, denen diese Attribute zugeordnet werden. Diese Einteilung hängt von den Personen ab, die sie vornehmen, und wird in der Regel als mehr oder weniger willkürlich angesehen. Hinzu kommt noch, daß das Attribut "groß" in unserem Beispiel kontextabhängig ist und im Zusammenhang mit "Baum" etwas anderes bedeutet als etwa im Zusammenhang mit "Apfel". Wir können feststellen, daß die Verwendung der klassischen Logik zusammen mit präzisen nummerischen Parametern gegebenenfalls einen Sachverhalt nicht mehr zutreffend charakterisiert und zu überpräzisen Aussagen führt, die nicht beabsichtigt sind.

Fuzzy Mengen und Fuzzy Logik liefern ein Instrumentarium zur Formulierung von unpräzisen Aussagen, die gerade deswegen einen Zusammenhang zutreffender charakterisieren können. Ausgangsbasis ist die unscharfe Definition der Zugehörigkeit eines Elementes zu einer Menge. Die konventionelle Logik basiert auf einer eindeutigen ja/nein Aussage. Z.B. kann die Aussage "die Temperatur ist 18 °C" nur wahr oder falsch sein, oder mengentheoretisch formuliert: die Erfüllungsmenge enthält nur das Element 18 °C. In der Fuzzy Logik wird dies durch eine Zugehörigkeitsfunktion dargestellt. In Bild 1 ist als Beispiel die Repräsentation der Aussage als Fuzzy Menge dargestellt. Die dort eingetragene Zugehörigkeitsfunktion hat für 17 °C den Wert 0,8. Dies kann folgendermaßen interpretiert werden: Die Aussage "die Temperatur ist 18 °C" ist bei einer gemessenen Temperatur von 17 °C zu 80% richtig. Bei einer Meßgenauigkeit von ungefähr +/- 1 °C, enthält diese Aussage mehr Information und ist realitätsnäher als die Aussage "die Temperatur ist nicht 18 °C".

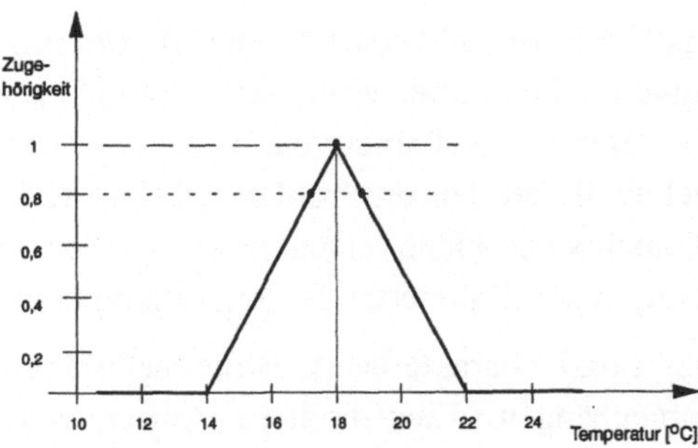

Bild 1: Beispiel für eine Zugehörigkeitsfunktion

Natürlich sind die Mengenoperationen für Fuzzy Mengen erheblich aufwendiger technisch (z.B. im Rechner) zu realisieren als die konventionelle Disjunktion und Konjunktion. Anwendungen waren daher erst durch den Fortschritt in der Mikroelektronik möglich. Die klassische Logik ist in der Fuzzy Logik als Sonderfall enthalten.

3.1 Nutzen des Unschärfe-Prinzips

Die Anwendungen der Fuzzy Logik sind insbesondere dort erfolgreich, wo unscharfe Aussagen einen wesentlichen Anteil der Problembeschreibung darstellen. Für regelungstechnische Anwendungen gilt dies insbesondere dann, wenn eine mathematische Modellierung des Regelkreises nicht möglich oder unvertretbar aufwendig ist. Ein Beispiel ist der Einfluß eines geöffneten Fensters auf die Raumtemperatur. Gibt es etablierte gute Modelle, so ist die klassische Regelungstechnik überlegen.

Ein anderer erfolgreicher Anwendungsbereich ist die Mustererkennung. Auch hier ist die fehlende präzise Zuordnung probleminhärent. Schon die Wortbildung (Erkennung und nicht Zuordnung) weist darauf hin. Das vorhandene unpräzise Wissen reicht jedoch bei geeigneter Aufbereitung in vielen Fällen für eine hohe Trefferquote aus. Letzlich agieren auch menschliche Experten auf der Basis von unpräzisem Wissen, sonst wären ihre Aufgaben leichter automatisierbar.

Fuzzy Logik ist nicht die einzige Möglichkeit zur Repräsentation und Verarbeitung von vagen Zusammenhängen. Einen anderen Ansatz stellen regelbasierte Expertensysteme dar. Für Echtzeitanwendungen haben diese Systeme jedoch die fatale Eigenschaft, daß der Zeitbedarf für die Auswertung nicht kalkulierbar ist. Es ist nicht einmal in allen Fällen gesichert, daß ein Ergebnis geliefert wird. Man benötigt daher Handlungsalternativen, wenn das Expertensystem nicht rechtzeitig ein Ergebnis liefert. Dieses Problem gibt es bei der Anwendung von Fuzzy Logik nicht, auch wenn nicht verschwiegen werden soll, daß das Ergebnis in besonders schlecht konditionierten Fällen auch nicht optimal ist.

Wir haben die Fuzzy Logik charakterisiert als die methodische Behandlung von unscharfen Zusammenhängen. Eine breitere Anwendung ist erst möglich geworden, nachdem die notwendigen komplexen Auswertungen durch die verfügbare Hardware in akzeptablen Zeiten ausgeführt werden können. Die methodische Behandlung von unscharfen Zusammenhängen ist in vielen Fällen eine situationsgerechte Vorgehensweise und ein Schlüssel für die Lösung vieler bisher noch nicht angegangener Probleme. Aus diesem Grund stellt die Anwendung von Fuzzy Logik eine zukunftsgerichtete Basistechnologie dar, und es ist mit einer starken Zunahme der Anwendungen zu rechnen.

4. Übersicht über die Beiträge

Basierend auf einer Darstellung der Grundlagen und Konzepte für Echtzeitsysteme und Fuzzy Control enthält dieses Buch eine kompakte Darstellung des aktuellen technologischen Stands, der auch an einer Reihe von Fallstudien demonstriert wird. Auf diese Einführung folgt ein Abschnitt über "Konzepte und Leistungsmerkmale von Echtzeitbetriebssystemen". Der erste Beitrag von H. Rzehak behandelt die Grundlagen der Echtzeitdatenverarbeitung. Dabei wird auf die Bedeutung des Betriebssystems ausführlich eingegangen. Der zweite Beitrag von E.D. Jensen ergänzt diese Ausführungen durch Ergebnisse, die in einer umfangreichen Studie mit einem experimentellen Betriebssystem für verteilte Echtzeitanwendungen gewonnen wurden. Kritisch betrachtet werden dabei die Strategien zur zeitlichen Einplanung und zur Verwaltung der verteilten Betriebsmittel. Neue Konzepte zur Organisation verteilter Anwendungen werden vorgestellt. Die beiden folgenden Beiträge beschäftigen sich mit konkreten Betriebssystemen. Dabei wird in dem Beitrag von W. Kriechbaum auch auf die Echtzeiterweiterungen im Rahmen der Standardisierung von UNIX (Projekt POSIX) eingegangen. Der Beitrag von T. Lilge und C. Gralla enthält u.a. konkrete Meßergebnisse, die für den Praktiker von Interesse sein dürften. Der erste Abschnitt schließt mit einem Beitrag von B. Paul und U. Schneider über die Gestaltung eines Betriebsystemkerns für Transputersysteme. Es wird dargelegt, welchen Einfluß die Besonderheiten der Transputer auf die Gestaltung des Betriebssystems haben.

Der Abschnitt "Fuzzy Logik in der Prozeßautomatisierung" bringt zunächst eine Einführung und Übersicht über Fuzzy Control von R. Palm, H. Hellendoorn und M. Reinfrank. Im zweiten Beitrag von D. Böning wird dann der methodische Entwurf einer Fuzzy Regelung an einem Fallbeispiel erläutert. Die folgenden zwei Beiträge behandeln die Mustererkennung mit Fuzzy Logik. In dem Beitrag von W. Schroer et al. wird die grundsätzliche Methodik an zwei ausführlichen Beispielen dargestellt. Nachfolgend wird von U. Priber et al. ein Software-system zur Klassifikation basierend auf Fuzzy Logik beschrieben. Hierzu wurde eine spezielle Hardware zum Erzielen der geforderten Klassifikations-geschwindigkeit entwickelt und ein Prototyp mit programmierbaren Gate Arrays hergestellt. Im letzten Beitrag von J.-U. Müller und K.-H. Rehbein wird ein wissensbasierter analytischer Regler vorgestellt, der bereits im industriellen Einsatz ist. Das Verfahren kann alternativ zu Fuzzy Reglern benutzt werden und basiert auf linguistisch formulierten Steuerregeln. Im Gegensatz zu gebräuchlichen Verfahren in wissensbasierten Systemen ist die Auswertung zeitlich determiniert.

Im dritten Hauptabschnitt werden Leistungsaspekte aktueller Rechnerarchitekturen behandelt. Im Mittelpunkt stehen dabei die Eigenschaften der RISC-Prozessoren. Der erste Beitrag von R. Kern behandelt deren grundsätzliche Eignung für Echtzeitanwendungen. Dabei wird auch auf die Beurteilung der Prozessorgeschwindigkeit eingegangen. Im zweiten Beitrag von W. Gerth werden insbesondere die Implikationen von RISC-Architekturen auf das Betriebssystemkonzept behandelt. Die Gestaltung von Multiprozessorsystemen auf der Basis von RISC-Architekturen ist das Thema der dritten Beitrags von B. Furht. Im Mittelpunkt stehen die Betriebssystemaspekte, wobei auch Leistungskennzahlen behandelt und durch Meßergebnisse ergänzt werden. Der letzte Beitrag von H. Rzehak und D.D. Tjhie ist eine Fallstudie zur Verwendung von Mehrprozessorkonfigurationen für Kommunikationskontroller. Dabei wird auf die enge Verflechtung zwischen Hardware und den Diensten zur Interprozeßkommunikation eingegangen. Behandelt werden auch besondere Implementierungsprobleme, die durch die Zeitrestriktionen der Kommunikationsbausteine verursacht werden.

Der letzte Hauptabschnitt über Werkzeuge für Programmierung und Test enthält zwei Beiträge, die den besonderen Problemen von verteilten Echtzeitsystemen gewidmet sind. Der erste Beitrag von Th. Holzmüller und K. Kabitzsch behandelt die grundsätzlich neuen Probleme beim Testen von verteilten Systemen. Der zweite Beitrag beschreibt ein Werkzeug zum zeitgetreuen Aufzeichnen von Ereignissen in einem verteilten System. Das Werkzeug ist nicht in erster Linie zum Auffinden von Programmierfehlern gedacht, sondern zur Beurteilung des Systemverhaltens über einen längeren Zeitraum.

Literatur

[1]   Gottwald, S.: Fuzzy Sets and Fuzzy Logic: Foundations of Application from a Mathematical Point of View; Vieweg-Verlag, 1993

[2]   Halang, W.A., G. Hommel, R. Lauber: Perspektiven der Informatik in der Echtzeitdatenverarbeitung; Informatik-Spektrum Bd. 16 (1993), S. 357-362

[3]   Keppe, A.: Just in Time: Echtzeitbetriebssysteme, Teil 2: Marktreport; c't 1992, Heft 9, S. 202-210

[4]   Leinemann, R.: Ein POSIX- kompatibles Echtzeitbetriebssystem; PEARL 92 - Workshop über Realzeitsysteme; Reihe Informatik aktuell, S. 24-35, Springer- Verlag 1992

[5]   Rzehak, H.: Der POSIX- Standard und echtzeitfähige UNIX- Systeme; PEARL 92 - Workshop über Realzeitsysteme; Reihe Informatik aktuell, S. 1-16, Springer- Verlag 1992

[6]   Tilli, Th.: Fuzzy-Logik: Grundlagen, Anwendungen, Hard- und Software; Franzis- Verlag, 1991

[7]   Zukunftstechnologien; Sonderheft der Zeitschrift Design&Elektronik, Sept. 1993

Konzepte und Leistungsmerkmale von Echtzeitbetriebssystemen

Die Echtzeitdatenverarbeitung: Grundlagen und Methoden für die Praxis

H. Rzehak

Zusammenfassung

In immer mehr Anwendungsbereichen der Datenverarbeitung ist die zeitgerechte Erledigung der Aufgaben von Bedeutung. Der Beitrag bringt eine Einführung in die grundsätzliche Arbeitsweise eines Echtzeitsystems und die besonderen Probleme bei der Einhaltung des geforderten Zeitverhaltens. In diesem Zusammenhang werden wesentliche Begriffe und Konzepte erläutert.

1. Zum Begriff "Echtzeitdatenverarbeitung"

1.1 Ursprung des Fachgebietes

Das Fach "Echtzeitdatenverarbeitung" bzw. sein Synonym Realzeitdatenverarbeitung gab es bereits, als die Informatik an deutschen Universitäten eingerichtet wurde. Lange war dieses Gebiet jedoch dem Spezialisten vorbehalten, und der Ruf des Exotischen wurde unterstrichen, weil formale Ansätze zur Behandlung der besonderen Probleme nicht leicht zu finden waren. Die Entwicklung leistungsfähiger Mikroprozessoren ermöglichte den zunehmenden Einsatz von Rechnern in der Automatisierung technischer Prozesse, und damit wurde das zeitgerechte Verhalten der Software immer wichtiger. Heute kommen zu den anders gearteten Leistungsanforderungen neue Aspekte wie z.B. Sicherheitsanforderungen hinzu. Die Echtzeitdatenverarbeitung wurde in Wissenschaft und Forschung neu entdeckt, und es entstand ein großes Informationsbedürfnis über neue Methoden und Produkte für die Praxis.

Die besondere Situation der Echtzeitdatenverarbeitung ist dadurch gekennzeichnet, daß das Rechensystem seine Eingabedaten unmittelbar aus seiner Umgebung bezieht, und die Ergebnisse auf diese Umgebung ebenso unmittelbar zurückwirken. Das Rechensystem kann also direkt ohne menschliche Vermittlung mit seiner Umgebung Daten austauschen. Neben die Datenverarbeitung tritt die Datenkommunikation als zusätzliche Aufgabe. In vielen Fällen ist die Verbindung des Rechensystems mit seiner Umgebung so eng geworden, daß der Rechner als eigenständige Einheit nicht mehr in Erscheinung tritt. Man spricht von den in ihre Umgebung "eingebetteten (Rechen-) Systemen".

1.2 Definition

Unter Echtzeitdatenverarbeitung versteht man Bereiche der Datenverarbeitung, in denen die beiden nachfolgenden Aspekte von besonderer Bedeutung sind:

- Die Ausführung eines Algorithmus innerhalb eines relativ engen Zeitfensters und

- die zeitlichen und logischen Abhängigkeiten zwischen der Ausführung von Algorithmen (Rechenprozessen), deren Zeitfenster sich überlappen, d.h. die idealisiert nebeneinander gleichzeitig (nebenläufig) ablaufen.

Den ersten Punkt bezeichnet man auch als Forderung nach garantierten Antwortzeiten, und das Fachgebiet leitet seinen Namen davon ab. Die Größe der Zeitfenster hängt stark vom einzelnen Anwendungsfall ab. Für eine große Klasse von Anwendungen - z.B. zur Automatisierung technischer Prozesse - können Werte zwischen 10 ms und 1000 ms als typisch angesehen werden. Die Größe der Zeitfenster und der Umfang der zu erledigenden Aufgaben bestimmen die erforderliche Verarbeitungsleistung der Prozessoren.

Die zeitlichen und logischen Abhängigkeiten resultieren aus inneren Abhängigkeiten der Abläufe, die durch das Rechensystem gesteuert oder kontrolliert werden und die einer Koordinierung bedürfen. Diese Situation ist typisch für Anwendungen, in denen Antwortzeiten garantiert werden müssen. Hinzu kommen noch Abhängigkeiten zwischen den Rechenprozessen, die im Rechensystem selbst begründet sind. Ursachen hierfür sind knappe Betriebsmittel, die den Rechenprozessen nicht in beliebiger Weise zur Verfügung gestellt werden können, sowie die Kommunikationsbedürfnisse zwischen den Rechenprozessen, damit diese ihre Aufgaben erfüllen können.

Echtzeitdatenverarbeitung bedeutet nicht notwendigerweise die Forderung nach hoher Verarbeitungsgeschwindigkeit. Sind die Aufgaben nicht sehr komplex und die Zeitfenster für die Erfüllung groß, werden keine leistungsfähigen Prozessoren benötigt. Die besonderen Anforderungen bestehen vielmehr darin, daß das Zeitverhalten des Systems innerhalb der zulässigen Abweichungen vorherbestimmbar sein muß (zeitlicher Determinismus). Das System muß auf äußere Anforderungen mit einem bestimmten reproduzierbaren Verhalten reagieren.

1.3 Merkmale eines Echtzeitsystems

Die Ausführung eines Programmes wird in einem Echtzeitsystem typischerweise durch ein Unterbrechungssignal (Interrupt) angestoßen, das in der Umgebung des Rechensystems erzeugt wird. Solche Unterbrechungssignale markieren Ereignisse in der Umgebung, für die das Rechensystem bestimmte Dienste erbringen soll. Beispiele können die Schwellwertüberschreitung einer physikalischen Größe sein, oder daß ein Förderzeug eine bestimmte Position erreicht hat. Ein Teil der Unterbrechungssignale kennzeichnet Ausnahmesituationen, in denen besondere Maßnahmen zur Stabilisierung des weiteren Ablaufes erforderlich sind. Man spricht daher gelegentlich auch von Alarmen. Zur Verarbeitung der Unterbrechungssignale benötigt das Rechensystem ein Unterbrechungssystem, mit dessen Hilfe eine Programmverzweigung zur Bearbeitung des Unterbrechungssignals, d.h. ein Aufruf des zugeordneten Unterbrechungsprogramms, möglich ist. Dabei soll nach dieser Bearbeitung der unterbrochene Programmablauf fortgesetzt werden können. Die Unterbrechungssignale werden dem Rechensystem über Leitungen zugeführt, und bei der Projektierung muß eine Zuordnung zwischen dem angeschlossenen Signal und der hierdurch auszulösenden Reaktion getroffen werden. Diese Zuordnung kann als eine logische Verbindung aufgefaßt werden, die bei der Initialisierung des Rechensystems hergestellt werden muß.

Neben den unterbrechungsgesteuerten Anforderungen sind noch die zeitgesteuerten Anforderungen von besonderer Bedeutung. Hierzu gehört die Abfrage von Meßwerten zu äquidistanten Zeitpunkten ebenso wie die Auswahl von Schaltprogrammen für Verkehrsampeln zu bestimmten Tageszeiten. Das Rechensystem muß also eine interne Uhr mit genügender Auflösung mitführen und durch eine geeignete Verwaltung dafür Sorge tragen, daß die zeitgesteuerten Anforderungen zeitgerecht erledigt werden. Die interne Uhr kann einfach dadurch realisiert werden, daß ein Taktgeber Unterbrechungssignale zu äquidistanten Zeitpunkten erzeugt und das zugeordnete Unterbrechungsprogramm die ausgeführten Unterbrechungen zählt.

Da sich die Zeitfenster, in denen Aufträge auszuführen sind, häufig überlappen, ergibt sich die typische Situation des Mehrprogrammbetriebs (Multiprogramming, Multitasking). Der einzelne Auftrag wird dabei als ein selbständiger

Rechenprozeß (im nachfolgenden wie sonst üblich auch Task genannt) organisiert, und ein geeignetes Betriebssystem steuert die Ausführung, indem der Prozessor den ausführbereiten Rechenprozessen nacheinander zugewiesen wird. Im Gegensatz zu den Teilnehmer- (Timesharing-) Rechensystemen können die Rechenprozesse nicht voneinander vollständig abgeschlossen werden, weil Kommunikationsbedürfnisse verschiedener Art zwischen ihnen bestehen können. Verschiedene kommerziell erhältliche Echtzeitbetriebssysteme berücksichtigen diese Umstände. Man kann Echtzeitanwendungen auch ohne ein Betriebssystem implementieren, wenn man die Auftragssteuerung anwendungsspezifisch selbst implementiert. Bei einfachen Anwendungen können sich so auch sehr effiziente Lösungen ergeben. Für komplexere Anwendungen ist dies jedoch nicht sinnvoll, da ein großer Teil der Dienste, die ein Echtzeitbetriebssystem bereits anbietet, neu implementiert werden müssen und ein Effizienzgewinn fraglich ist.

In Echtzeitanwendungen kommuniziert das Rechensystem direkt mit angeschlossenen technischen Einrichtungen. Die hierzu notwendigen Einrichtungen wie Signalformer, Analog/Digital-Umsetzer und andere faßt man unter dem Sammelbegriff Prozeß-Ein/Ausgabe zusammen. Für die sehr unterschiedlichen Randbedingungen bei den verschiedenen Anwendungen gibt es hierfür eine große Vielfalt von Baugruppen. Prozessor und Prozeßperipherie wird für eine Anwendung speziell konfiguriert. Ist dabei nicht an eine Massenanwendung gedacht, ist es sehr vorteilhaft, wenn die verschiedenen Baugruppen über einheitliche Schnittstellen verfügen. Dies hat zur Entwicklung von standardisierten Bussystemen geführt. Beispiele hierfür sind der IEC-Bus oder der VME-Bus. Durch die starke Verbreitung der IBM-Clones hat auch der PC- bzw. AT-Bus einen festen Platz in der Echtzeitdatenverarbeitung gefunden.

Ein einheitliches Bussystem berücksichtigt auch den Umstand, daß ein Echtzeitsystem häufig während seiner Lebensdauer an neue oder geänderte Anforderungen angepaßt werden muß. Neue Baugruppen können dann vergleichsweise problemlos hinzugefügt werden. Für den Anwender ist es dabei auch wichtig, daß das Bussystem nicht nur von einem Hersteller unterstützt wird.

In vielen Anwendungen müssen Echtzeitsysteme ohne Operateur arbeiten. Das System muß sich nach Einschalten der Stromversorgung selbständig initialisieren. Dasselbe gilt auch nach einem Stromausfall. Die Programme müssen in einem nicht flüchtigen Speicher (in der Regel EPROM) abgelegt sein. Der Wechsel von Datenträgern ist dann ebenfalls nicht möglich.

Echtzeitsysteme sind dadurch charakterisiert worden, daß sie ihre Aufgaben in einer vorgegebenen Zeit erledigen. Tritt ein Defekt im System auf, so wird die Erledigung der Aufgaben ohne besondere Vorkehrungen nicht möglich sein. Man wird daher eine gewisse Fehlertoleranz fordern. Der Umfang der Maßnahmen richtet sich nach dem möglichen Schaden, den ein Systemausfall nach sich ziehen kann.

2. Probleme bei der Konzeption und Programmierung

2.1 Anforderungen an die Hardware

Grundsätzlich ist jeder Prozessor für Echtzeitanwendungen geeignet. Die Auswahl wird daher durch die anderen Randbedingungen der Anwendung bestimmt. Diese sind im wesentlichen:

- Notwendige Verarbeitungsleistung

- Adressierbarer Speicher

- Umweltbedingungen (z.B. Temperaturbereich)

- Notwendigkeit für Systemerweiterungen

- Kostensituation

Die Kostensituation wird wesentlich dadurch geprägt, ob das geplante System eine Massenanwendung oder eine individuelle Lösung für einen kleinen Anwendungsbereich darstellt. Im ersten Fall kann sich ein hoher Entwicklungsaufwand lohnen, wenn er zu Kosteneinsparungen im fertigen Produkt führt. Im zweiten Fall wird man eher Standard-Baugruppen verwenden, die sich geeignet konfigurieren lassen. Für einfache Massenanwendungen gibt es Kontroller-Bausteine, die bereits alle notwendigen Funktionen - einschließlich der A/D-Umsetzung auf einem Chip vereinigen. Das Programm wird in den auf dem Chip integrierten EPROM geschrieben. Für sehr hohe Stückzahlen gibt es auch Kontroller mit maskenprogrammiertem Speicher.

Bei harten Echtzeitanforderungen können mit RISC-Prozessoren Probleme auftauchen, weil sich die Antwortzeiten dann beträchtlich verlängern können, wenn die interne Registerseite (Register-File) voll belegt ist und im Hauptspeicher gesichert werden muß. Gewisse Schwankungen der Antwortzeiten können auch durch andere Merkmale des Hardwareaufbaus verursacht werden, z.B. durch Benutzung eines Cache.

Im letzten Kapitel wurde die Reaktion auf externe Unterbrechungssignale als wesentliches Merkmal eines Echtzeitsystems herausgestellt. Der Prozessor muß daher durch ein geeignetes Unterbrechungssystem ergänzt werden. Hierzu gehören aufeinander abgestimmte Hardware- und Software-Komponenten. Wegen der grundsätzlichen Bedeutung soll die Funktionsweise des Unterbrechungssystems noch etwas detaillierter dargestellt werden.

Durch ein Unterbrechungssignal soll die programmierte Folge der auszuführenden Befehle unterbrochen und die Ausführung einer Unterbrechungsbehandlung (Interruptroutine) veranlaßt werden. Danach wird im allgemeinen das unterbrochene Programm fortgesetzt und soll so ablaufen, wie wenn die Unterbrechung nicht stattgefunden hätte. Es sind daher die folgenden Bedingungen zu berücksichtigen:

- Die Ausführung eines bereits begonnenen Befehls kann im allgemeinen nicht unterbrochen werden.

- Es können mehrere Unterbrechungssignale gleichzeitig zur Bearbeitung anstehen. Daher ist eine Konfliktregelung erforderlich, z.B. durch Prioritäten der Unterbrechungssignale.

- Die Zustandsinformation zum Fortsetzen des unterbrochenen Programmes muß gesichert werden, soweit sie durch die Unterbrechungsbehandlung zerstört werden kann.

- Jede Unterbrechungsursache erfordert eine individuelle Behandlung. Daher wird ein Mechanismus zum Verzweigen in eine individuelle, der Unterbrechungsursache zugeordnete, Unterbrechungsbehandlung benötigt.

- Eine geeignete Rückkehrorganisation muß das Fortsetzen des unterbrochenen Programmes ermöglichen.

- Ein globales bzw. individuelles Sperren von Unterbrechungsursachen ist wünschenswert und in manchen Fällen notwendig.

Das Unterbrechungssystem erfordert ein abgestimmtes Verhalten von Hard- und Software. Ein grobes Ablaufschema zeigt Bild 2.1-1.

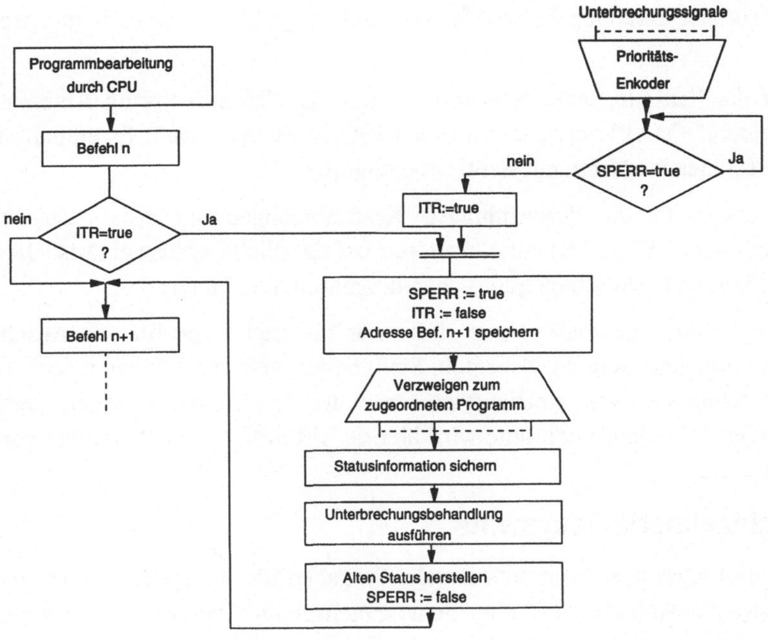

Bild 2.1-1 Prinzipieller Ablauf einer Programmunterbrechung

Bei der Durchführung einer Unterbrechung werden gewöhnlich Unterbrechungssignale gleicher oder niedrigerer Priorität gesperrt (Variable SPERR=true in Bild 2.1-1). Die Verzweigung zur zugeordneten Unterbrechungsbehandlung erfolgt auf Grund einer Ordnungsnummer, die dem Unterbrechungseingang zugeordnet ist. Sie verweist auf eine Position in einer Tabelle, in der die Anfangsadresse der Unterbrechungsbehandlung eingetragen ist (Interrupt-Vektor-Tabelle). Die Ausgestaltung des Unterbrechungssystems kann in den Einzelheiten sehr verschieden sein.

Durch die heute preisgünstig verfügbaren Prozessoren ergibt sich ein starker Trend zur Dezentralisierung der Teilaufgaben. Dies erleichtert die zeitgerechte Verarbeitung, da nicht so viele Aufgaben nebeneinander im gleichen Prozessor zu erledigen sind. Die räumliche Distanz der einzelnen Teilsysteme kann bei der geforderten Übertragungsleistung mit den klassischen Bussystemen nicht überbrückt werden. Hierfür sind lokale Kommunikationsnetze erforderlich, die Datentransfers mit vorgegebenen Zeitbedingungen durchführen können. Aus der Palette der aktuellen Entwicklungen sind einige als Beispiele herausgegriffen:

- Für die Fertigungsautomatisierung wurde das "Manufacturing Automation Protocol" (MAP) entwickelt, das auf ISO-Normen aufbaut. Es enthält auch Vorschläge für Netze mit Echtzeitbedingungen.

- Besonders für die Verwendung in Kraftfahrzeugen wurde das "Controller Area Network" (CAN) entwickelt, das bei räumlich begrenzter Ausdehnung und kurzen Nachrichten gute Echtzeiteigenschaften bietet.

- Verschiedene Feldbussysteme sind zwar in erster Linie für den Anschluß von einfachen Geräten (Sensoren, Stellglieder) gedacht, können jedoch auch zur Kopplung von Rechensystemen unter Echtzeitbedingungen benutzt werden. Von deutscher Seite wird hier der PROFIBUS zur Normung vorgeschlagen.

2.2 Echtzeitbetriebssysteme

Das Betriebssystem übernimmt zentrale Aufgaben für die Tasks und ist für die Steuerung der Abläufe zuständig. Seine Eigenschaften beeinflussen das zeitliche Verhalten und müssen häufig bei der Programmierung beachtet werden. Es ist daher nützlich, wenn man diese Zusammenhänge in groben Zügen versteht. Dabei kann auch dargelegt werden, welche Probleme bei der Kommunikation zwischen den Tasks entstehen.

2.2.1 Reaktion auf externe Ereignisse und Tasksteuerung

Ein Echtzeitsystem muß auf externe Ereignisse zeitgerecht reagieren. Dabei sind in der Regel die folgenden Randbedingungen gegeben:

- Das Ereignis wird durch eine Programmunterbrechung (Interrupt) gemeldet.

- Die benutzerspezifische Reaktion kann nur in einer Benutzer-Task formuliert werden.

- Beim Eintreffen des Ereignisses (Interrupt) besitzt eine Benutzer-Task den Rechnerkern, die nicht die Reaktion auf dieses Ereignis enthält.

Die Formulierung der Ereignisreaktion in einer Benutzer-Task erleichtert die Programmierung, weil nicht die besonderen Randbedingungen für Unterbrechungsprogramme eingehalten werden müssen, und sie ist oft auch notwendig, weil bestimmte Funktionen in einem Unterbrechungsprogramm nicht ausführbar sind.

Bei der hierfür vorgesehenen Standardlösung erfolgt die Reaktion in zwei Stufen. Durch das Unterbrechungssignal (Interrupt) wird eine Unterbrechungsbehandlung gestartet (Primärreaktion). In dieser erfolgt der Start oder die Fortsetzung einer Benutzer-Task, in der die benutzerspezifische Ereignisreaktion enthalten ist (Sekundärreaktion). Das Beenden der Unterbrechungsbehandlung (Interruptroutine) bewirkt nicht die Fortsetzung der ursprünglich unterbrochenen Task, sondern eine Neuzuweisung des Prozessors an die ausführbare Task höchster Priorität. Ist dies die Task mit der entsprechenden benutzerspezifischen Reaktion, so wird diese gestartet oder fortgesetzt und damit die Sekundärreaktion ausgeführt. Diejenige Task, die beim Eintreffen des Interrupts bearbeitet wurde, wird fortgesetzt, wenn ihr entsprechend ihrer Priorität der Prozessor zugewiesen wird. Der Ablauf ist in Bild 2.2.1-1 schematisch dargestellt.

Bei der skizzierten Lösung unterscheidet man zwei Verwaltungsebenen:

- Die Unterbrechungsebene; hier werden die Unterbrechungsprogramme abgewickelt, die durch das Betriebssystem nicht untereinander koordiniert werden. Sie können keine Wartezustände einnehmen.

- Die Taskebene; hier werden die Tasks abgewickelt, wobei der logische Ablauf so gestaltet wird, als ob jeder einzelnen Task ein eigener Prozessor zur Verfügung steht. Man spricht daher auch von einem "virtuellen Prozessor". Tatsächlich wird jedoch der Umstand ausgenutzt, daß eine Task nicht immer ablauffähig ist, so daß in diesen Wartezeiten eine andere ablaufbereite Task den Prozessor benutzen kann. Der Prozessor wird sozusagen im Zeitmultiplex von den einzelnen Tasks benutzt.

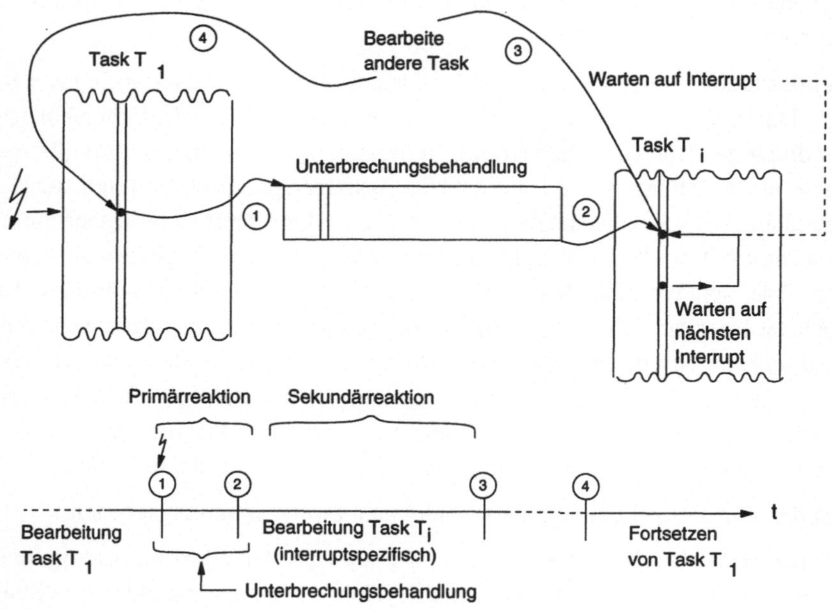

Bild 2.2.1-1 Benutzerspezifische Reaktion auf einen Interrupt

Die Prozessorzuteilung an die einzelnen Tasks ist eine zentrale Funktion des Betriebssystems. Sie wird auch als "Dispatcher" oder "Scheduler" bezeichnet. In einem Echtzeitsystem sollte dies natürlich so erfolgen, daß alle Tasks rechtzeitig ihre Aufgaben erledigen können. Dabei ergeben sich Probleme, weil vielfach der Zeitpunkt des Eintreffens einer Anforderung nicht vorher bestimmbar ist, und weil der Zeitbedarf zum Erfüllen eines Auftrags vielfach nicht genau kalkulierbar ist. Man denke z.B. an die stark schwankenden Zugriffszeiten auf Dateien. Um für die Prozessorzuteilung eindeutige Verhältnisse zu schaffen, weist man den einzelnen Tasks Prioritäten zu. Der Prozessor wird dann der ablaufbereiten Task höchster Priorität zugewiesen. Gibt es mehrere Tasks gleicher Priorität, so erhalten diese den Prozessor der Reihe nach jeweils für eine bestimmte Zeitscheibe.

Eine Task wird in vielen Fällen nach einiger Zeit den Prozessor freiwillig abgeben, weil sie z.B. auf die Beendigung einer Ein- oder Ausgabe wartet oder durch den Programmablauf in einen Wartezustand versetzt wird. Es kann jedoch auch sein, daß der Prozessor der gerade ausgeführten Task entzogen wird, weil eine Task mit höherer Priorität ablaufbereit geworden ist. Auf alle Fälle muß vermieden werden, daß eine Task den Prozessor beliebig lang festhält, da dann keine andere Task einen Bearbeitungsfortschritt machen kann. Stark vereinfacht können die Abläufe bei der Tasksteuerung durch das Zustandsmodell in Bild 2.2.1-2 dargestellt werden.

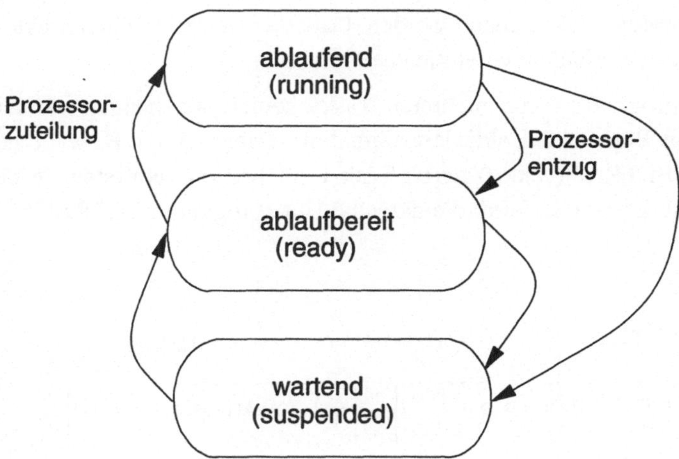

Bild 2.2.1-2 Vereinfachtes Modell der Taskzustände

Bei der beschriebenen Organisationsform kommt man mit zwei unterschiedlichen Primärreaktionen aus:

- Starten einer Task

- Fortsetzen einer Task

Diese können als Bestandteil des Programmiersystems fest vorgegeben werden. Bei der Vorbereitung der Primärreaktionen muß dann noch die Taskkennung übergeben werden. Die anwendungsabhängige Reaktion ist vollständig in der zugeordneten Task enthalten.

2.2.2 Wiedereintrittsfeste Programmkörper

In einem Programmsystem aus mehreren Tasks kommt es vor, daß gleiche Unterprogramme in mehreren Tasks benutzt werden. Der Gedanke ist naheliegend, die zugehörigen Programmkörper nur einmal im Hauptspeicher zu halten und diese in den betreffenden Tasks mehrfach zu benutzen. Einen wichtigen Sonderfall stellen dabei die Betriebssystemaufrufe dar. Auch hier kann der nur einmal vorhandene Programmkode eines Betriebssystem-Dienstes gegebenenfalls von mehreren Tasks benutzt werden. Dabei auftretende Seiteneffekte können das zeitliche Verhalten wesentlich beeinflussen.

Sollen Unterprogramme von mehreren Tasks gemeinsam benutzt werden, so entsteht die in Bild 2.2.2-1 skizzierte Situation. Dabei kann z.B. während des Aufrufs von BETRAG(vektor) durch Task i ein Ereignis eintreten, in dessen Folge die Task k gestartet wird, die dasselbe Unterprogramm BETRAG(vektor) aufruft.

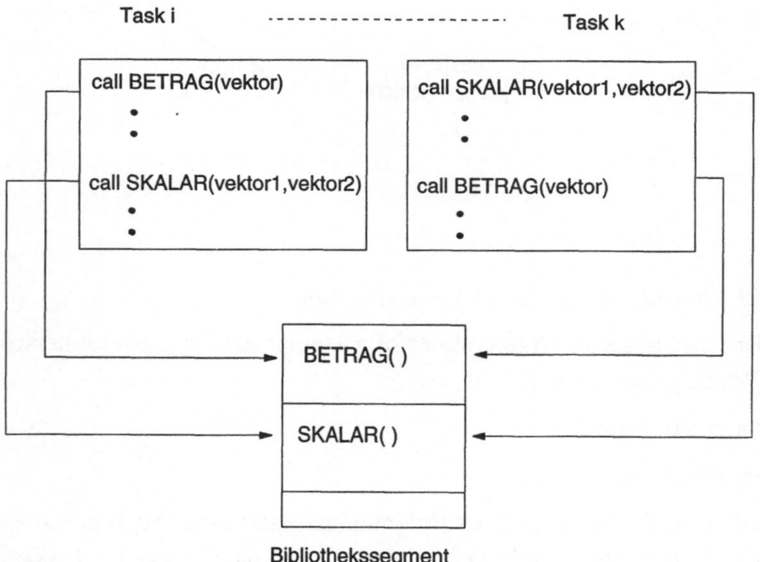

Bild 2.2.2-1 Mehrfacher Aufruf von Unterprogrammen

Diese Unterprogramme müssen also weitere Aufrufe zulassen, während vorherige Aufrufe noch nicht abgeschlossen sind. Man nennt solche Programme auch mehrfach benutzbar (auch wiedereintrittsfest oder reentrant). Das Problem hierbei ist, daß Hilfsgrößen des Unterprogrammes, denen beim ersten Aufruf vor der Unterbrechung Werte zugewiesen werden, beim zweiten Aufruf verändert werden. Der unterbrochene erste Aufruf würde dann mit falschen Werten für die Hilfsgrößen nach der Unterbrechung fortgesetzt.

Das gleiche Problem kann bei rekursiv aufgerufenen Unterprogrammen entstehen. Zur Lösung muß für jeden erneuten Aufruf ein eigener Datenbereich für die Hilfsgrößen benutzt werden, der erst beim Verlassen des Unterprogrammes wieder anderweitig verwendet werden kann.

Wiedereintrittsfeste Programme müssen folgenden grundsätzlichen Aufbau haben:

- Trennung zwischen Kode (mit den Konstanten) und den veränderlichen Daten;

- kein selbstmodifizierender Kode;

- für die veränderlichen Daten eines jeden Aufrufs muß ein eigener Hauptspeicherbereich vorgesehen werden;

- Initialisierung der veränderlichen Daten.

Kode und Konstanten können in einen schreibgeschützten Teil des Speichers (bzw. in einen EPROM) abgelegt werden. Die veränderlichen Daten müssen in einem Teil mit schreibendem und lesendem Zugriff geführt werden. Der erforderliche Hauptspeicherbereich muß vom aufrufenden Prozeß zur Verfügung gestellt werden. Hierfür können verschiedene Methoden verwendet werden, auf die nicht im einzelnen eingegangen werden soll.

Bisher wurde davon ausgegangen, daß das wiederaufrufbare Unterprogramm seine Ergebnisse in Form von Parametern an das aufrufende Programm übergibt. Insbesondere im Betriebssystem führen die Unterprogramme häufig Eintragungen in Tabellen aus, die Informationen über den Systemzustand enthalten und daher nicht einer einzelnen Task zugeordnet werden können. Es ist natürlich sinnlos, diese Tabellen für jeden Aufruf zu duplizieren. Man kann also die oben angegebene Bedingung, daß die veränderlichen Daten eines jeden Aufrufs in einem eigenen Hauptspeicherbereich zu führen sind, nicht erfüllen. Ähnliche Verhältnisse ergeben sich beim Schreiben auf Dateien. Streng genommen sind solche Unterprogramme nicht wiederaufrufbar. Da diese Feststellung keine Lösung des Problems ist, hat man Methoden entwickelt, die eine eingeschränkte Wiederaufrufbarkeit von solchen Unterprogrammen gewährleisten.

Die Grundidee für eine eingeschränkte Lösung besteht darin, den Programmkörper in einzelne Abschnitte zu unterteilen, und das Betreten der einzelnen Abschnitte durch mehrere Tasks zu verhindern. Das Unterprogramm kann dann mehrfach aufgerufen werden, wobei eine Task angehalten wird, wenn ein zu betretender Abschnitt noch von einer anderen Task ausgeführt wird. Überholungsvorgänge sind zwischen den Abschnitten möglich. Der Ablauf ist in Bild 2.2.2-2 erläutert. Das Sperren der einzelnen Abschnitte übernehmen Semaphor-Variable. Damit wird ein elementarer Synchronisationsmechanismus realisiert, der ähnlich wie ein Eisenbahnsignal wirkt, das von einem vorbeifahrenden Zug automatisch auf "Halt" gesetzt wird und so den Abschnitt für einen nachfolgenden Zug sperrt. Das Freigeben erfolgt erst, wenn der Zug den entsprechenden Sicherungsabschnitt verlassen hat. Das Beispiel mit Überholung in Bild 2.2.2-2 bezieht sich auf ein Einprozessor-System. In einem Mehrprozessor-System könnten beide Aufrufe gleichzeitig bearbeitet werden.

So aufgebaute und verwaltete Programme heißen quasi-wiedereintrittsfähig oder quasi-reentrant. In den einzelnen Abschnitten können gemeinsame Daten beliebig manipuliert werden, so lange sie am Abschnittsende so hinterlassen werden, daß sie "zusammenpassen" (konsistenter Zustand). Die Strukturierung der Daten und die Gliederung der Abschnitte muß sehr sorgfältig vorgenommen werden. Bei umfangreichen Programmen wie z.B. bei einem Betriebssystem ist das keine kleine Aufgabe.

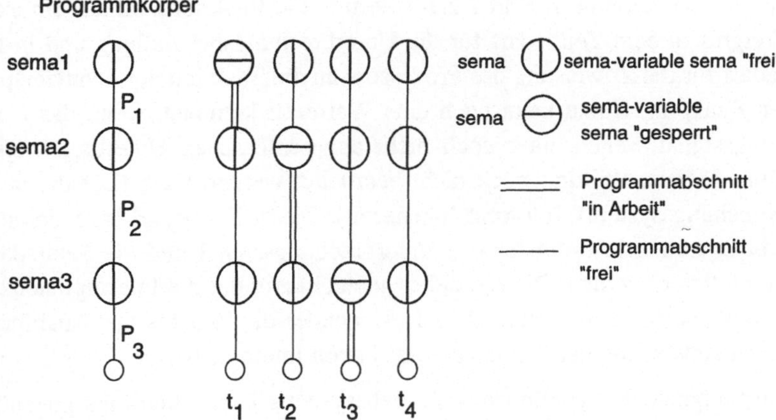

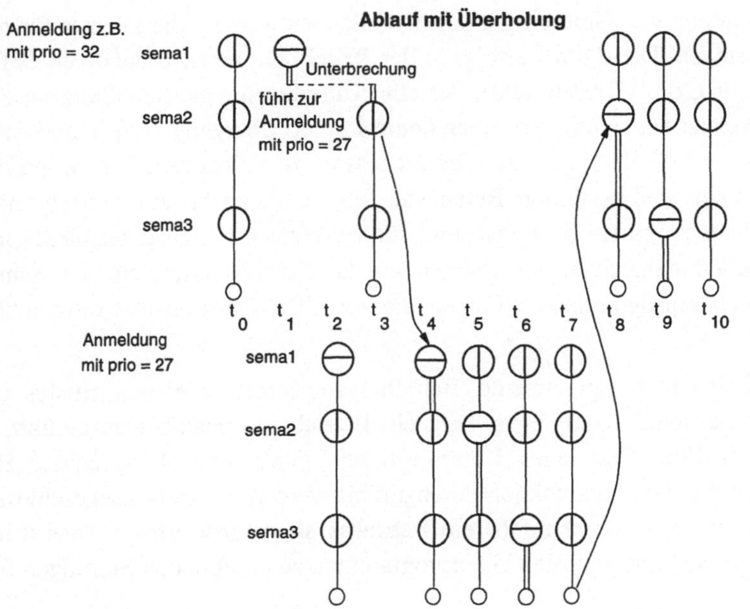

Bild 2.2.2-2 Quasi-wiedereintrittsfähiges Programm, Ablaufbeispiel

2.2.3 Latenzzeiten des Betriebssystems

Gemäß der Darstellung in Bild 2.2.1-1 besteht die Reaktionszeit auf ein externes Ereignis in dem Zeitbedarf für die Unterbrechungsbehandlung und in dem Zeitbedarf für die Zuweisung des Prozessors an die Task mit der benutzerspezifischen Reaktion. Hinzu kann noch eine Wartezeit kommen, wenn das Unterbrechungssignal wegen einer noch nicht abgeschlossenen Unterbrechungsbehandlung höherer Priorität noch nicht bearbeitet werden kann (Latenzzeit des Unterbrechungssystems, Interrupt-Latenzzeit). Dieser Zeitbedarf kann durch die Wahl einer hohen Priorität für das Unterbrechungssignal und die Sekundärreaktion minimiert werden. Die Hersteller geben häufig nur die Interruptlatenzzeit als Reaktionszeit an, während für den Anwender die Zeit bis zur Ausführung der ersten Anweisung der Sekundärreaktion von Interesse ist.

Eine ungeeignete Konzeption des Betriebssystems kann allerdings gegenüber den oben angegebenen Zeiten zu weit größeren Verzögerungen der Ereignisreaktion führen. Um dies zu verstehen, muß an die Ausführungen für wiedereintrittsfeste Programmkörper angeknüpft werden. Das Betriebssystem kann als eine Sammlung von Unterprogrammen verstanden werden, die Dienste für eine Task erbringen. Der Aufruf erfolgt in der Regel über einen besonderen Befehl (Supervisor Call, TRAP-Befehl), der eine Unterbrechungsbehandlung auslöst. Dieser Weg ist notwendig, um einen kontrollierten Übergang vom Benutzermodus in den privilegierten Modus des Prozessors zu vollziehen. Nur im privilegierten Modus sind bestimmte Befehle ausführbar, da sie bei einer unachtsamen Verwendung zu einem Systemabsturz führen können. Ungeachtet dieses notwendigen Schutzmechanismus können wir das Betriebssystem als eine Sammlung von Unterprogrammen auffassen, die von allen Tasks benutzt werden können.

Sind nun die Unterprogramme des Betriebssystems nicht wiedereintrittsfest und wird für die gerade bearbeitete Task ein Betriebssystemaufruf ausgeführt, so kann beim Eintreffen eines Unterbrechungssignals kein Taskwechsel zum Ausführen der Sekundärreaktion durchgeführt werden, da nicht ausgeschlossen werden kann, daß dort ebenfalls ein Betriebssystemaufruf erfolgt. Dies würde bei nicht wiedereintrittsfesten Unterprogrammen zu erheblichen Störungen führen.

Dieser Ablauf bei zurückgestelltem Taskwechsel ist in Bild 2.2.3-1 dargestellt. Die Reaktionszeit auf Unterbrechungssignale kann um die Zeit verlängert werden, die für einen (nicht unterbrechbaren) Betriebssystemdienst benötigt wird. Man bezeichnet sie als Latenzzeit des Betriebssystems. Für garantierte Antwortzeiten ist es wichtig, den Maximalwert dieser Latenzzeit zu kennen. Er ergibt sich als die längste mögliche Ausführungszeit eines Betriebssystemaufrufs.

Betriebssystem-Kerne, die aus nicht wiedereintrittsfesten Unterprogrammen bestehen, bezeichnet man auch als nicht unterbrechbar, da ein begonnener Betriebssystemaufruf stets erst beendet werden muß, bevor andere Tasks bearbeitet werden können. Betriebssysteme ohne unterbrechbaren Kern kommen wegen der außerordentlich starken Schwankungen für Echtzeitanwendungen eigentlich nicht in Betracht. Zumindest muß man sich vergewissern, welche Auswirkungen dies für die beabsichtigte Anwendung haben kann.

Um dies zu illustrieren, sind nach Angaben von Hewlett-Packard die Latenzzeiten für einen unterbrechbaren und nicht unterbrechbaren UNIX-Kern gegenübergestellt:

	Kern nicht unterbrechbar	Kern unterbrechbar
Ausführungszeit für 90 % aller Pfade	kleiner 40 ms	kleiner 1,4 ms
Ausführungszeit für 99 % aller Pfade	kleiner 129 ms	kleiner 3,4 ms
Ausführungszeit für den längsten gemessenen Pfad	1127 ms	14,6 ms

Die Latenzzeit spezieller Echtzeit-Betriebssysteme sollte deutlich unter zehn Millisekunden liegen, auch wenn für einzelne Anwendungen höhere Werte akzeptabel sein können. Leider wird von den Herstellern häufig nur eine "Interrupt-Latenzzeit" angegeben, die der maximal möglichen Verzögerung des Beginns einer Unterbrechungsbehandlung entspricht, z.B. verursacht durch eine bereits begonnene Unterbrechungsbehandlung höherer Priorität. Diese Interrupt-Latenzzeit ist gewöhnlich deutlich kleiner als die Betriebssystem-Latenzzeit.

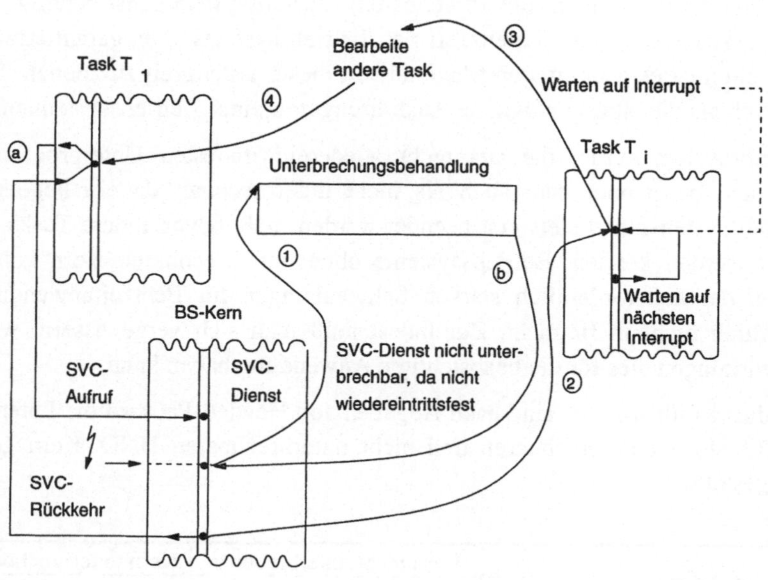

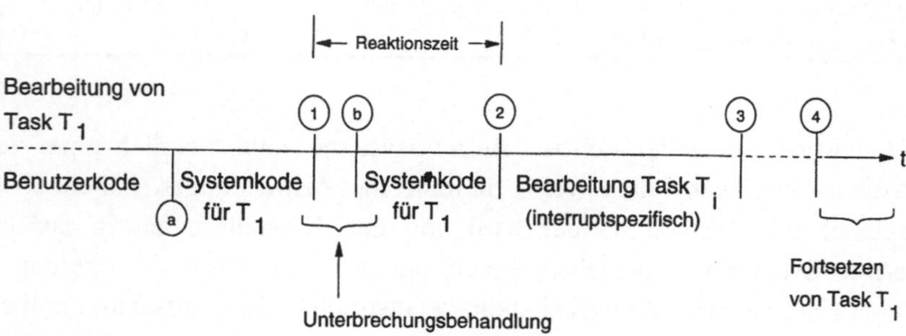

Bild 2.2.3-1 Latenzzeit des Betriebssystems

2.2.4 Interprozeßkommunikation und Synchronisation

Die Tasks eines Programmsystems können in verschiedener Weise voneinander abhängig sein, indem sie gemeinsame Daten benutzen, Nachrichten miteinander austauschen oder die Aktivitäten beim Erledigen ihrer Aufgaben aufeinander abstimmen müssen. Wir betrachten hier zunächst einmal die Benutzung von gemeinsamen Daten. Solange diese nur gelesen werden, gibt es keine Probleme. Gehen wir aber einmal davon aus, daß eine Task die Elemente eines Datenfeldes neu berechnet und dabei unterbrochen wird. Eine andere Task findet dann teilweise die neu berechneten, teilweise jedoch die alten Werte vor, die im allgemeinen nicht zueinander "passen" werden. Man bezeichnet diesen Zustand des Datenfeldes als inkonsistent. Eine Weiterverarbeitung hat in der Regel katastrophale Folgen.

Wir wollen nun den Begriff der Datenkonsistenz etwas allgemeiner fassen:

Die Elemente eines Datenverbundes (Tabellen, Dateien) repräsentieren Objekte und deren Eigenschaften der realen Welt. Sie genügen daher bestimmten Regeln oder Bedingungen (Konsistenzbedingungen), die aus der Beschreibung der Objekte, die der Datenverbund repräsentiert, herleitbar sind. Ist ein Datenverbund so mit Werten belegt, daß alle Konsistenzbedingungen erfüllt sind, so nennt man diesen konsistent.

Beispiele hierfür sind:

- Die Summe der Kontenstände aller Konten, die durch Geldtransfers betroffen sind, muß konstant sein, da durch den Geldtransfer weder Geld gefunden werden noch verloren gehen darf.

- In einem Betriebssystem sind die Felder mit Zustandsinformation (Task-Kontrollblöcke) für die ablaufbereiten Tasks gewöhnlich in einer doppelt verketteten Liste in der Reihenfolge ihrer Prioritäten zusammengefaßt ("Ready Chain"). Wurde im Kontrollblock der Task T_i der neue Nachfolger T_k eingetragen, jedoch noch nicht im Kontrollblock von T_k der neue Vorgänger T_i, so stimmt die Vor/Rückwärtsverkettung nicht überein.

Der Konsistenzbegriff spielt in Datenbank-Systemen eine herausragende Rolle. Die genannten Beispiele zeigen, daß es dann zu Konfliktsituationen kommt, wenn gemeinsame Daten von verschiedenen Tasks verändert werden. Die Konfliktsituationen müssen so gelöst werden, daß die Konsistenz der Daten gewährleistet ist.

Konfliktsituationen können auch in der Aufgabenstellung für das Echtzeitsystem selbst enthalten sein. Dies soll an nachfolgendem Beispiel aus der Prozeßautomatisierung gezeigt werden. Die betrachtete Situation ist in Bild 2.2.4-1 dargestellt.

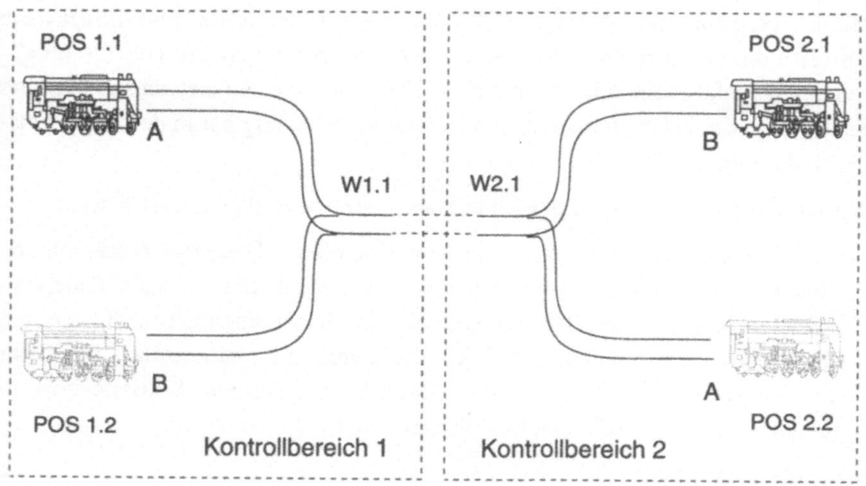

Bild 2.2.4-1 Konflikt in einem Transportsystem

Verschiedene Teile eines Produktionsbereiches sind über eine eingleisige Strecke miteinander verbunden. Eine Task, die den Behälter A von Position POS 1.1 nach POS 2.2 bewegen soll, müßte nacheinander folgende Aktionen ausführen:

Teste, ob Zielposition frei;

Falls nein, warte bis frei;

Belege Zielposition;

Teste, ob Strecke zur Zielposition frei;

Falls nein, warte bis frei;

Belege Strecke zur Zielposition;

Stelle Weichen;

Starte Antrieb;

Überwache Geschwindigkeit;

Stoppe Antrieb, wenn Endposition erreicht;

Geht man nun davon aus, daß hierzu gleichzeitig eine andere Task den Behälter B von POS 2.1 nach POS 1.2 bewegen soll, so könnte sich der in Bild 2.2.4-2 skizzierte Ablauf einstellen. Sobald eine Task festgestellt hat, daß die Strecke frei ist, muß auch eine Belegung der Strecke erfolgen (unteilbare Operation), da eine zwischenzeitlich denkbare Prozessorzuteilung an die andere Task dazu führen würde, daß auch diese eine freie Strecke "sieht". Offensichtlich dürfen die Operationen aus dem exklusiven Abschnitt nicht gleichzeitig ausgeführt werden.

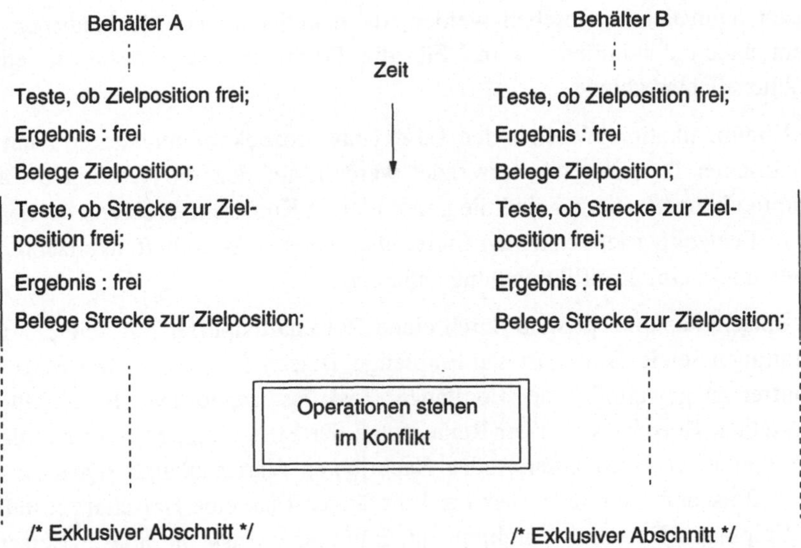

Bild 2.2.4-2 Konfliktsituation in einem Transportsystem

Die genannten Konfliktsituationen sind dadurch gekennzeichnet, daß ein Betriebsmittel innerhalb eines Rechensystems (z.B. Tabelle im Hauptspeicher, Satz einer Datei) oder außerhalb dessen (wie der Streckenabschnitt im Beispiel) während der Benutzung durch eine Task nur von dieser benutzt werden darf. Dies kann aus physikalischen Gründen erforderlich sein oder aber weil der Zustand des Betriebsmittels (d.h. der Inhalt einer Tabelle oder Datei) durch eine anderweitige Benutzung nicht geändert werden darf.

Die Konfliktlösung besteht aus den nachfolgenden Schritten:

- Zusammenfassen aller Operationen, die im Zusammenhang mit einem nur exklusiv benutzbaren Betriebsmittel stehen, zu einem "kritischen Bereich" einer Task, der als unteilbare Operation auf diesem Betriebsmittel auszuführen ist.

- Verhindern, daß mehr als eine der Tasks, die dieses Betriebsmittel benutzen, sich in dem kritischen Bereich befindet (Synchronisationsaufgabe).

Neben dem in Abschnitt 2.2.2 erwähnten Semaphor-Mechanismus sind eine Reihe anderer Synchronisationsmechanismen bekannt. Sie können jedoch als logisch äquivalent angesehen werden, da man jeden der Mechanismen mit einem anderen simulieren kann. Für die Programmierung bestehen jedoch erhebliche Unterschiede.

Zur Kommunikation zwischen den Tasks (Interprozeßkommunikation) kann ein gemeinsamer Datenbereich verwendet werden, auf den die beteiligten Tasks zugreifen können. Hierbei sind die geschilderten Konsistenzprobleme zu beachten. In Echtzeitbetriebssystemen findet man daneben Botschaftenkonzepte, die bereits intern eine Konfliktregelung enthalten.

Ein Botschaftenkonzept wird durch einen Botschaftenpuffer mit den Zugriffs-operationen Sende_Botschaft und Empfange_Botschaft realisiert. Der Botschaftenpuffer ist gewöhnlich der Empfänger-Task fest zugeordnet. Er enthält die zugestellten Botschaften in der Reihenfolge der Zustellung. Man spricht daher auch von einer Botschaften- oder Nachrichten-Warteschlange (Queue). Mit Sende_Botschaft kann jede Task der Empfänger-Task eine Botschaft zustellen. Mit Empfange_Botschaft entnimmt die Empfänger-Task die älteste Botschaft aus dem Puffer. Sollte dieser leer sein, so muß sie warten, bis eine Botschaft eintrifft. Beim Eintreffen wird sie durch das Betriebssystem wieder ablaufbereit gesetzt. Da der Puffer höchstens eine vorgegebene Anzahl von Botschaften aufnehmen kann, muß auch eine sendende Task in analoger Weise warten, wenn der Puffer voll ist. Kann der Puffer genau eine Botschaft aufnehmen, so läßt sich durch den Botschaftenaustausch gut eine Synchronisation durchführen.

2.2.5 Prioritäten und Antwortzeiten

Das Betriebssystem entscheidet auf Grund der Prioritäten, an welche ablaufbereite Task der Prozessor vergeben wird. Die Priorität einer Task ist eine Zahl, die im Task-Kontrollblock vermerkt ist und die angibt, an welcher Stelle eine ablaufbereite Task in das Ranggefüge aller zu einem bestimmten Zeitpunkt ablaufbereiten Tasks eingefügt wird. Die Priorität wird dabei vom Benutzer bei der Programmierung festgelegt. Die Rangfolge ist bei dieser Form der Prozessorsteuerung dabei von Anfang an statisch vorgegeben und unabhängig vom Programmverlauf. Manche Betriebssysteme lassen eine Änderung der Prioritäten durch eine entsprechende Betriebssystemfunktion zu. Man spricht dann von dynamischen Prioritäten.

Die Priorität ist keine durch die Anwendung unmittelbar vorgegebene Größe. Eine anwendungsnahe Vorgabe wäre vielmehr die Angabe des Zeitfensters, in dem eine Task ausgeführt werden soll. Auch im täglichen Leben gibt man an, bis wann eine Angelegenheit erledigt werden soll und nicht mit welcher Priorität. Dies wird beim Prinzip der antwortzeitgesteuerten Prozessorvergabe (Deadline-Scheduling) berücksichtigt. Dabei wird vom Programmierer keine Priorität sondern eine Antwortzeit angegeben. Die Antwortzeit ist dabei das Zeitintervall, innerhalb dessen die Task abgearbeitet sein muß. Die Antwortzeit besitzt zum Zeitpunkt des Starts der Task ihren Maximalwert, nämlich die vom Programmierer angegebene Zeitspanne. Sie legt zusammen mit dem Startzeitpunkt den konstant bleibenden Soll-Endzeitpunkt t_e fest, den spätesten Zeitpunkt, zu dem eine Task noch termingerecht beendet ist.

Im Gegensatz zu dieser Konstanten verringert sich die Antwortzeit einer Task stetig, um schließlich bei t_e den Wert Null zu erreichen. Anders ausgedrückt ist die Antwortzeit die Differenz zwischen Soll-Endzeitpunkt t_e und der momentanen Zeit t.

Die Vergabe des Prozessors erfolgt an diejenige ablaufbereite Task, die die niedrigste aktuelle Antwortzeit besitzt, oder anders ausgedrückt, deren Soll-Endzeitpunkt am nächsten liegt. Die Soll-Endzeitpunkte, die beim Taskstart berechnet werden, legen eine konstant bleibende Task-Rangfolge fest. Für die nicht gestarteten (ruhenden) Tasks liegen dagegen keine Soll-Endzeitpunkte vor; ihre Positionen in der Rangfolge sind noch undefiniert.

Betriebssystemintern läßt sich die Tabelle mit den Soll-Endzeitpunkten direkt in eine Prioritätsskala umrechnen. Je früher der Soll-Endzeitpunkt einer Task liegt, desto höher ist ihre Priorität. Wird eine Task gestartet, so wird sie mit der damit verbundenen Berechnung des Soll-Endzeitpunktes in das Prioritätengefüge eingeordnet. Die Priorität anderer Tasks wird sich im allgemeinen dabei ändern. Das Verfahren ist zwar seit langem bekannt, wurde aber bisher in kommerziell verfügbaren Betriebssystemen nicht realisiert. Mit dynamischen Prioritäten kann der Programmierer eine antwortzeitgesteuerte Prozessorvergabe näherungsweise erreichen.

Der Sinn der antwortzeitgesteuerten Prozessorvergabe ist teilweise umstritten. So tritt z.B. der für Regelungsaufgaben unerwünschte Nebeneffekt auf, daß die Bearbeitungsreihenfolge von zyklisch wiederholt gestarteten Tasks nicht immer gleich sein muß. Auch ist nicht klar, wie Tasks mit nicht ganz harten Antwortzeiten in ein solches Schema einzuordnen sind.

2.3 Anforderungen an Programmiersprachen

Programme für Echtzeitanwendungen müssen auf die Betriebssystemfunktionen zur Tasksteuerung und -kommunikation zugreifen können. Diese Zugriffe kann man in die Form von Prozeduraufrufe kleiden und auf diese Weise prinzipiell jede beliebige Programmiersprache benutzen. Diese Vorgehensweise hat zwei entscheidende Nachteile:

- Die Wirkung dieser Prozeduren ist in der Programmiersprache nicht festgelegt. Das Programmiersystem kann daher weder bei der Übersetzung noch zur Laufzeit semantische Prüfungen vornehmen. Der Programmierer erhält damit bezüglich dieser Funktionen keine Unterstützung bei der Prüfung der Korrektheit des Programmes.

- Die Programme sind betriebssystemabhängig und damit nicht auf ein anderes System portierbar. Die Portierbarkeit der Programme möchte man jedoch gerade durch die Benutzung einer höheren Programmiersprache erreichen.

Will man diese Nachteile vermeiden, so muß eine höhere Programmiersprache auf einem Betriebssystemmodell (virtuelles Betriebssystem) aufbauen. Durch ein geeignetes Laufzeitsystem muß eine Abbildung des virtuellen Betriebssystems auf das konkret benutzte Betriebssystem vorgenommen werden. Der Compiler kann semantische Prüfungen hinsichtlich der korrekten Benutzung vornehmen. Die Programme sind portabel, da die Anpassung durch das jeweilige Laufzeitsystem vorgenommen wird. Eine solche Programmiersprache muß

Sprachelemente zur Steuerung und Koordinierung der Tasks enthalten und die Kommunikation zwischen den Tasks ermöglichen. Wünschenswert ist der Datentyp "Uhrzeit" und "Zeitintervall". Im übrigen unterscheiden sich die Anforderungen nicht von denen, die allgemein an Programmiersprachen gestellt werden.

Es sind bisher nur zwei Programmiersprachen entwickelt worden, die Elemente eines virtuellen Betriebssystems enthalten.

Die Sprache Ada wurde vom US-Verteidigungsministerium mit großem Aufwand entwickelt und wird von dort laufend gefördert. Die speziell für Echtzeitanwendungen vorgesehenen Sprachelemente sind etwas dürftig, was durch entsprechende Programmbibliotheken ausgeglichen werden könnte. Das verwendete Betriebssystemmodell ist leider in wichtigen Punkten nicht vollständig, so daß gleiche Programme bei verschiedenen Implementierungen unterschiedliche Effekte haben können. Außerhalb des Verteidigungsbereiches hat die Sprache noch nicht so richtig Fuß fassen können. Eine Überarbeitung der Sprache ist angekündigt.

Die Sprache PEARL wurde in Deutschland mit beträchtlicher öffentlicher Förderung entwickelt. Sie orientiert sich an einem ingenieurmäßigen Vorgehen und dem Stand der Technik bei Echtzeitbetriebssystemen. Mit PEARL wurden in Deutschland eine Reihe von Projekten durchgeführt, darunter auch sehr große. Die Portierbarkeit der Programme ist praktisch erprobt. Trotz englischer Sprachbeschreibung konnte sich PEARL außerhalb Deutschlands bisher nicht durchsetzen.

2.4 Testen

Das Testen von Echtzeitsoftware weist zwei Besonderheiten auf. Zum einen muß der korrekte Zeitablauf überprüft werden, wozu besondere Testfälle auszuarbeiten sind. Zum anderen beeinflußt jeder zum Testen notwendige Eingriff in das Programmsystem dessen Laufzeitverhalten. Man muß daher prüfen, ob diese Auswirkungen hinreichend klein sind. Zur Unterstützung werden Testsysteme angeboten, die neben den üblichen Abfragen auch Auskunft über Taskzustände, Inhalte von Botschaftenpuffern und Werte von Synchronisationsvariablen geben können. Die letzte Phase des Testens muß in der realen Umgebung des Prozessors erfolgen. Stehen dort keine Diagnosemöglichkeiten zur Verfügung - z.B. kein Terminalanschluß - so wird der Prozessor durch einen

Emulator ersetzt. Dieser führt die Befehle des Zielprozessors zeitgetreu aus und verfügt über die notwendigen Diagnosemöglichkeiten.

Das Vorgehen beim Testen sollte folgende Punkte berücksichtigen:

- Den logischen Ablauf in allen Programmkomponenten so gut wie möglich vortesten.

- Komplexe Synchronisations- und Koordinierungsabläufe durch Simulation vortesten.

- Möglichst keine direkten Ausgaben für Testzwecke einfügen, da sie zu viel Zeit beanspruchen. Benötigt man Werte von Variablen für die spätere Auswertung oder Rekonstruktion des Ablaufs, so speichert man diese besser in einem Hauptspeicherfeld, das nach dem Testabschluß ausgegeben werden kann.

- Soll eine Task für Kontrollzwecke angehalten werden (Breakpoint), so sind alle Tasks anzuhalten, da sonst die zeitliche Korrelation verloren geht. Dies gilt besonders für Mehrprozessorsysteme.

3. Aktuelle Entwicklungen

3.1 Standardisierung

Die Abhängigkeit der Echtzeitsoftware vom Betriebssystem ist für den Anwender besonders ärgerlich. Für die Programmierung sind genaue Kenntnisse eines speziellen Echtzeit-Betriebssystems erforderlich. Die Hilfsmittel für die Programmerstellung stehen dagegen in der Regel nur für Standard-Betriebssysteme wie UNIX zur Verfügung, die für Echtzeitanwendungen nicht geeignet sind. Es müssen also Kenntnisse über zwei Betriebssysteme vorhanden sein. Entwicklungsumgebung und Ablaufumgebung der Programme sind nicht die gleichen. Eine Verbesserung dieser Situation wird in verschiedener Richtung versucht.

Verschiedene Firmen haben durch eine Überarbeitung des UNIX-Kerns diesen unterbrechbar gemacht und durch eine Erweiterung der Betriebssystemfunktionen die Voraussetzungen für Echtzeitanwendungen von UNIX geschaffen. In Abschnitt 2.2.3 wurde über ein konkretes Beispiel berichtet. Diese Systeme finden sicherlich ihren Anwendungsbereich, auch wenn die garantierten Reaktionszeiten im Bereich von Millisekunden liegen. Der Vorteil für den Anwender ist, daß er sich nur mit einem Betriebssystem befassen muß. Im Rahmen der Arbeiten zur Normung von Betriebssystemschnittstellen (IEEE-Projekt POSIX) liegen auch Vorschläge zur Normung der Echtzeitfunktionen vor. Die Ergebnisse sollen als ISO-Normen veröffentlicht werden.

Für eine Reihe von Anwendungen kommt ein UNIX-System nicht in Frage, weil die Hardware-Grundausstattung zu aufwendig, der Systemoverhead zu groß oder die Reaktionszeiten nicht ausreichend klein sind. Hierfür sind spezielle Echtzeitbetriebssysteme erforderlich, die keine aufwendigen Peripherie- oder Dateiverwaltungen enthalten, in denen dafür die essentiellen Funktionen für Echtzeitanwendungen optimiert sind. Die Probleme sind wissenschaftlich weitgehend aufgearbeitet, und eine Standardisierung ist auch in diesem Bereich überfällig. Im Rahmen der VME-Bus Benutzergruppe ist hier auch ein Vorschlag erarbeitet worden (Open Realtime Kernel Interface Definition). Es ist allerdings noch nicht absehbar, inwieweit dieser sich durchsetzen wird. Darin ist auch ein Mechanismus zur Kommunikation zwischen einem UNIX-System mit dem Echtzeitsystem über den VME-Bus enthalten. Damit kann man die Entwicklungs- und Ablaufumgebung miteinander verbinden. Man kann aber auch in anderer Weise die Vorteile beider Systeme miteinander kombinieren.

3.2 Optionale Algorithmen

Die Vorausberechnung der Laufzeit einer Task ist aus verschiedenen Gründen häufig nicht exakt möglich. Pessimistische Schätzungen können zu einer sehr schlechten Systemauslastung führen. Gelingt es, zur Laufzeit des Programmsystems zu ermitteln, welchen zeitlichen Spielraum man bei der Erledigung der Aufgaben hat, so kann man gegebenenfalls wünschenswerte, aber nicht unbedingt erforderliche, Aufgaben zusätzlich erledigen. Ein typischer Anwendungsfall ist die Erhöhung der Genauigkeit bei iterativen numerischen Verfahren. Wenn man feststellt, daß noch genügend Zeit für die Erledigung aller Aufgaben bleibt, braucht man die Berechnung nicht nach wenigen vorgegebenen Iterationszyklen abbrechen, die man auf Grund einer pessimistischen Abschätzung nur ausführen kann. Die Arbeiten befinden sich noch im Experimentierstadium.

3.3 Expertensysteme

Der Einsatz von Expertensystemen wäre für viele zeitkritische Aufgaben sinnvoll. Die gegenwärtige Konstruktion von Expertensystemen kann jedoch prinzipiell keine Antwortzeiten garantieren. Daran dürfte sich auch in naher

Zukunft nichts ändern. Will man trotzdem den Einsatz erwägen, so muß man ersatzweise Ergebnisse bestimmen können, wenn das Expertensystem die Antwort nicht liefern kann. Auch bei weniger harten Zeitbedingungen tauchen Probleme auf, die bisher noch nicht befriedigend gelöst sind. Ein Beispiel ist die Bearbeitung von mehreren vorliegenden Aufträgen nach Prioritäten, wobei Überholungen durch neue Aufträge hoher Priorität möglich sein sollen. Es bleibt abzuwarten, wie schnell die gegenwärtigen Arbeiten zu praktischen Ergebnissen führen.

Literatur

[1]   Danghty, S.M., et.al.: Adding Real Time Capability to the UNIX Operating Systems; Tagungsband PEARL 87 - Workshop über Realzeitsysteme, S. 151-165, PEARL-Verein 1987

[2]   Die Programmiersprache PEARL; DIN 66253, Beuth-Verlag, Berlin

[3]   Echtzeitbetriebssysteme-Beitragsfolge über verfügbare Echtzeitbetriebssysteme; Design & Elektronik 1989, Heft 26 sowie 1990 Heft 1 und 2

[4]   Frevert, L.: Echtzeit-Praxis mit PEARL; Teubner-Verlag 1985

[5]   Gupta, S.: CAN Facilities in Vehicle Networking; SAE Technical Paper Series No. 900695

[6]   Halang, W.A.: Schwerpunkte der internationalen Forschung im Bereich Echtzeitsysteme; PEARL 89 - Workshop über Realzeitsysteme, Informatik-Fachberichte, Bd. 231, S. 1-17, Springer Verlag 1989

[7]   Herrtwich, R.G.; G. Hommel: Kooperation und Konkurrenz; Springer-Verlag 1989

[8]   Lauber, R.: Prozeßautomatisierung, Band 1; 2. Auflage, Springer-Verlag 1989

[9]   Manufacturing Automation Protocol Specification, Version 3.0; European MAP Users Group, 1989

[10] Offene Kommunikation im Feldbusbereich, VDI-Bericht 728, VDI-Verlag 1989

[11] Process Communications Architecture; Draft Standard ISA-DS 72.03 - 1988; Instrument Society of America

[12] Rzehak, H.; A.E. Elnakhal; R. Jäger: Analysis of Real-Time Properties and Rules for Setting Protocol Parameters of MAP Network; The Journal of Real-Time Systems, Vol. 1, No. 3, pp. 221-241, 1989

[13] Rzehak, H.: Echtzeitkommunikationssysteme - Eine Einführung in die Problembereiche und Lösungsansätze; Telekommunikation und multimediale Anwendungen, Informatik-Fachberichte, Bd. 293, S.631-642, Springer Verlag 1991

[14] Rzehak, H.: Der POSIX-Standard und echtzeitfähige UNIX-Systeme; PEARL 92 - Workshop über Realzeitsysteme, Reihe Informatik aktuell, S.1-16, Springer Verlag, 1992

[15] Stankovic, J.A.: A Serious Problem for Next-Generation Systems; IEEE-Computer, Oct. 1988, pp. 10-19

[16] The Programming Language Ada Reference Manual; ANSI/MIL-STD-1851A-1983; Lecture Notes in Computer Science, Vol. 155; Springer-Verlag 1983; vgl. auch DIN 66 268, Programmiersprache Ada, Beuth-Verlag, Berlin 1988

Alpha: A Non-Proprietary Realtime Distributed Operating System For Mission Management Applications

E. D. Jensen

Abstract

Alpha is a non-proprietary experimental operating system kernel which extends the real-time domain to encompass distributed applications, such as for telecommunications, factory automation, and defense. Distributed real-time systems are inherently asynchronous, dynamic, and non-deterministic, and yet are nonetheless mission-critical.The increasing complexity and pace of these systems precludes the historical reliance solely on human operators for assuring system dependability under uncertainty. Traditional real-time OS technology is based on attempting to assert or impose determinism of not just the ends but also the means, for centralized low-level sampled-data monitoring and control, with an insufficiency of hardware resources. Conventional distributed OS technology is primarily based on two-party client/server hierarchies for explicit resource sharing in networks of autonomous users. These two technological paradigms are special cases which cannot be combined and scaled up cost-effectively to accommodate distributed real-time systems. Alpha's new paradigm for real-time distributed computing is founded on best-effort management of all resources directly with computation completion time constraints which are expressed as benefit functions; and multiparty, peer-structured, trans-node computations for cooperative mission management.

1. Introduction

The Alpha OS kernel is part of an multi-institutional applied research and advanced technology development project intended to expand the domain of real-time operating systems from conventional centralized, low-level sampled-data, static subsystems, to encompass distributed, dynamic, mission-level systems. The Alpha OS is unrelated to Digital's RISC architecture of the same name.

2. Distributed Computing And Its Implications On Real-Time Resource Management

Physically distributed computing arises whenever a computing system comprised of a multiplicity of processing nodes has a ratio of nodal computing performance to internodal communication performance (primarily latency but also bandwidth) which is significantly high as far as the application is concerned.

The nodal/internodal performance ratio and its significancei - i.e., the degree of physical distribution - will usually be different for computations at different levels in the system. For example, a given system could have ratios which are: relatively insignificant to an application; highly significant to the "middleware" application framework, such as DCE; insignificant to the nodal operating systems; and highly significant to the internodal communication subsystem. The significance of a given ratio may also differ for levels of abstraction within the computations at a particular system level-e.g., within some system level, there may be: object method invocations, to which the ratio is relatively insignificant; built on layered remote procedure calls, to which the ratio is rather significant; which in turn are built on (uniform, location-transparent) message passing, to which the ratio is quite insignificant. The significance of the nodal/internodal performance ratio to a computation-i.e., its degree of physical distribution-depends on intrinsic characteristics of the computation, essentially related to how autonomous the per-node components are, and on the programming model used to express the computation.

The application pull for physically distributed computing in real-time contexts is both involuntary and voluntary.

The most common involuntary motivation is that application assets (e.g., the telecommunications switching offices, the different processing stages of a manufacturing plant, the ships and aircraft of a battle group) are inherently spacially dispersed, and a real-time performance requirement does not permit the latency of the requisite number of communications which would be needed between those assets and a centralized computing facility.

A prominent voluntary reason for physical dispersal is survivability, in the sense of graceful degradation for continued availability of situation-specific functionality. For example, it may be more cost-effective to distribute-i.e., replicate and partition-a telecommunications operation system, or an air/space defense command system, than it is to attempt to implement a physically centralized one which is infallible or indestructible.

There is also a powerful contemporary technology push for physically distributed computing due to the rapid increases in microprocessor performance and decreases in cost. This too is both voluntary and involuntary-the latter is due to current primary memory subsystems being disproportionately slower than processors, making clustered multicomputers attractive; regular topology array style multicomputers also exhibit physically distributed computing properties as well.

Because of their physical dispersal, most distributed real-time computing systems are "loosely coupled" via i/o communication (employing links, buses, rings, switching networks, etc.), without directly shared primary memory. This generally results in variable communication latencies (regardless of how high the bandwidth) which are long with respect to local primary memory access times. The nature, locations, and availability of the applications' physical assets often limit the system's viability if it becomes partitioned (unlike, for example, a network of workstations), so these internode communication paths are frequently redundant and physically separated to reduce the probability of that happening.

A typical non-real-time distributed computing system-fitting the workstation model-is a network of nodes, each having an autonomous user executing unrelated local applications with statically hierarchical two-party (e.g., client/server) inter-relationships, supported by user-explicit resource management which is primarily centralized per node. In contrast, a real-time distributed computer system is mission-oriented-i.e., the entire system is dedicated to accomplishing a specific purpose through the cooperative execution of one or more applications distributed across its nodes. Thus, there is more incentive and likelihood for the nodes to have dynamically peer-structured multiparty inter-relationships at the application and OS layers.

Real-time distributed computing applications are usually at a supervisory level, which means that their two primary functions are generally distributed, system-wide resource management, and mission management. The former function is the application-specific portion (at least) of the distributed real-time execution environment, which augments the real-time (centralized or distributed) OS to compose the constituent subsystems into a coherent whole that is cost-effective to program and deploy for the intended mission(s). The latter function then utilizes this virtualized computing system to conduct some particular mission. It is far more probable than in a non-real-time dedicated-function system (e.g., for accounting) that the mission's approaches and even objectives are highly dependent on the current external (application environment) and internal (system resource) situation. Many real-time distributed computing applications are subject to great uncertainties at both the mission and system levels ("the fog of war" is the extreme but most obvious example).

These application characteristics, combined with the laws of physics involved in distribution, results in the predominant portion of the supervisory level computing system's run-time behavior being unavoidably asynchronous, dynamic, and non-deterministic [1]. Therefore, even though most of the application results have (hard and soft) real-time constraints, it is not always possible for all of them to be optimally satisfied, nor to exactly know in advance which ones will be.

Nonetheless, real-time distributed computing applications and systems are usually mission-critical, meaning that the degree of mission success is strongly correlated with the extent to which the overall system can achieve the maximal dependability-regarding real-time effectiveness, survivability, and safety-possible given the resources that are available (in the general sense-e.g., operational, suitable, uncommitted, or affordable). The dependability of lower-level subsystems may be either necessary for mission-critical functions (e.g., digital avionics flight control keeping the aircraft aloft), or part of the uncertainty to be tolerated at the system and mission levels (e.g., communications, weapons); but it is not sufficient (e.g., a flying aircraft which cannot perform its mission is wasting resources and creating risks).

This implies the need for best-effort real-time resource management-accommodating dynamic and non-deterministic resource dependencies, concurrency, overloads, and complex (e.g., partial, bursty) faults/errors/failures, in a robust, adaptable way so as to undertake that as many as possible of the most important results are as correct in both the time and value domains as possible under the current mission and resource conditions [2][3][4]. It also entails offering the application user opportunities to at least participate in, if not control, the requisite resource management negotiations and compromises by adjusting his mission objectives and expectations to fit the circumstances, or changing the circumstances (constraints, resources), if either alternative is possible.

The option of best-effort resource management makes possible a choice between very firm a priori assurances of exact behavior in a limited number of highly specific resource and mission situations (as offered by static, highly predictable real-time technology), versus weaker assurances of probable behavior over a much wider range of circumstances. Examples of applications which seem to call naturally for either highly predictable or best-effort resource management come immediately to mind, as do others where the decision is more obviously a value judgement regarding risk and cost management under the exigencies of the situation..

Virtually all such real-time reconciliation of uncertainty and dependability at the system and mission levels has historically depended solely on the talent and expertise of the system's human operators-e.g., in the control rooms of factories and plants, in aircraft cockpits. Increasingly, the complexity and pace of the systems' missions, and the number, complexity, and distribution of their resources, cause cognitive overload which requires that these operators receive more support in this respect from the computing system itself. Application software cannot solely bear this responsibility because the effectiveness of any resource management policy-especially real-time ones-depends on how consistently it is applied to all resources down to the lowest layer hardware and software. Moreover, best-effort policies place special demands on almost all the OS facilities.

The role of traditional real-time computers and OS's has been limited to being automatons in low-level sampled-data subsystems, where this contention between accommodating uncertainty and ensuring dependability does not arise. There, the premise is that the application and system's behavior is (or can be made) highly predictable, allowing extensive a priori knowledge about load and communication timing, exceptions, dependencies, and conflicts. Standard real-time theory and practice is to attempt to exploit such information with static techniques which aspire to provide guarantees about application and system behavior (not just the ends to be achieved, but even the exact means by which they are achieved)-but only under a small number of rigidly constrained, and often unrealistic, mission and resource conditions which are anticipated and accommodated in advance. The classic real-time static, deterministic mindset and methodology constitute a simple special case, usually adequate for its intended domain, which does not scale up to distributed real-time systems.

3. Real-Time in Alpha

The classical "hard/soft real-time" dichotomy has proven to be unnecessarily confusing and limiting, even for the centralized context in which it arose. We created the Benefit Accrual Model [5] to overcome the limitations of the classical one, and especially to facilitate the expansion of real-time computing into distributed systems.This model generalizes Jensen's notion of time-value function resource scheduling [6][2].

We regard a computation to be a real-time one if and only if it has a prescribed completion time constraint representing its urgency-i.e., time criticality-which is one of its acceptability criteria. Therefore, an OS is real-time to the degree that it explicitly (whether statically or dynamically) manages resources with the objective of application (and consequently its own) computations meeting their time constraint acceptability criteria. Thus, according to our definition of a real-time system, physical time, whether absolute or relative, is part of the system's logic-analogous to faults being states in a fault-tolerant system.

A computing system may meet its time constraint criteria without explicitly managing its resources to do so-by being endowed with excess resources (e.g., MS-DOS on a Cray Y-MP is "real fast" rather than real-time), or by good fortune-in which cases the system may fairly be considered to operate in real-time (and is not of interest to us).

In the classical "soft" real-time perspective, computation completion time constraints are usually not explicitly employed for scheduling; and in the corresponding "hard" real-time view, activity completion time constraints are defined as deadlines. In our Benefit Accrual Model, time constraints are both explicit and richer to delineate and encompass the continuum from "soft" to deadlines. They are represented with two primary components: the expression of the benefit to the system that the results yield, individually and collectively, as a function of their completion times; and application-specific predicates for acceptability optimization criteria based on accruing benefit from the results-see

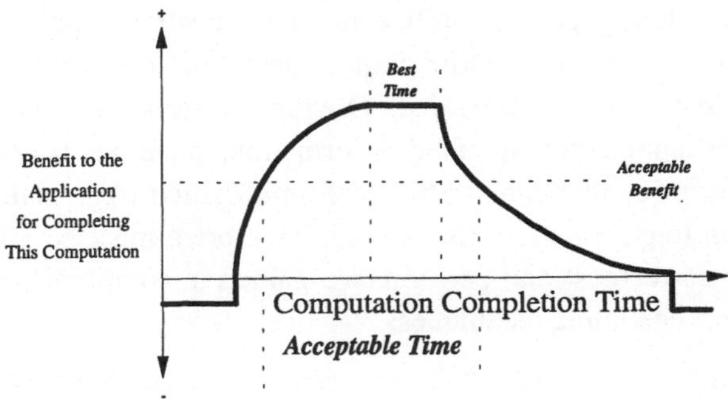

Figure 1: Benefit Function

Alpha's principal real-time strategy is to schedule all resources-both physical (such as processor cycles, secondary storage, communication paths) and logical (such as virtual memory, local synchronizers, and transactions)-according to real-time constraints using the Benefit Accrual Model described in the preceeding subsection.

A uniform approach to resource scheduling allows each α-thread itself to control all the resources it utilizes anywhere in the system-e.g., across nodes, and from user through to devices (such as performing disk, network, and sensor/actuator accesses). The resulting continuity of the α-thread's time and importance (among other) attributes, together with appropriate scheduling algorithms, ensures coherent maintenance of real-time behavior.

Alpha separates resource scheduling into application-specific policies-e.g., defining optimality criteria and overload management-and general mechanisms for carrying out these policies. The mechanisms, together with a policy module interface, are part of the kernel. There are no restrictions on the kind, or number of, scheduling policies; obviously the parameters, such as time constraints and importance, must be interpreted consistently over a domain of execution, but there may be multiple such domains. The policies may use time directly, as with deadline algorithms, or indirectly, as with periodic-based fixed priority algorithms (e.g., rate-monotonic), or not at all, as with round robin.

For Alpha's context (notably characterized by aperiodicity and overloads in a distributed system), we conceived a new class of best-effort real-time scheduling policies [2].

Best-effort scheduling policies utilize more application-supplied information than is usual, and place specific requirements on the kind of scheduling mechanisms that must be provided. Obviously, resource scheduling which employs more application-supplied information, such as benefit functions, exacts a higher price than when little such information (e.g., static priority) or no information (e.g., round robin) is used. That price must be affordable with respect to the correctness and performance gained in comparison with simpler, less expensive, scheduling techniques.

The effectiveness and cost of a representative best-effort benefit accrual algorithm have been studied by simulation [3][4] and measurement [8][9]. The results demonstrate that this kind of scheduling is capable of successfully accruing greater value than the widely used algorithms-e.g., round robin and shortest-processing-time-first (both non-real-time algorithms), static priority (the most common real-time algorithm), and closest-deadline-first-for loads characteristic of Alpha's intended environment (at least). The scheduling cost per thread and per scheduling decision depend on the specific algorithm and on the implementation of time-value function representation and evaluation. The conclusion of these initial studies was that it is feasible to design and implement best-effort benefit accrual algorithms which provide a greater return to the application for resource investment than if some of those resources were available to the application itself because of lower-cost scheduling. Further experiments, together with research on analytical characterization of the performance of best-effort and benefit function scheduling, are taking place.

If desired, a large part of the price can be paid with the cheap currency of hardware: in multiprocessor nodes, a processor can be statically or dynamically assigned to evaluating the time-value functions (as is done in Alpha Release 1 and Release 2 , respectively); or a special-purpose hardware accelerator, analogous to a floating point co-processor, could be employed.

4. Distribution in Alpha

Alpha is a distributed kernel which provides for coherent distributed programming of not only application software but also of the OS itself. It exports a new programming model which appears to be well suited for writing real-time distributed programs. Consequently, it also provides mechanisms having the objective of supporting a full range of client layer trans-node resource management policies; these policies are clients of the kernel and so are not discussed here.

Alpha provides a new kernel programming model because extant ones were deemed inappropriate for Alpha's objectives in various ways. For example, message passing and (direct read/write) distributed shared (virtual) memory were rejected as being too low level (i.e., unstructured) for cost-effectively writing real-time distributed programs; distributed shared memory also suffers from implementation difficulties (e.g., the cost of synchronizing dirty pages). The conventional layered remote procedure call model is client/server oriented and thus imposes disadvantageous server-centric concurrency control; contemporary implementations also have insufficient transparency of physical distribution.

Alpha's native programming model is provided at the kernel interface so the OS itself, as well as the applications, can employ real-time distributed programming. The OS layer can augment the kernel-supplied programming model in application-specific ways, or substitute an alternative one (e.g., POSIX, although full UNIX compatibility has never been an Alpha goal and therefore may be inefficient).

Alpha's kernel presents its clients with a coherent computer system which is composed in a reliable, network-transparent fashion of an indeterminate number of physical nodes. Its principle abstractions are objects, operation invocations, and distributed threads; these are augmented by others, particularly for exceptions and concurrency control [7][10].

4.1 Objects

In Alpha, objects are passive abstract data types (code plus data) in which there may be any number of concurrently executing activities (Alpha's distributed threads); semaphore and lock primitives are provided for the construction of whatever local synchronization is desired. Each instance of an Alpha client level object has a private address space to enforce encapsulation; the resulting safety improvement is judged to generally be worth the higher operation invocation cost in Alpha's application environments (but if performance dictates, objects may be placed in the kernel, as discussed in the Invocation subsection below).

Objects and their operations are identified by system-protected capabilities which provide a network location-independent space of unique names. Capabilities can be passed as invocation parameters.

An object may be declared permanent, which causes a non-volatile representation of its state to be placed in a local crash-resistent secondary storage subsystem, the mechanisms of which are normally (but not necessarily) resident in the kernel. These mechanisms also support application-specific atomic transaction-controlled updates to an object's permanent representation, which are performed in real-time-i.e., scheduled according to the real-time constraints of the corresponding distributed threads. This necessitates that Alpha take an integrated approach to managing resources in accordance with both the time-related, and the particular logical dependency, constraints which define execution correctness and data consistency; most other OS's (whether or not they are real-time and whether or not they are distributed) deal bwith these two kinds of constraints separately, if at all.

4.2 Operation Invocations

The invocation of an operation (method) on an object is the vehicle for all interactions in the system, including OS calls. Distributed threads (see the next subsection) are end-to-end computations (not processes or threads confined to an address space) which extend from object to object via invocations. Thus, operation invocation has synchronous request/reply semantics (similar to RPC); operations are block structured.

Invocation parameters are passed into the invoked object's domain on invocation, and when the invocation is complete, return parameters are passed back to the invoking object's domain. All invocation (request and reply) parameters, except capabilities, are passed by value on the current frame and stack for this invocation by the distributed thread; each distributed thread has its own stack and cannot access the stack of another. Handling bulk data does not seem to be a typical requirement in system integration and mission management applications (a programmer-transparent implementation enhancement facilitates movement by value of large parameters within a node); however, asynchronous bulk data movement can be performed as a kernel client layer service without changing the programming model. We consider procedural parameters contrary to the spirit of object oriented systems. Alpha does not presently deal with the topic of parameter representation conversion which arises among heterogeneous nodes; that problem receives wide attention elsewhere (unlike most of those we are currently focusing on), and since Alpha does not require an especially unique solution, we will adapt one when necessary.

Invocation, not simply message passing, is a fundamental kernel facility of Alpha. Consequently, objects may be placed within the kernel address space for performance improvements. Of course, if they seek further speedup by directly accessing kernel data structures, that forecloses the (sometimes desirable) option of moving them back out of the kernel into client space.

Communication errors are handled by message protocols which may be realized as kernel or client objects. The various motivations for reliable messages being entirely client level functionality must be balanced against the acceptability constraints of the particular real-time system.

Alpha provides orphan detection (presently under the usual assumption of fail-stop nodes) and elimination, at any time (even on a distributed thread which is already undergoing orphan elimination), and in a decentralized manner. The standard Alpha configuration is for orphan detection and elimination to be kernel functionality, although it can alternatively be implemented in client space if desired.

Invocations may fail for various reasons, such as protection violation, bad parameters, node failure, machine exception, time constraint expiration, or transaction abort. The failure semantics of invocation instances in a real-time distributed system must be application-specific, so Alpha's kernel includes additional mechanisms for defining them; at-most-once is the default. See the subsection below on exceptions.

4.3 Distributed Threads

An Alpha distributed thread (α-thread) is the locus of control point movement among objects via operation invocation, as shown in Figure 2. It is a distributed computation which transparently and reliably spans physical nodes, contrary to how conventional threads (conceived as light-weight processes) are confined to a single address space in most other recent OS's such as Mach and Chorus.

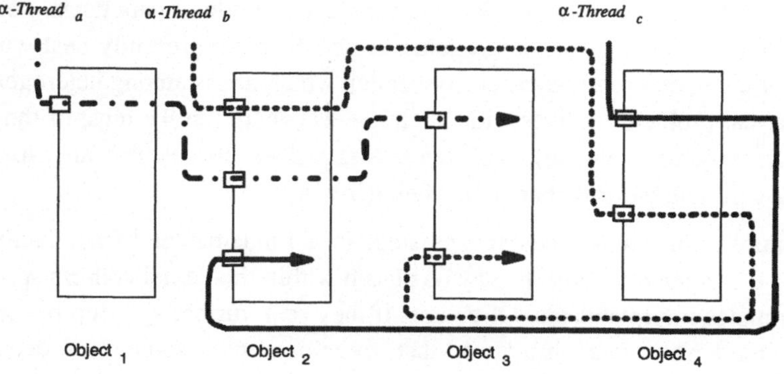

Figure 2: Alpha's Distributed Threads (α - thread)

An α-thread carries parameters and other attributes related to the nature, state, and service requirements of the computation it represents. An α-thread's attributes may be modified and accumulated in a nested fashion as it executes operations within objects. Unlike how RPC or message passing are employed in other OS's, these attributes are utilized by Alpha's kernel and its clients as a basis for performing real-time, system-wide, decentralized resource management.

α-threads are the unit of schedulability, and are fully pre-emptable, even those executing within the kernel. Thus, when the scheduling subsystem detects that there is a ready α-thread whose execution is more likely to increase the accrued benefit than the one currently running, the executing α-thread can be pre-empted by the waiting one. The pre-emption costs and expected completion time of the lower benefit-accrual α-thread are taken into account when making this decision. In addition, Alpha offers scheduling algorithms which explicitly deal with the various kinds of resource dependencies and conflicts among α-threads, and if appropriate, they roll forward or roll back a lower benefit-accrual α-thread which is blocking a higher one [4]. The fully pre-emptable and multithreaded design of Alpha's kernel facilitates real-time behavior and allows symmetric multiprocessing within the kernel itself as well as within its clients.

4.4 Exceptions

Every α-thread is subject to exceptions-an event that interrupts the α-thread's normal execution flow. With respect to an α-thread's execution, an exception may be synchronous (e.g., a machine check) or asynchronous (e.g., a real-time constraint expiration, transaction abort, α-thread break). The kernel's exception handling mechanisms treat synchronous and asynchronous exceptions uniformly.

Alpha's kernel provides exception handling mechanisms defined in terms of kernel-provided abstractions; these language-independent mechanisms can be used by the OS and language run-time systems to construct appropriate exception handling policies, which clients may, in turn, use to establish application-specific exception handlers (which, for example, retry, perform compensatory actions, or utilize the results attained prior to occurrence of the exception). The mechanisms permit applications to define handlers for the core set of exception types defined by the kernel, and also to define their own exception types and handlers for them.

The mechanism for specifying exception handlers is the exception block, a block-structured construct that complements the block-oriented nature of invocations. Like other α-thread attributes, exception blocks may be nested and exception block scoping is dynamic. The exception handling attributes are protected by the kernel, so that subsequent application errors cannot corrupt them.

When an exception of a particular type occurs, control of the α-thread is moved to the handler specified by the inner-most exception block that defines a handler for exceptions of that type. Because Alpha's kernel is fully pre-emptable, an exception may force an α-thread out of the kernel, at an arbitrary point (even if it is blocked), to perform exception handling. So, in addition to any user-defined exception blocks, the kernel treats each operation defined on an object as an implicit exception block. The kernel-defined handlers for these implicit blocks perform only the simple clean-up operations necessary to ensure that the kernel will retain a minimum degree of internal consistency (i.e., it will neither leak resources, nor fail due to inconsistent internal data structures).

An α-thread always handles its own exceptions, preserving the correspondence between the α-thread and the computation it is performing. Following the occurrence of an exception, the kernel adjusts the attributes of the α-thread so that each exception handler is executed with attributes appropriate for the α-thread exception block at that point-among other things, this ensures that the proper scheduling parameters are associated with the exception handling.

The occurrence of a single exception may require multiple levels of exception handling to be performed. An example is a real-time constraint expiration exception, which is not discharged until the exception block level at which the real-time constraint was established is reached.

4.5 Alpha System Architecture

A distributed OS could impose or accommodate a variety of possible OS configurations and thus system architectures; Alpha is primarily intended for three of these.The purest form of a distributed OS is for it to be the only OS in the system-native on all nodes. The second system architecture of interest to us is for the distributed OS to be native on its own interconnected hardware nodes, forming a global OS (GOS) subsystem.

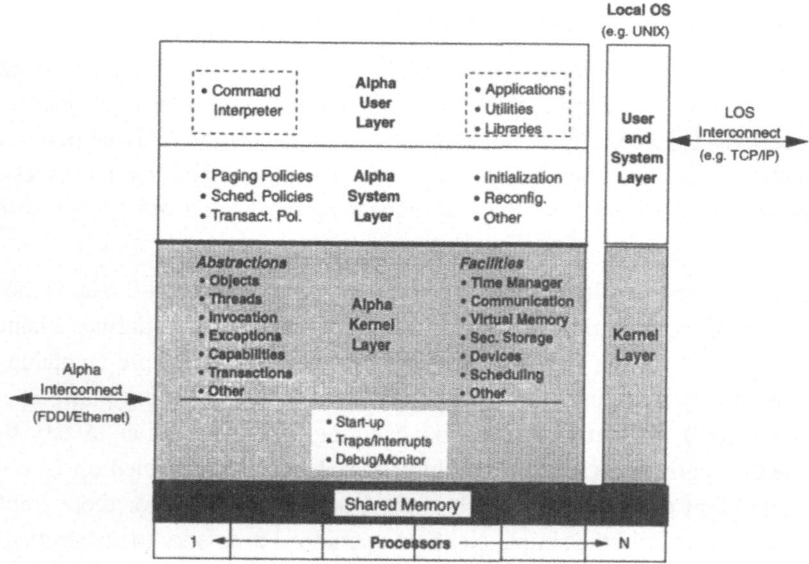

Figure 3: Alpha Co-Resident With UNIX On Multiprocessor Nodes

The third alternative system architecture for Alpha is for there to be distributed and local OS's which are separate but co-resident on the local nodal hardware.

On multiprocessor nodes, co-residency can be relatively easy and highly effective-Alpha can (and often does) co-exist and interoperate with UNIX on any or all of the system's multiprocessor nodes (as shown in Figure 3), thus making available to Alpha applications all the non- (or less) real-time functionality of UNIX (such as GUI's, ISO protocols, and software development facilities) [11].

5. Project History and Status

Alpha arose as the first systems effort of Jensen's Archons Project on new paradigms for real-time decentralized computer systems, which began in 1979 at Carnegie-Mellon University's Computer Science Department [12]. Design of the Alpha OS itself was started in 1985 and the initial prototype ("Release 1") was operational at CMU in the Fall of 1987.

Once the proof of concept prototype was operational, we sought to begin transition of Alpha's technology into practice by establishing a relationship with a computer manufacturer. To further facilitate that transition, the leadership and then the staff of the Alpha project moved to industry in 1988. The intent is for Alpha to serve as a technology development vehicle-first for application-specific real-time distributed operating systems (e.g., for telecommunications, simulators and trainers, C3I, combat systems) where extensive functionality (such as fault tolerance) and high real-time performance are of the utmost importance, no off-the-shelf products exist, and no standards are foreseeable for a number of years. Subsequently, the technology will be available for migration into other OS contexts. A second generation Alpha prototype design and implementation was delivered to several government and industry laboratories for experimental use; the first of these was installed in June 1990. The current version is initially available on MIPS R3000-based multiprocessor nodes interconnected by Ethernet; ports to other hardware are planned. Alpha is non-proprietary.

The research on Alpha and its constituent technology at Concurrent Computer Corp., SRI International, and Camegie Mellon University is sponsored by the U.S.A.F. Rome Laboratories, Computer Systems Branch. Additional support for Alpha is supplied by Digital Equipment Corp.

6. Acknowledgements

Alpha research is ongoing at CMU, and related research and technology development is also being conducted cooperatively with several other academic and industrial institutions. The Alpha project is also engaged in partnerships with a number of U.S. and European corporations and other organizations to develop experimental Alpha applications in the areas of telecommunications and defense systems.6. Acknowledgments

References

[1]   Jensen, E.D.
      The Implications of Physical Dispersal on Operating Systems
      Proceedings of Informatica `82, Sarajevo, Yugoslavia, March 1982.

[2]   Jensen, E.D., C.D. Locke, and H. Tokuda
      A Time-Value Driven Scheduling Model for Real-Time Operating Systems
      Proceedings of the Symposium on Real-Time Systems, IEEE, November
      1985.

[3]   C.D. Locke
      Best-Effort Decision Making for Real-Time Scheduling
      Ph.D. Thesis, CMU-CS-86-134, Department of Computer Science,
      Carnegie Mellon University, 1986.

[4]   Clark, R.K.
      Scheduling Dependent Real-Time Activities
      Ph.D. Thesis, School of Computer Science, Carnegie Mellon University,
      1990.

[5]   Jensen, E.D.
      A Benefit Accrual Model of Real-Time
      Proceedings of Echtzeit '92, publisher: Prof. Dr. H. Rzehak u. Ludwig
      Drebinger GMBH, 02.-04. June 1992

[6]   Stewart, B.
      Distributed Data Processing Technology
      Interim Report, Honeywell Systems and Research Center, March 1977.

[7]   Northcutt, J. D.
      Mechanisms for Reliable Distributed Real-Time Operating Systems-The
      Alpha Kernel
      Academic Press, 1987.

[8]   Maynard, D.P., S.E. Shipman, R.K. Clark, J.D. Northcutt, R.B. Kegley,
      B.A. Zimmerman, and P.J. Keleher
      An Example Real-Time Command, Control, and Battle Management
      Application for Alpha
      Technical Report TR 88121, Archons Project, Computer Science
      Department, Carnegie-Mellon University, December 1988.

[9]   Northcutt, J.D., R.K. Clark, D.P. Maynard, and J.E. Trull
      Decentralized Real-Time Scheduling
      Final Technical Report, Contract F33602-88-D-0027, School of Computer
      Science, Carnegie-Mellon University, February 1990.

[10] Northcutt, J.D., R.K. Clark, S.E. Shipman, D.P. Maynard, E. D. Jensen,
      F.D. Reynolds, and B. Dasarathy
      Threads: A Programming Construct for Reliable Real-Time Distributed
      Programming
      Proceedings of the International Conference on Parallel and Distributed
      Computing and Systems, International Society for Mini- and Micro-
      Computers, October 1990.

[11] Vasilatos, N.
      Partitioned Multiprocessors and the Existence of Heterogeneous Operating
      Systems
      Proceedings of the USENIX Winter 1991 Conference, January 1991.

[12] Jensen, E.D.
      The Archons Project: An Overview, Proceedings of the International
      Symposium on Synchronization, Control, and Communication
      Academic Press, 1983.

Adding real-time capabilities to a standard UNIX[1] implementation:
The AIX[2] Version 3.1.5 approach

W. Kriechbaum

Abstract

Generally UNIX is not considered to be an operating system suitable for real-time applications, i.e., applications that require an operating system "to provide a required level of service in a bounded response time."[3] The main 'design goal' of UNIX was to create "a powerful operating system for interactive use"[4] that is "not a 'real-time' system in the sense that it is not possible to lock a process in memory so as to guarantee rapid response to events, nor to connect directly to I/O devices"[5]

Since UNIX offers an outstanding environment for program developers, various attempts have been made to add real-time facilities either on top of an existing UNIX kernel or to integrate them in a kernel rewritten for real-time capability. Therefore it seems worth-while to reconsider the verdict from 1978 and to take a fresh look at the real-time capabilities of modern UNIX implementations. Throughout the text AIX -- which has been designed as a general purpose operating system with modifications and extensions to provide a reasonable level of real-time support -- is used as an example of such a modern UNIX implementation.

---

[1] UNIX is a trademark of UNIX System Laboratories, Inc.
[2] AIX is a trademark of the International Business Machines Corporation
[3] IEEE Std. 1003.4/D9
[4] Ritchie/Thompson, Bell System Technical Journal, 54, 1-25 (1978)
[5] Ritchie, Bell System Technical Journal, 54, 42-64 (1978).

1. UNIX as a real-time operating system: obstacles and cures

Basically, an operating-system suited for real-time applications has to fulfil two demands:

1. it has to guarantee deterministic processing times as well as deterministic reaction times after external, asynchronous events.

2. it should support multi-tasking to facilitate a structured, modular design.[6]

Of course there are lots of further requirements for a viable real-time operating-system like fine granularity timers, shared memory mechanisms, inter-process communication facilities or interrupt-handling mechanisms. But all those do not characterize further system features, they arise quite naturally during fulfilling the two basic demands.

Whereas multi-processing and inter-process communication do not pose any problems even for traditional UNIX implementations[7], those traditional implementations cannot guarantee deterministic response times at all. This is due to a variety of reasons:

1. kernel and system calls are not pre-emptible.

2. there are no fixed process priorities, the scheduler dynamically changes process priorities favouring interactive processes.

3. swapping and/or paging lead to stochastic variations in timing behaviour during process execution.

4. file system I/O is unpredictable: there are only very limited means to force disk I/O and there is no way to guarantee that files are allocated contiguous.

Any attempt to remove these restrictions and craft a real-time UNIX requires a major redesign of kernel as well as system calls. The following sections discuss each of the four points in some detail and present the solution adopted by AIX.

---

[6] see for example: Levi/Agrawala, Real-Time System Design, McGraw-Hill, New York 1990

[7] with traditional UNIX implementations I mean "any operating systems based closely on code supplied by ATT (up to and including System V.3) or
by the University of California at Berkeley (up to and including BSD 4.3)" [quoted from: IBM AIX Version 3.1 RISC System/6000 as a Real-Time System, ITSC Document Number GG24-3633-0, Austin 1991, p. 3]

1.1 Kernel pre-emption

Whereas a UNIX process is pre-emptible while in user-mode, code running in kernel-mode cannot be interrupted. What sounds at first only like a minor restriction becomes a major obstacle after considering that all UNIX system calls run in kernel-mode. Therefore any process, like e.g. some house-keeping process completely unimportant for the real-time job at hand, can block a time-critical real-time process ready to run for an unpredictable time, by simply processing a write system call (Fig. 1A). Addressing this problem, implementers of UNIX have chosen two different approaches: some (like e.g. HP with HP-UX or AT&T with System V.4) have added pre-emption points to most or all of their system calls. Despite of the fact that this technique improves the timing response of such implementations, it doesn't solve the basic problem (Fig. 1B): context-switch latencies still are non-deterministic. On the other hand, some vendors (like e.g. Modcomp with REAL/IX or IBM with AIX) recoded the kernel making it completely pre-emptive, thereby achieving deterministic context switch latencies (Fig. 1C).

1.2 Process priorities, Scheduler

Traditional UNIX implementations use a priority-based scheduling policy that attempts to achieve good interactive response-times. Therefore the priority of inactive processes - presumably waiting for input - increases, whereas the priority of cpu-intensive processes decreases over time. The nice system call allows some limited control of this behaviour, but no process can bypass this scheduling policy.

In contrast AIX provides 128 priority levels; priority levels 40 to 127 are dynamically assigned by the scheduler and processes assigned to these are scheduled according to the traditional UNIX policy. Priority level 0 to 40 are fixed and will not be changed by the scheduler which itself runs at priority level 16. This allows unscheduled real-time processes as well as the addition of a further user-designed real-time scheduler, like e.g. a deadline-scheduler.

To allow fast context switches, the kernel maintains for each priority level a separate run queue and an array of 128 1-bit flags indicating which queue is occupied by at least one process. This enables the dispatcher to pick the most runable process almost immediately.

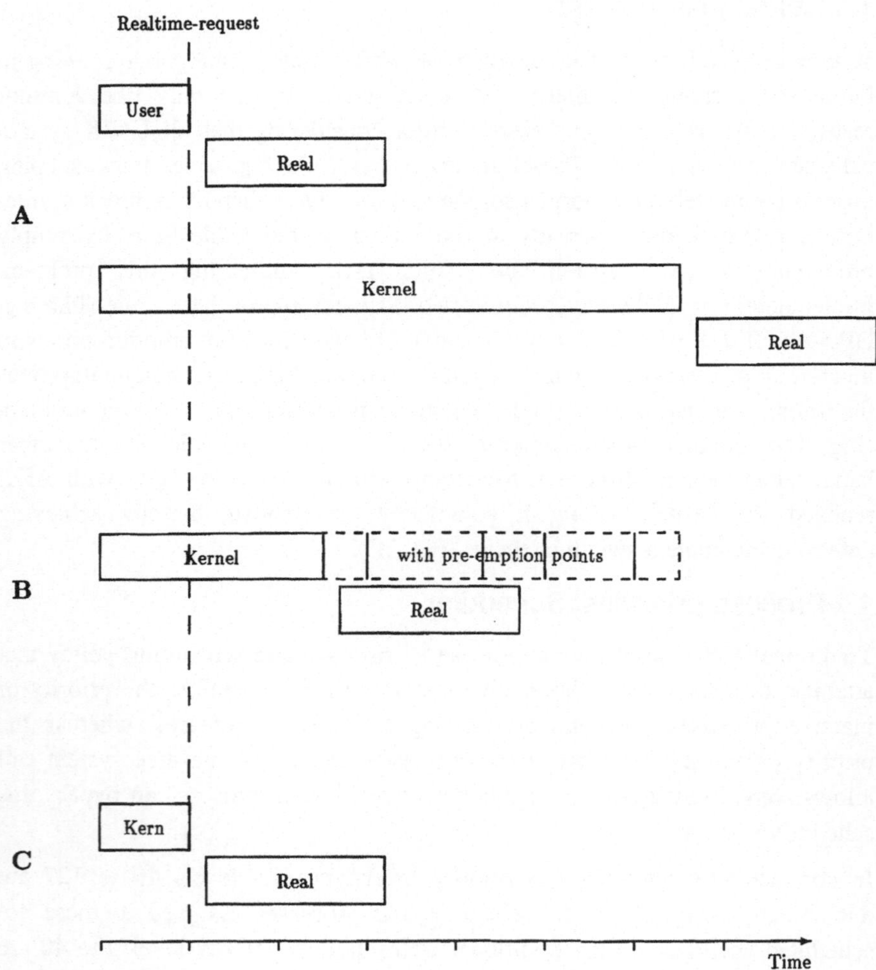

Figure 1: Context switching in different UNIX implementations.
The example shows possible context switch latencies for the activation of a real-time
process 'real' receiving a signal and becoming runable at time 'real-time request' for
A: a traditional UNIX implementation.
B: a UNIX kernel using pre-emption points.
C: a pre-emptible UNIX kernel.

1. 3 Memory pinning

Most real-time processes need to control the memory management scheme: they cannot afford being moved to swap-space while waiting for some event which needs immediate response. To control memory management, System V based implementations offer the system call plock, which allows to lock the text and/or data segment in memory. Whenever a fine granularity control of locking is desired, AIX provides additional system services for memory pinning which allow to pin a specified address range in user memory as well as in system memory.

1.4 Real-time filesystems

UNIX disk I/O is inherently unpredictable: usually the blocks comprising a file will be scattered about the disk. Like other UNIX implementations AIX currently does not provide contiguous, flat filesystems which yield predictable disk access times. Despite far from ideal, this situation is somewhat eased by two features of the AIX operating system:

1. all files are memory-mapped. This allows at least those applications which can plan all their disk I/O to allocate the necessary disk-space in memory during startup and to use only the memory-mapped file during runtime.

2. the AIX kernel is extendable and therefore allows to implement different filesystem-types and merge them with those provided by the native system. Such a development-effort is eased by a set of kernel extensions supporting the design and administration of virtual file systems.

2. A closer look: Real-time extensions in POSIX 1003.4/D9 and AIX 3.1.5

The POSIX[8] standard 1003.4, now under review by the balloting group, will define a portable set of system calls relating to real-time programming. The following table compares the system calls provided by AIX with those from POSIX Draft D9. Doing such a comparison, it is primarily of interest whether AIX provides the same functionality as the draft. Since AIX is committed to standard compliance, changes in AIX to adopt the calling conventions required by POSIX 1003.4 are more than likely, once the standard is approved.

---

[8] POSIX is a trademark of the Institute of Electrical and Electronic Engineering

POSIX	AIX	Comments
Binary Semaphores		
mksem() semwait() semifwait() sempost() semifpost()	semget() semctl() semop()	In AIX semaphores are not binary and are not treated as special files[9]
Process Memory Locking		
memlk() memunlk()	pin() unpin() pincode() unpincode() pinu() unpinu()	same functionality
Shared Memory		
mkshm() shmmap() shmunmap()	shmget() shmat() shmdt() shmctl()	In AIX shared memory is not treated as special files[9]
Priority Scheduling		
setprio() getprio() setscheduler() getscheduler() yield()	setpri() getpri()	equivalent functionality
Asynchronous Event Notification		
evtprocmask() evtsuspend() evtpoll() evtraise() evtsigclass		AIX system calls in plan

---

[9] for special files POSIX supports the additional system calls open(), close(), fcntl(), access(), chmod(), chown(), dup(), dup2(), fpathconf(), fstat(), link(), pathconf(), rename(), stat(), unlink(), and utime() as defined in POSIX 1003.1

POSIX	AIX	Comments
Clocks and Timers		
getclock() setclock() resclock() mktimer() rmtimer() gettimer() reltimer() abstimer() resrel() resabs() nanosleep() ressleep()	talloc() tstart() tstop() tfree() gettimerid() getinterval() absinterval() getinterval()	same or equivalent functionality
IPC Message Passing		
mkmq() mqsend() mqreceive() mqsetattr() mqgetattr() mqpurge() mqgetpid() msgalloc() msgfree() mqputevt() mqgetevt()	msgctl() msgget() msgsnd() msgrcv() msgxrcv()	equivalent functionality In AIX message queues are not treated as special files[9]
Synchronized I/0		
afsync() rftsync()		AIX system calls in plan
Asynchronous I/0		
aread() awrite() listio() acancel() iosuspend()		AIX system calls in plan

POSIX	AIX	Comments
Real-time Files		
rtcreate() getattr() fgetattr() setattr() fsetattr() getcap() fgetcap() fsgetcap() getincr() fgetincr() fsgetincr() placebuf() lseek()[9]		AIX system calls in plan

3. An Example: Signal Driven Context Switch Latency

The following code fragment illustrates the basic mechanism used to measure the timing of signal driven context switch latencies. In the missing parts the process is locked into memory, set to a real-time priority and shared memory for timeval is allocated. Thereafter the process duplicates itself and parent and child alternate in sending each other a signal. Timing results are written to a driver process via sockets:

```
/*
 * parent code
 */
if (cpid) {
    for (;;) {
        /* disable interrupt priorities */
        oldpri = user_disable(newpri);
        /* post signal */
        pw_post(PW_PARENT_TO_CHILD, cpid);
        /* read fine granularity clock. Wait for signal */
        *timeval = rtc_lower();
        wait_mask= pw_wait(PW_CHILD_TO_PARENT,
                           PW_CHILD_TO_PARENT, EVENT_SIGRET);
        /* do timing */
        *timeval = rtc_lower() - *timeval;
        /* enable interrupt priorities */
        user_enable(oldpri);
        /* correct for overflow */
        *timeval += ((*timeval < 0) ? 1000000000 : 0);
        /* talk with user interface */
        write(newsockfd, (char *) timeval, sizeof(int));
        if (read(newsockfd, &newpri, sizeof(int)) == -1) {
            daemon_error(LOG_ERR, "sync error");
        }
    }
}
/*
 * child code
 */
else {
    for(;;) {
        wait_mask = pw_wait(PW_PARENT_TO_CHILD,
                            PW_PARENT_TO_CHILD, EVENT_SIGRET);
        *timeval = rtc_lower() - *timeval;
        user_enable(oldpri);
        *timeval += ((*timeval < 0) ? 1000000000 : 0);
        write(newsockfd, (char *) timeval, sizeof(int));
        if (read(newsockfd, &newpri, sizeof(int)) == -1) {
            daemon_error(LOG_ERR, "sync error");
        }
        oldpri = user_disable(newpri);
        pw_post(PW_CHILD_TO_PARENT, ppid);
        *timeval = rtc_lower();
        }
    }
}
```

Routines like userdisable() or userenable() are not native system calls, they use the kernel extensions idisable() and ienable(). To use kernel extensions from a normal user program the routines have to be supplied with a stack frame. This is done by a simple encapsulation:

```
int user_disable(int pri)
int pri;
{
return(i_disable(pri));
}
```

Using signal driven context switching to measure context switch latencies on a RISC System/6000 Model 520 one gets the results shown in Fig. 2. The upper histograms show context switch latencies on an empty machine (mean 81.9 microseconds) and a machine loaded with 10 concurrent find processes (mean 82.6 microseconds). As to be expected for real-time processes, the context switch latency is independent of non-real-time activities, but of course not of interrupt activity: 0.7 % of all context switches on an empty machine and 1.6 % of all context switches on a loaded machine take longer than 150 microseconds. These are context-switches during which an interrupt occured which has - like in all systems - a higher priority than a real-time process (cf Fig. 2 lower histograms). Close control of potentially active devices and enabled interrupt priorities is a challenging task during the design of all real-time applications: under UNIX as well as under a dedicated real-time operating system.

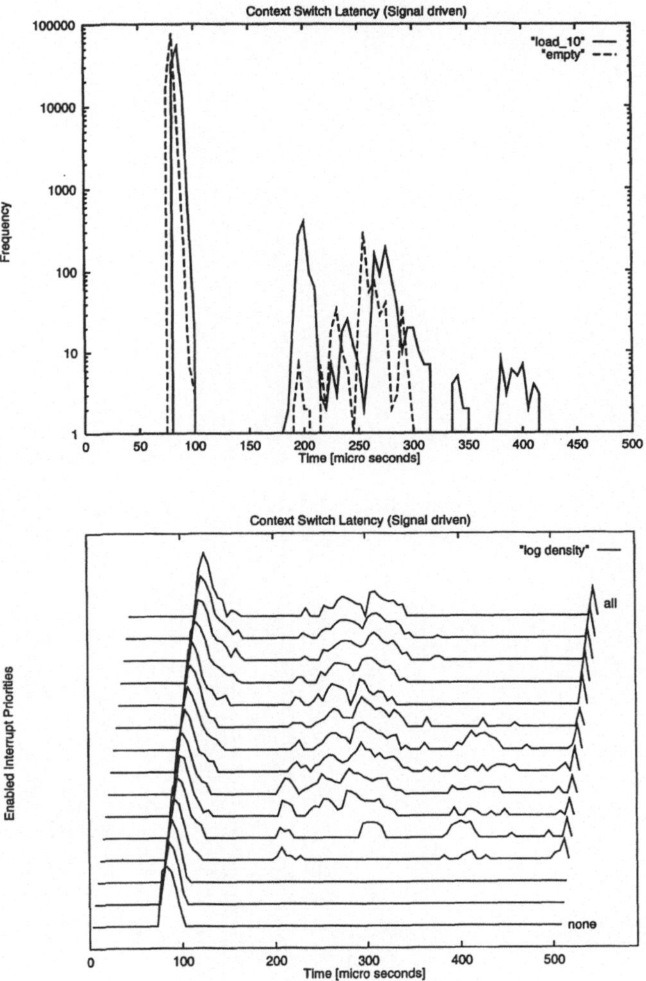

Figure 2 :
Histograms of context switch latencies for a RISC System/6000 Model 520
The upper histogram shows the logarithmic density of context switch latencies on an
empty machine and a machine loaded with 10 concurrent find processes.
The lower histograms show the logarithmic density of context switch latencies in
dependence of enabled interrupt priorities. During theese measurements the machine
was loaded with a continuous compress/uncompress cycle and intermittent network
load and interactive user activity.

Drei Echtzeitbetriebssysteme für die digitale Regelung im Vergleich

T. Lilge , C. Gralla

Kurzfassung

Auch beim Einsatz von Rechnern in der Automatisierungstechnik werden wesentliche Grundfunktionen erst durch das Betriebssystem dem Nutzer bereitgestellt. In der digitalen Regelung oder Prozeßdatenverarbeitung spielt der Faktor Zeit eine große Rolle. Dabei muß unter den beiden immer wieder verwechselten Begriffen 'REALFAST' und 'REALTIME' unterschieden werden. Der erste Begriff bedeutet nichts weiter als 'echt schnell', während ein Betriebssystem mit dem Attribut 'REALTIME' eine Garantie gibt, in welcher maximalen Zeit eine Aktion durchgeführt wird. Dieses ist für die Prozeßrechentechnik bzw. schritthaltende Datenverarbeitung unbedingt notwendig. In diesem Beitrag sollen die für diesen Bereich konzipierte Echtzeitbetriebssysteme OS-9/68000, REAL/IX, RTOS-UH analysiert und verglichen werden. Dabei ist die Interprozeßkommunikation, die zyklische Prozeßeinplanung und die Einplanung von Anwenderprozessen auf externe Interrupts von besonderem Interesse. Die Messungen erfolgten 1991/1992 mit den jeweils verfügbaren Versionen der Betriebssysteme.

1. Anforderungen an Echtzeitbetriebssysteme für die digitale Regelung

Für Echtzeitbetriebssysteme existieren eine Reihe von Kriterien, mit denen ein sinnvoller, zweckentsprechender Einsatz beurteilt werden kann. Die wichtigsten sechs Merkmale sollen hier kurz erläutert werden.

- Definiert angebbare Interruptantwortzeiten und deterministisches zeitliches Verhalten, das besonders bei der zyklischen Einplanung von Prozessen notwendig ist.

* Lauffähige Programme (Tasks bzw. Prozesse) müssen prioritätsgesteuert anlaufen.

* Eine Lastunabhängigkeit muß garantiert werden.

* Eine Multitaskingfähigkeit muß gegeben sein, die den Prozessor an andere laufwillige Prozesse vergibt, wenn die Prozessortätigkeit durch Interrupt, Timerablauf etc. unterbrochen wurde.

* Eine effiziente und schnelle Interprozeßkommunikation muß möglich sein.

* Guter und schneller Durchgriff auf den angeschlossenen technischen Prozeß ist erforderlich.

Weist ein Betriebssystem diese Eigenschaften auf, so ist damit eine digitale Prozeßregelung möglich. Das Problem dabei ist, daß diese auf dem Papier zugesicherten Eigenschaften in den meisten Fällen keine Aussage über die zeitlichen Bedingungen treffen. Die Angabe von Interruptantwortzeiten, Prozeßwechselzeiten, Interprozeßkommunikationszeiten oder gar die Angabe der Zeitäquidistanz bei zyklischer Einplanung fehlt völlig. Die wichtigsten Zeiten sind daher exemplarisch an den genannten Betriebssystemen untersucht worden.

2. Die drei untersuchten Betriebssysteme REAL/IX, RTOS-UH und OS-9/68000

Um einen objektiven Vergleich von Betriebssystemen zu ermöglichen, ist es erforderlich, die gleichen Tests auf der gleichen Hardware unter den verschiedenen Betriebssystemen durchzuführen. Als Hardware wurden die in der Industrie weit verbreiteten VME-Bussysteme mit MOTOROLA-Prozessorkarten verwendet. Als Echtzeitbetriebssysteme standen REAL/IX der Firma AEG/ MODCOMP als neuestes Echtzeit-UNIX System, das Echtzeitbetriebssystem des Instituts für Regelungstechnik der Universität Hannover RTOS-UH sowie das in der Industrie weit verbreitete Betriebssystem OS-9/68000 von MICROWARE zur Verfügung. In der einen Hardwarekonfiguration standen das REAL/IX und das RTOS/UH gegenüber, auf einem weiteren Rechnersystem konkurrierten OS-9 und RTOS-UH. So ist ein indirekter Vergleich von REAL/IX und OS-9 über die Referenz RTOS-UH möglich.

2.1 Das Betriebssystem REAL/IX

Das Betriebssystem REAL/IX der Firma AEG/MODCOMP ist ein erweitertes
UNIX System V.3, das mit Echtzeit-Elementen ausgestattet wurde. Es entspricht der System V Interface Definition (SVID) und besitzt einen unterbrechbaren Kern. Die Prozeßverwaltung ist mit den beiden Verfahren Realtime-
Prioritäten-Scheduling oder Timesharing-Scheduling möglich. Das allgemeine
Problem aller UNIX- oder UNIX-ähnlichen Betriebssysteme, das Daten- oder
Programmein- und -auslagern (swapping), läßt sich durch das Prepage und Pro-
zeß-Memory-Locking umgehen. Der beschleunigte Abbruch laufender, nicht
echtzeitfähiger E/A-Prozesse erfolgt, wenn ein Prozeß mit Echtzeiteigenschaften den Prozessor verlangt. Dadurch wird das Systemverhalten determinierbar.
Eine erweiterte Interprozeßkommunikation erleichtert die Lösung von Echtzeitanwendungen sowie regelungstechnischer Software. Wichtige Eigenschaften in Kürze (Stand 1991):

- Multiuser-Multitasking-Betriebssystem

- voll unterbrechbarer Kern

- Prozeßverwaltung Realtime : Priorität 0 - 127,
                     UNIX   : Priorität 128 - 255, Timesharing

- Interprozeßkommunikation: Shared Memory, Events, Signale, named und
  unnamed Pipes, zählende und zusätzlich schnelle Bitsemaphoren.

- Realtime Timer: Neben den aus UNIX System V bekannten Zeitfunktionen
  existieren Prozeßintervalltimer mit hoher Zeitauflösung für festgelegte Zeitpunkte oder periodische Zeitabstände. Die Timerauflösung ist von 60 bis
  1920 Ticks pro Sekunde in 60er Schritten einstellbar.

- Prepage und Memory-Locking verhindern das Auslagern von Daten oder
  Programmen.

- Neben dem UNIX-Standard Dateisystem existiert ein echtzeitfähiges Dateisystem, das zusammenhängende, verlängerbare Dateien und die Umgehung
  des zu jeder Sekunde verwalteten Pufferspeichers ermöglicht. Es erlaubt
  sowohl asynchronen als auch synchronen Zugriff.

- Das I/O-Subsystem ermöglicht eine prioritätsgesteuerte Verwaltung der Ein-
  und Ausgabeprozesse (incl. Warteschlangen).

- Spezifische Systemerweiterungen sind durch den Nutzer selbst möglich.

2.2 Das Betriebssystem RTOS-UH

Das REAL-TIME-OPERATING-SYSTEM der Universität Hannover wurde am Institut für Regelungstechnik unter der Leitung von Prof. Dr.-Ing. W. Gerth vor 10 Jahren entwickelt. Optimiert wurde es für den Einsatz in der Prozeßautomatisierungstechnik und ist als Werkzeug des Ingenieurs gedacht. Dieser kann das Problem in der Echtzeit-Multitasking-Hochsprache PEARL ohne Studium mehrbändiger Handbücher lösen. PEARL ist eine blockstrukturierte Sprache mit ähnlichen Elementen wie PASCAL. Die Palette der einsetzbaren Rechner reicht vom winzigen Halbeuropakartenrechner mit MOTOROLA-Prozessor MC68008 über alle anderen MC680X0 Prozessoren bis zum Höchstleistungsmultiprozessor mit mehreren MC68020 incl. Floatingpointprozessor MC68881 im anonymen symmetrischen Verbund. Globale Variablen lassen sich ohne Probleme definieren. Die weiteren wichtigen Eigenschaften in Kürze (Stand 1991):

- Multitasking-Betriebssystem (bedingt multiuserfähig)

- voll unterbrechbarer Kern ab Nucleus 6.8

- Multiprozessorbetrieb ohne Änderung der Anwendersoftware durch Hinzufügen weiterer CPU-Karten.

- Prozeßverwaltung nach festen Prioritäten. Tasks mit gleicher Priorität können wahlweise im Timesharingverfahren verwaltet werden.

- Absolutzeit-, relativzeit- und ereignisgesteuerte Taskeinplanung möglich.

- Interprozeßkommunikation: Named Pipes, Shared Memory (globale Variablen), zählende Semaphoren und in Zukunft auch Boltvariablen, die auch als binäre Semaphoren zu verwenden sind.

- Interruptgetriebenes Betriebssystem; asynchrone Ein-/Ausgabe mit prioritätsgesteuerter Verwaltung der Ein-/Ausgabeprozesse (incl. Warteschlange).

- Komplette Programmierumgebung, vom kompakten Laufzeitsystem bis hin zum vollständigen Entwicklungssystem mit Massenspeicher, Editoren, Compilern etc.

- Crossentwicklung unter MS-DOS, UNIX, VMS

- Selbstkonfigurierbares Betriebssystem, z.B. Einbindung selbstgeschriebener Treiber eigener E/A-Karten.

- 100% prom-fähig

2.3 Das Betriebssystem OS-9/68000

Das Betriebssystem OS-9 entstand gegen Ende der siebziger Jahre für den Prozessor MC6809 von MOTOROLA und ist heute auch für alle anderen MC680X0 verfügbar. MICROWARE Systems Corporation entwickelte dieses Betriebssystem mit dem Hauptanwendungsbereich Steuer- und Regelungstechnik sowie Prozeßdatenverarbeitung. Aufgrund der weiten Verbreitung dieses Betriebssystems steht eine Vielzahl kommerzieller Software zur Verfügung. Die wichtigsten Eigenschaften in Kürze (Stand 1991):

- Multiuser-Multitasking-Betriebssystem

- Prozeßverwaltung: für Echtzeitprozesse nach festen Prioritäten, sonst priorisierter Round-Robin-Scheduler mit Alterung der Prozesse, deren Wartezeit ihre Priorität bestimmt.

- UNIX Prozeßmodell mit Prozeßforking.

- Prozeßeinplanung auf relative und absolute Zeiten mit Alarmen.

- Interprozeßkommunikation: named und unnamed Pipes, Data-Module (shared Memory), Events (Semaphore) und Signale.

- Durch modularen Aufbau einfach zu konfigurieren, vom Kleinstsystem bis zum kompletten Entwicklungssystem.

- UNIX Ein-/Ausgabemodell.

- 100% prom-fähig.

- Unabhängige Filemanager zur Unterstützung aller Arten von E/A-Geräten.

- Auf C-Source-Level UNIX-Softwarekompatibel.

- Recordlocking für Datensätze, die mehreren Nutzern (Prozessen) zugeordnet sind.

3. Quantitative Messungen

Die folgende Tabelle zeigt die Unterschiede der für die Untersuchungen zur Verfügung stehenden Prozessoren und Rechnertypen sowie die Versionen der verwendeten Betriebssysteme:

Rechner	MVME 147	Force CPU30
Prozessor/Takt:	MC68030 / 25 MHz	MC68030 / 20 MHz
Datencache:	ja	nein
Betriebsysteme:	REAL/IX, Vers. B.0	OS-9, Vers. 2.4
	RTOS-UH, Nuc 6.8	RTOS-UH, Nuc 7.2

Die Zeitmessungen von ausgesuchten Operationen erfolgten mit synthetischen Benchmarktests. Die Zeitmessung der eigentlichen Operation erfolgt in einer Testschleife. Das Ergebnis wird am Ende von den Overheadzeiten korrigiert. Bei nicht wiederholbaren Operationen wurde ein digitaler Ausgang gesetzt, der nach der zu messenden Operation wieder zurückgesetzt wurde. Die Messung erfolgte dann mit einem Oszilloskop.

Die Messung der Interruptantwortzeit sowie die Überprüfung der Zeitäquidistanz erfolgte ebenfalls mit Hilfe eines Oszilloskops. Dabei führt der eingeplante Prozeß als Aktion das Setzen und Rücksetzen eines digitalen Ausgangs durch. Bei der zyklischen Einplanung wurde die Zeit zwischen zwei steigenden Flanken gemessen. Die Interruptantwortzeit, d.h. die Zeit, die verstreicht, bis ein Anwenderprozeß auf ein von außen auftretendes Prozeßereignis hin startet, wurde ebenfalls mit dem Oszilloskop gemessen. Hierbei wurde der Meßwert um die Zeit korrigiert, die zum Setzen des digitalen Ausgangs notwendig ist.

3.1 Test der Interprozeßkommunikation

In diesem Testteil wurde untersucht, wie verschiedene Prozesse bzw. Tasks miteinander kommunizieren. In der nachfolgenden Tabelle sind die Ergebnisse für die Interprozeßkommunikationsmittel dargestellt, die in allen Betriebssystemen verfügbar sind.

Betriebssystem Rechner	OS-9 CPU30	RTOS-UH CPU30	RTOS-UH MVME 147	REAL/IX MVME 147
1. Shared Memory:				
Einrichten: [µs]	1448 [10]	-	-	274
Zugriff: [µs]	1.73	1.30	1.08	0.65
2. Named Pipes:				
Schreiben (255 Bytes): [µs]	221	2550	1531	237
Lesen (255 Bytes): [µs]	220	3280	2090	240
3. Zählende Semaphoren:				
Request-Release: [µs]	145 [11]	9.6	7.9	217
Prinzip der Aktivierung von an Semaphore blockierten Prozessen:	FIFO	Prio	Prio.	Prio.
4. Binäre Semaphoren:				
Sperren-Freigeben: [µs]	145 [2]	2.5 [12]	2.0 [3]	6.1

3.2 Tests bezüglich der Prozeßverwaltung

In diesem Testteil wird untersucht, wie in einem Multitasking-Betriebssystem der Prozeßwechsel organisiert wird, wie die Systembelastung und die deterministische Aussage über das Zeitverhalten anzusiedeln sind und wie die Interrupt-Einplanung möglich ist.

3.2.1 Test der Prozeßwechselzeiten

Die Prozeßwechselzeiten sind ein Maß für den Overhead, der im Betriebssystem nötig ist, um den Prozessor an andere Prozesse zu vergeben. Gemessen wurde die Zeit, die ein Zyklus A-B-A zwischen den Prozessen A und B mit den entsprechenden Systemaufrufen benötigt.

---

[10] Nur Beispielwert, da stark abhängig von Speicherbelegung
[11] Nach 'OS-9/68000 Technical Manual' mit Events realisiert
[12] Boltvariable mit RESERVE/FREE

	Rechner Force CPU30	
OS-9	Verwendeter Mechanismus 'TSLEEP' mit 'KILL'	382 µs
RTOS-UH	Verwendeter Mechanismus 'ACTIVATE' und 'END'	271 µs
	Verwendeter Mechanismus 'SUSPEND und CONTINUE'	275 µs
	Rechner MVME 147	
RTOS-UH	Verwendeter Mechanismus 'ACTIVATE und END'	158 µs
	Verwendeter Mechanismus 'SUSPEND und CONTINUE'	180 µs
REAL/IX	Wechsel zwischen Prozessen gleicher Priorität	111 µs
	Mit Prioritätenwarteschlange	180 µs

Bei RTOS-UH wurde jeweils ein Einfluß von weiteren Tasks in der Warteschlange auf die Taskwechselzeit festgestellt.

3.2.2 Test der zyklischen Einplanung von Prozessen

Darunter fällt die Überprüfung von

- der Äquidistanz der Aktivierungspunkte. Wie genau wird die Zykluszeit eingehalten? Erfolgt die Einplanung des Prozesses im festen Zeitraster?

- Ein Prozeß wird zyklisch aktiviert, während ein Hintergrundprozeß Systemaufrufe tätigt. Wird die Phasenunreinheit durch die Systemaufrufe vergrößert? (Unterbrechbarkeit des Kerns bzw. längste Interrupt-Off-Zeit).

Möglichkeiten der zyklischen Einplanung:

Für die zyklische Einplanung von Prozessen in **OS-9/68000** sind Alarme vorgesehen. Diese sind Signale, die sich ein Prozeß selbst sendet. Der zyklisch einzuplanende Prozeß muß zunächst einen Alarm einrichten, durch den er dann zyklisch ein Signal erhält. In einer Endlosschleife suspendiert sich der eingeplante Prozeß mit einem Sleep-Befehl, um auf das nächste Signal zu warten, das den Prozeß weckt. In der Signalbehandlungsroutine, in die nach Erhalt des Signals verzweigt wird, sollte sofort der Befehl sigmask() ausgeführt werden. Weitere Signale werden dann maskiert und gepuffert. Nach der Signalbehandlungsroutine wird das Programm dort fortgesetzt, wo es durch das Signal unterbrochen wurde. Hat der eingeplante Prozeß seine Aktion beendet und führt erneut einen Sleep-Befehl aus, wird die Signalmaske gelöscht und eventuell noch ausstehende Signale aktivieren den Prozeß erneut. Einplanungen können also nicht verlorengehen. Die kleinstmögliche Zykluszeit beträgt im allgemeinen 10 ms.

Die zyklische Prozeßeinplanung mit einer kleinstmöglichen Zykluszeit von 1 ms in RTOS-UH erfolgt mit der einfachen PEARL-Anweisung: `ALL 0.001 SEC ACTIVATE taskname`.

Prozesse können bei **REAL/IX** mit den Process Interval Timern (PIT) zyklisch eingeplant werden. Die maximale Timerauflösung beträgt 0.5208333 ms. Der zyklisch eingeplante Prozeß wartet auf das Event, das ihm bei Ablauf des Timers gesendet wird. Ist der eingeplante Prozeß bei Empfang des Events noch aktiv, wird es gepuffert.

Exemplarische Realisation von zyklisch eingeplanten Prozessen bei den untersuchten Betriebssystemen:

Neben den reinen Meßwerten, die ein Betriebssystem zusammen mit der verwendeten Hardwarekonfiguration beschreibt, ist für die Beurteilung auch die Handhabung zu beachten, wie in der digitalen Regelungstechnik Prozesse zyklisch oder auf Interrupt eingeplant werden können. Als Beispiel sei hier das Problem der Regelung eines technischen Prozesses angeführt, die alle 10 ms einen Meßwert erfaßt und daraufhin die berechnete Stellgröße ausgibt. Dieses Beispiel wird exemplarisch unter dem Betriebssystem RTOS-UH mit der Programmiersprache 'PEARL' als Beispiel für anwenderorientierte Problemlösung dargestellt. Im Gegensatz dazu zeigen die Beispiele in OS-9/68000 und REAL/IX weniger komfortable Lösungen.

Die dargestellten Beispielprogramme zeigen nur die für die Regelung wesentlichen Programmteile. Variablendeklarationen sind beispielsweise nicht angegeben. Für einen geordneten Abbruch der Programme in OS-9 und REAL/IX ist aufgrund der Endlosschleife eine Signalbehandlungsroutine vorzusehen, die bei Eintreffen eines Abbruchsignals die Systemparameter zurücksetzt (OS-9) oder das shared Memory und den Timer aus der Systemverwaltung entfernt (REAL/IX).

Wie zu ersehen ist, ist die Handhabung der Betriebssysteme für dieses in der Regelungstechnik immer zu lösende Problem im Aufwand sehr unterschiedlich. Das Betriebssystem RTOS-UH stellt bereits alle notwendigen Dienste zur Verfügung, die bei den anderen Betriebssystemen erst durch den Anwender zu programmieren sind. Dieses Kriterium ist bei der Entwicklung von komplexen Regelungs- und Steuerungsaufgaben mit mehreren Tasks oder Prozessen nicht zu vernachlässigen.

Die Regelung unter RTOS-UH mit PEARL:

```
SYSTEM;
   DIGIN:  BU (Adresse I/O-Port1) <-;
   DIGOUT: BU (Adresse I/O-Port2) ->;
PROBLEM;
   SPC DIGIN  DATION IN  BASIC;
   SPC DIGOUT DATION OUT BASIC;
REGLER: TASK PRIO 10 RESIDENT;
   TAKE MESSWERT FROM DIGIN;        /* Eingabe des Meßwerts.  */
   STELLGROESSE = ......            /* Berechne STELLGROESSE. */
   SEND STELLGROESSE TO DIGOUT;     /* Ausgabe der Stellgröße.*/
END;                               /* .......of Task.........*/
```

Die Bedienung durch den Nutzer (oder einer Task):

```
* ALL 0.010 SEC ACTIVATE REGLER
```

Die Regelung unter OS-9/68000 in C:

```
/* Prozeß Regler */
sigroutine(sigcode)   /* Siganlbehandlungsroutine, die nach */
                      /* Erhalt d. Signals ausgeführt wird. */
int sigcode           /* Dann Programmfortsetz. ab unter-   */
                      /* brochener Stelle. */
{ sigmask(1) }        /* Maskierung und Pufferung weiterer  */
                      /* Signale.                           */

main()                /* Hauptprogramm.                     */
{
                      /* Setzen von Systemparameter, damit  */
                      /* Prozeß als Echtzeitprozeß          */
                      /* verwaltet wird. Einrichten         */
                      /* des Alarms (alm_cycle()) für       */
                      /* zyklischen  Signalerhalt.          */
   while(1)           /* Endlosschleife                     */
   { tsleep(0);       /* Prozeß susp. sich und wartet auf   */
                      /* das Signal. Maske wird gelöscht;   */
                      /* gepufferte Signale gelangen zum    */
                      /* Prozeß */
   messwert = digin(); /* Direkte Ein-/Ausgabe ohne         */
                       /* Management von OS-9 ist nicht     */
                       /* vorgesehen. Eine Möglichkeit      */
                       /* ist die Verwendung eines          */
                       /* Assembler-Unterprogrammes.        */
   stellgroesse = ...    /* Berechne stellgroesse.          */
   digout(stellgroesse);} /* Ausgabe der Stellgröße.        */
                       /* Rücksprung, erneutes              */
   exit(0);   }        /* Suspend.                          */
```

Die Bedienung durch den Nutzer: `$ regler`

Die Regelung unter REAL/IX mit 'C':

```
/* Prozeß Regler   */
main()
{   /* Realtime-Privilegien des Prozesses holen.            */
    /* Prozeß vor dem Auslagern schützen.                   */
    /* Shared Memory für 'direct I/O'                       */
    /* Shared Memory auf phys. Adresse des Ein-/Ausgabe-    */
    /* kanals einrichten. Prozeß an shared Memory anbinden*/

    /* Timer-Initialisierung:                               */
    /* Event für den Timer holen, auf den der Prozeß        */
    /* warten soll.                                         */
    /* Timer Identifier holen.                              */
    /* Timer zyklisch einrichten und starten.              */

    while(1)              /* Endlosschleife.                */
    { evrcv(1,&event);  /* Warten auf Event des Timers,     */
                          /* das alle 10,41666 ms kommt.    */
      messwert = *digin;/* Zeiger *digin zeigt auf das      */
                          /* shared Memory Segment, das  auf */
                          /* die physikal. Adresse des E/A-. */
                          /* Kanals gelegt wurde.           */
      stellgroesse = .../* Berechne stellgroesse.          */
      *digout = stellgroesse; } /* Ausgabe der Stellgröße   */
                          /* ('direct I/O').               */
    exit(0);    }
```

Bedienung durch den Nutzer: `$ regler`

Resultate der Untersuchungen der zyklischen Einplanung:

Betriebssystem	OS-9	RTOS-UH	RTOS-UH	REAL/IX
Rechner	CPU30	CPU30	MVME 147	MVME 147
vorgesehene Zykluszeit T [ms]	10.00	2.000	2.000	2.083
Min. Zykluszeit [ms] ohne Last	9.998	1.999	1.995	2.060
Max. Zykluszeit [ms] ohne Last	10.003	2.001	2.000	2.110
Langzeitmittelw. [ms] ohne Last	10.00	2.000	2.000	2.083
Min. Zykluszeit [ms] mit Last	2.56	1.932	1.765	1.980
Max. Zykluszeit [ms] mit Last	17.44	2.066	2.200	2.180
Langzeitmittelw. [ms] mit Last	10.00	2.000	2.000	2.083

Als Last diente ein Endlosprozeß mit kleinerer Priorität, der eine Terminalausgabe tätigt. In OS-9 und REAL/IX wurde die Anweisung

```
printf("abcd ");
```

endlos wiederholt. Das Fehlen des Zeilenendezeichens bewirkt zunächst eine Pufferung von 256 Zeichen, die dann zusammen ausgegeben werden. Die Messungen zeigen, daß die Ausgabe des gesamten Pufferinhaltes in OS-9 offenbar zu einer Verzögerung des höher priorisierten Anwenderprozesses um ca. 7 ms führen kann. In RTOS-UH wurde die Anweisung

```
PUT 'abcd ' TO TERMINAL BY A;
```

in einer Endlosschleife durchgeführt. Hier findet keine Pufferung statt. Nach jeder Anweisung wird ein komplettes Communication Element gefüllt und in die Warteschlange der Betreuungstask der Terminalschnittstelle eingereiht. Eine vorläufige Pufferung von 256 Zeichen würde das System geringer belasten. Ab dem Nucleus 7.2 erfolgen die Ein- und Ausgaben in RTOS-UH mit der Priorität der ein-/ausgabewilligen Anwendertask. Bei dem Nucleus 6.8 (MVME 147) erfolgen die Ein- und Ausgaben mit der hohen Priorität der Betreuungstasks der E/A-Schnittstellen. Die Abweichungen der Zykluszeit während einer Terminalausgabe sind daher trotz schnellerer Hardware größer als bei den Messungen mit dem neuen Nucleus. Durch Herabsetzen der Priorität der Betreuungstask der Terminalschnittstelle konnten die Abweichungen von der Zykluszeit auch auf dem MVME 147-Rechner auf nur ± 0.045 ms reduziert werden. Die Messung der Langzeitmittelwerte erfolgte über eine große Anzahl Aktivierungen.

3.2.3 Tests der Einplanung von Anwenderprozessen auf Interrupts

Bei diesen Tests wurden folgende Kennwerte untersucht:

Interruptantwortzeit:

Zeit zwischen Interrupt und Anlauf des darauf eingeplanten Anwenderprozesses. Diese Zeit ist nicht zu verwechseln mit der Zeit zwischen dem Interrupt und dem Eintritt in die Interruptserviceroutine.

Interruptfolgegrenzfrequenz:

Die Frequenz einer periodischen Interrupt-Eingabe, bei der Interruptantworten verlorengehen.

Stillstandsfrequenz:

Die Frequenz einer periodischen Interrupteingabe, bei der der eingeplante Anwenderprozeß überhaupt nicht mehr anläuft.

Auflösungsfähigkeit:

Die Zeit, die zwischen zwei Interrupts liegen muß, damit noch zwei Interruptantworten erfolgen.

Möglichkeiten der Einplanung auf einen externen Interrupt:

Die Einplanung eines Anwenderprozesses in **OS-9/68000** auf einen Interrupt ist nicht vorgesehen. Der Anwender muß eine Interruptserviceroutine mittels `F$IRQ` im System implementieren. Diese Routine muß dann auf geeignete Weise den einzuplanenden Prozeß aktivieren. Die Schnittstelle zwischen der Interruptserviceroutine und dem eingeplanten Prozeß ist offen und vom Anwender selbst zu gestalten. Für die Untersuchungen wurden Events verwendet. Events haben einen Namen, so daß sich nach dem Einrichten der Interruptserviceroutine beliebige Prozesse an dieses Event anbinden können. Der einzuplanende Anwenderprozeß wartet auf ein Event, das von der Interruptserviceroutine bei jedem Interrupt signalisiert wird.

Durch die Bereitstellung von Systemdiensten in den Interruptserviceroutinen wird die Programmierung der Reaktionen auf Interrupts in den zugehörigen Serviceroutinen in OS-9 erleichtert. Dieses führt jedoch zu langen Interruptserviceroutinen auf Systemebene, die andere dringende Anwenderprozesse entsprechend lange blockieren können. Bei den Untersuchungen wurden daher nur die Reaktionszeiten der eingeplanten Anwenderprozesse berücksichtigt.

Die Einplanung von Anwenderprozessen auf einen Interrupt in **RTOS-UH** erfolgt durch die PEARL-Anweisung:

```
WHEN Eventmaske ACTIVATE Taskname.
```

Bei nicht systemintegrierter Prozeßinterrupt-Hardware ist zuvor eine Interruptserviceroutine in Assembler zu schreiben, in der lediglich die entsprechende Eventmaske gesetzt und anschließend zum RTOS Interrupthandler verzweigt wird. Über die oben genannte Anweisung kann dann jede beliebige Task auf diesen Prozeßinterrupt eingeplant werden.

Für eine Verarbeitung von Prozeßinterrupts in **REAL/IX** muß ein Treiber im System implementiert werden, der das Öffnen und Schließen sowie die Mehrnutzer-Verwaltung der Hardwarekarte erledigt. Nach dem Öffnen des Treibers erfolgt die Anbindung des Interrupts an den Anwenderprozeß durch sogenannte Connected Interrupts.

Resultate der Untersuchungen der Einplanung auf Interrupts:

Betriebssystem Rechner	OS-9 CPU30	RTOS-UH CPU30	RTOS-UH MVME 147	REAL/IX MVME 147
Interruptfolgegrenzfrequenz[kHz]	6.4	9.1	14.7	6.7
Systemstillstandsfrequenz [kHz]	16.2	9.1	14.7	94.0
Auflösungsfähigkeit [µs]	20	7.6	6.6	150
Min. Int.-Antwortzeit [µs] ohne Last	160	81	55	128
Max. Int.-Antwortzeit [µs] ohne Last	205	127	64	171
Min. Int.-Antwortzeit [µs] mit Last	160	77	57	128
Max. Int.-Antwortzeit [µs] mit Last	7700	179	271	228

Als Last diente wiederum die oben erwähnte Terminalausgabe durch einen Anwenderprozeß mit kleinerer Priorität. Die für REAL/IX angegebenen Zeiten gelten für den Semaphormechanismus der Connected Interrupts. Mit dem sonst
langsameren Eventmechanismus (Interruptantwortzeit >160 µs) ergibt sich eine
hohe Auflösungsfähigkeit von 9.5 µs und eine Interruptfolgegrenzfrequenz von
11.8 kHz. Die Systemstillstandsfrequenz beträgt nur 46 kHz. Der ebenfalls
mögliche Pollingmechanismus wurde wegen der gravierenden Nachteile von
Polling in Echtzeitsystemen nicht untersucht.

Bei einer Herabsetzung der Priorität der Betreuungstask der Terminalschnittstelle in RTOS-UH auf dem MVME 147-Rechner (Nuc 6.8) konnte die maximale Interruptantwortzeit während einer Terminalausgabe auf 95 µs reduziert
werden. Bei dem Nuc 7.2 erfolgt die Terminalausgabe mit der geringen Priorität
der ausgabewilligen Task. In RTOS-UH verlängert sich die Interruptantwortzeit
geringfügig durch weitere Tasks im System.

4. Eignung der Betriebssysteme für den Einsatz in der digitalen Regelung

Die ermittelten Ergebnisse machen deutlich, daß REAL/IX und RTOS-UH für die digitale Regelung gut geeignet sind. Bei zeitlich aufwendigen Systemaufrufen durch andere Prozesse ergeben sich für OS-9/68000 entsprechende Verzögerungszeiten für zyklisch oder auf Interrupts eingeplante Anwenderprozesse. Die Programmierung zeitkritischer, regelungstechnischer Aufgaben auf Anwenderebene erscheint hier daher fraglich. Bei der Einplanung auf einen Interrupt in RTOS-UH ist noch hervorzuheben, daß der Aufwand für den Anwender sehr klein und überschaubar ist.

Bei der zyklischen Einplanung von Prozessen ist die Anwenderfreundlichkeit von RTOS-UH überzeugend. Die Äquidistanz der zyklischen Aktivierungen ist wie in REAL/IX sehr gut. Bei einer Ein/Ausgabe im Hintergrund zeigte sich aber, daß die sehr hohe Priorität der E/A-Betreuungstasks von RTOS-Systemen mit einem älteren Nucleus als der Version 7.2 zu größeren Abweichungen von der geplanten Zykluszeit und zu längeren Interruptantwortzeiten führen kann. Eine Absenkung der E/A-Prioritäten verbesserte die Ergebnisse aber auch bei diesen älteren Systemen sehr deutlich.

5. Mittel zur Verbesserung der Eigenschaften bezüglich der digitalen Regelung

Aus den vorausgegangenen Untersuchungen kristallisierten sich folgende strukturelle Regeln heraus, durch deren Einhaltung eine entscheidende Verbesserung der Zeitäquidistanz und der Phasenreinheit bei zyklisch eingeplanten Prozessen erreicht werden kann:

- Verwendung von schnellem Hardwarezugriff ohne E/A-Management des Betriebssystems.

- Es muß die Möglichkeit bestehen, die Priorität des Reglerprozesses über die Priorität von weniger wichtigen Systemprozessen, wie Terminalausgabe oder Grafik, zu legen. Eine Ausnahme bilden dabei Alarmmeldungen.

- Hochpriorisierte Dämonprozesse, wie Fileserver, Clocknonius, ONESEC (UNIX), müssen so weit wie irgend möglich reduziert werden.

- Die Wahl der Abtastperiode in Abhängigkeit von dem Betriebssystem erfolgt nach folgenden Kriterien:

  - Wie genau ist die Uhrauflösung?

  - Wie fein ist die Uhr quantisiert (ganze Millisekunden oder ein ungerader Bruch)?

  - Wie erreicht man eine periodische Abtastzeit (Prozeßintervalltimer, Sleep-Funktion, direkte Einplanung)?

- Festlegung des Ausgabezeitpunktes der Steuergröße in Abhängigkeit von der Abtastung der Meßgröße. Dazu gehört die Vorhersage der Rechenzeit mit der Abschätzung, ob die Ausgabe zum Zeitpunkt $t_k + \Delta t$ oder zum Zeitpunkt t_{k+1} stattfindet, sowie die Einbeziehung dieser Entscheidung in den Regelalgorithmus. In dem ersten Fall kommt zum Jitter der Abtastzeit noch der Jitter der Rechenzeit hinzu.

- Problematik bei mehreren unabhängigen Regelkreisen in einem Rechner: Der Abtastzeitbeginn der einzelnen zyklisch eingeplanten Regler darf nicht auf dem gleichen Zeitpunkt liegen, da dann zuerst der Regler mit der höchsten Priorität abgearbeitet wird, bevor der nächste Regelalgorithmus nach einer meist nicht vorhersehbaren und von Abtastzeit zu Abtastzeit unterschiedlich langen Rechenzeit gestartet wird. In einigen Betriebssystemen, z.B. REAL/IX, findet auch ein Round-Robin-Zuteilungsverfahren zwischen gleichpriorisierten, zum gleichen Zeitpunkt eingeplanten Prozessen statt, so daß auch hier nicht von deterministischem Verhalten die Rede sein kann.

- Die Programme müssen, soweit möglich, durch Pagelocking oder ähnliche Mechanismen hauptspeicherresident gemacht werden, damit die Zeit für die Speicherplatzanforderung nicht zusätzlich verloren geht. Ein eventuell erforderliches Auslagern von Prozessen auf Massenspeicher ist für Echtzeitanwendungen untragbar.

- Eine Sicherheitsruhezeit des Prozessors ist einzuplanen, damit auch weitere Regelkreise ein starres Abtastraster erhalten. Durch die Verlängerung der Rechenzeit eines Reglerprogrammes darf sich der Startpunkt des darauffolgenden Reglerprogrammes nicht verschieben.

- Betriebsmittelreserven müssen vorhanden sein, damit bei extremer Überlast (Auftreten von Interrupts im Burstmode etc.) das System nicht durch Speicherplatzmangel oder sonstige Mißstände fehlgeht.

6. Zusammenfassung

Die Entscheidung für oder gegen ein Betriebssystem ist abhängig von den Gegebenheiten in jedem speziellen Anwendungsfall. **REAL/IX** ist gut geeignet, wenn man neben guter Echtzeitfähigkeit auch Wert auf die Möglichkeiten eines kompletten UNIX-Systems legt. Hohe Kosten und ein großer Speicherplatzbedarf sind dabei in Kauf zu nehmen. Spielen harte Echtzeitanforderungen nur eine untergeordnete Rolle, während die Auswahl an kommerzieller Software und die Kompatibilität zu C-Programmen für UNIX-Systeme von Bedeutung sind, ist **OS-9/68000** ein gut geeignetes Betriebssystem. Die Möglichkeit eines vollständig prom-fähigen Minimalsystems von wenigen KByte Größe ist hier ebenfalls positiv zu erwähnen. Werden an das Betriebssystem harte Echtzeitanforderungen gestellt und soll es ebenfalls vom prom-fähigen Minimalsystem bis hin zum Großsystem mit kompletter Programmierumgebung einfach konfigurierbar sein, bietet sich **RTOS-UH** an. Die Echtzeitelemente sind hier durch die Verwendung der Echtzeitprogrammiersprache PEARL komfortabel vom Anwender programmierbar.

Literatur

[1]   Hommel G., Herrtwich R.G., Krüger A.
      Maßnahmen zur Überprüfung der Leistungsmerkmale UNIX-ähnlicher
      Echtzeitbetriebssysteme
      1990, nicht veröffentlicht

[2]   Lilge T.
      Vergleich von Echtzeitbetriebssystemen für den Einsatz in der digitalen
      Regelung
      Diplomarbeit Institut für Regelungstechnik Universität Hannover, 1991

[3]   Uhle M.
      Leistungstest für Prozeßrechner nach DIN 19242
      Automatisierungstechnische Praxis atp 31(1989) 5, S. 224-S.229

[4]   Gerth W., Niemann K.-H.
      Bewertung von Echtzeitbetriebssystemen
      Design Elektronik 1989, Heft 26, S. 60-66

Ein objektbasierter Multitasking-Kern für Transputer-Systeme

B. Paul, U. Schneider

Zusammenfassung

Das Betriebssystem µTOS wurde als objektbasiertes verteiltes System entwikkelt. Bei der Gestaltung seines Kerns wurden Anforderungen an die Echtzeitfähigkeit berücksichtigt. Um auch Transputer als geeignete Komponenten in solche verteilten Systeme integrieren zu können, wurde die Frage untersucht, wie sich µTOS für diese technische Basis eignet. Dabei wurden einige Problemkreise sichtbar, die zum einen von der Hard- und Firmware des Transputers und zum anderen durch das µTOS-Design bestimmt werden. Im Beitrag werden typische Probleme analysiert und Lösungsmöglichkeiten dafür diskutiert.

Abstract

The operating system µTOS has been developed as an object-based distributed system. In the phase of designing the µTOS-kernel some requests for real-time processing were considered. To integrate transputers in such a distributed system it was analysed how µTOS is qualified for this technical base. By doing this some problems became evident which are influenced both by the hardware and firmware of a transputer and by the design of µTOS. In this paper typical problems are analysed and some possible solutions are discussed.

Keywords

transputer, real time processing, operating system kernel, distributed systems

1. Motivation

Einigen aktuellen Trends auf dem Gebiet der Betriebssysteme folgend (z.B. zunehmende Dezentralisierung der Rechenabläufe infolge weiterer Vernetzung, Minimierung des Betriebssystem-Kerns, Forderung nach standardisierter Schnittstelle), wurde das verteilte Betriebssystem µTOS entwickelt [5]. Es war zunächst zur Unterstützung von Echtzeit-Anwendungen für (inhomogene) Mehrrechnersysteme konzipert und wurde in den Bereichen Lehre und Forschung (Prinzipien und Leistungsverhalten verteilter Betriebssysteme) eingesetzt.

Die hochgradige Eignung von Transputern für verteilte Systeme führte zu der Aufgabenstellung, Untersuchungen zur Gestaltung eines universellen Betriebssystem-Kerns mit Echtzeit-Eigenschaften für Transputersysteme durchzuführen. Die Philosophie von µTOS sollte für die Entwicklung des Kerns beachtet werden, um Transputer-Systeme in das Gesamtsystem einbeziehen zu können. Aufgrund einiger Besonderheiten der Transputer-Architektur, wie z.B. die Festlegung bestimmter Firmware-Abläufe für das Scheduling und die Kommunikation, ist eine einfache Portierung von µTOS nicht möglich.

2. µTOS-Philosophie

2.1. Konzeption von µTOS

Bei der Entwicklung von µTOS als verteiltes objektbasiertes System für Echtzeitaufgaben wurde u.a. dem Trend Rechnung getragen, den Systemkern zu minimieren. Alle Betriebssystemdienste werden in einer verteilten Umgebung durch sog. Objekte außerhalb des Kerns erbracht. Der Kern selbst bietet dazu nur eine Reihe von Basisfunktionen (Infrastrukturoperationen) an [4].

2.2. Der µTOS-Kern

Der Kern ist Grundbestandteil jedes Knotens im verteilten System und stellt eine Sammlung von Prozeduren zum Betrieb aller anderen Systemkomponenten zur Verfügung. Er besteht aus einem inneren und einem äußeren Teil.

Durch den inneren Teil von µTOS werden, aufbauend auf der Hardware, folgende lokale Funktionen angeboten:

- Verwaltung paralleler Aktivitäten. Das Prozeßmodell des µTOS-Kerns kennt nur sog. Threads ("Leichtgewichtsprozesse"). Die Prozessorzuteilung erfolgt durch ein preemptives Scheduling mittels Prioritäten und FIFO bei mehreren Prozessen gleicher Priorität.

- Koordinierung paralleler Prozesse. Dazu wurde das asynchrone No-wait-send-Konzept realisiert, wobei der Nachrichtentransport über Mailboxen erfolgt und die Ausführung der Dienste zeitgesteuert vorgenommen wird.

- Verwaltung des Kernspeichers.

Der äußere Teil des Kerns erweitert das Dienstangebot des inneren Teils um systemweite Funktionen auf globaler Ebene. Damit lassen sich unter Nutzung eines Übertragungssystems entfernte und verteilte Operationen ausführen. Für diesen Teil des Kerns spielen solche Aspekte wie Datenkapselung und Unabhängigkeit, die von der objektorientierten Programmierung her bekannt sind, eine besondere Rolle. Bei seiner Gestaltung wurden deshalb einige dieser Paradigmen berücksichtigt. Die Funktionalität des äußeren Teils umfaßt z.B.

- Verwaltung von Objekten

- Kommunikation zwischen Objekten

- Verwaltung logischer Teilsysteme [5]

Bei der Ausführung von Diensten des Kerns wird zwischen lokalen und globalen Diensten unterschieden. Lokale Dienste werden sofort im Kern bearbeitet, globale werden an die entsprechenden Komponenten (Objekte) weitergeleitet und dort ausgeführt.

2.3. Die μTOS-Objekte

Um die eigentlichen Funktionen des Gesamtsystems in einer verteilten Umgebung erbringen zu können, wurden in μTOS sog. Objekte konzipiert. Sie umfassen in ihrer Funktionalität sowohl typische Betriebssystemdienste (wie z.B. Nutzerverwaltung, Dateiverwaltung) als auch Anwenderlösungen (z.B. zu Echtzeitaufgaben in der Prozeßsteuerung). Solche Objekte können über Rechnergrenzen hinweg erzeugt werden, wobei jeweils ein Replikat des Objekts auf jedem gewünschten Knoten erzeugt wird [7].

Die konkrete Umsetzung des Objekt-Modells in μTOS wird durch folgende Aspekte bestimmt (vgl. auch Abb.1):

- eigener, von anderen unabhängiger Adreßraum für Daten und Programmcode

- Aktivität in Form von Prozessen des Kerns

- Wechselwirkung mit anderen Objekten mittels Nachrichtenaustausch
  (Auftrags- und Antwortbox eines Objekts)

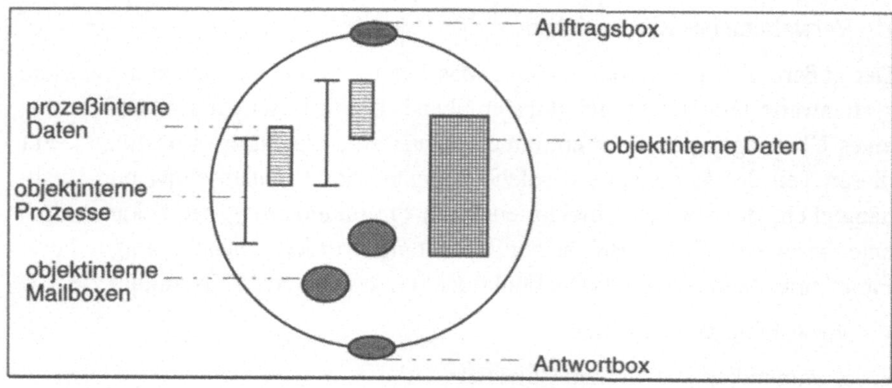

Abb.1: Prinzipieller Aufbau eines µTOS-Objekts [Krause93]

3. Gestaltung des Betriebssystem-Kerns für Transputer

3.1. Problembeschreibung

Transputer stellen eine mögliche hardwareseitige Realisierung des abstrakten CSP-Modells von Hoare dar [2]. Sie bilden damit die Grundlage für den Aufbau massiv-paralleler Systeme, deren Aufgabengebiet vorwiegend in der Lösung numerisch-intensiver Probleme liegt. Auf Grund des sehr guten Preis/Leistungsverhältnisses finden sie zunehmend weitere Einsatzmöglichkeiten (z.B. echtzeitfähige *Embedded Systems*), die den ursprünglich konzipierten Einsatzrahmen von Transputern vergrößern. Jede Aufgabenerweiterung bedeutet jedoch die Auseinandersetzung mit speziellen Architekturmerkmalen des Transputers in Bezug auf den Einsatzzweck.

Den Ausgangspunkt der Untersuchungen bildet die Umsetzung des CSP-Modells für Transputerprozesse und deren Interprozeßkommunikation (IPC), die folgende Merkmale aufweist:

- zwei Prioritätsebenen für Transputerprozesse

- IPC mittels Kanälen für synchronisierten ungepufferten Nachrichtenaustausch über Punkt-zu-Punkt-Verbindungen (unidirektional), unabhängig von interner oder externer Kommunikation (Links)

- zwei den Prioritäten zugeordnete Timer mit prozeßorientierter Listenverwaltung

Die Mittel des Transputers sind für die (μTOS-)Aufgaben nicht ausreichend (siehe 2.). Der Betriebssystem-Kern muß dazu

- eine größere Anzahl möglicher Prozeßprioritäten

- asynchrone Kommunikationsabläufe (nachrichtenspeicherndes Transportmedium)

- zeitabhängige Verwaltung von Prozessen und Nachrichten

realisieren, um eine μTOS-gerechte Systemdiensterbringung zu ermöglichen. Hierfür können jedoch nur die CSP-Komponenten selbst und deren Umsetzung in Ablaufsteuerungen im Transputer verwendet werden, so daß von einem allgemeinen Systemmodell, wie in Abb. 2 dargestellt, ausgegangen werden muß.

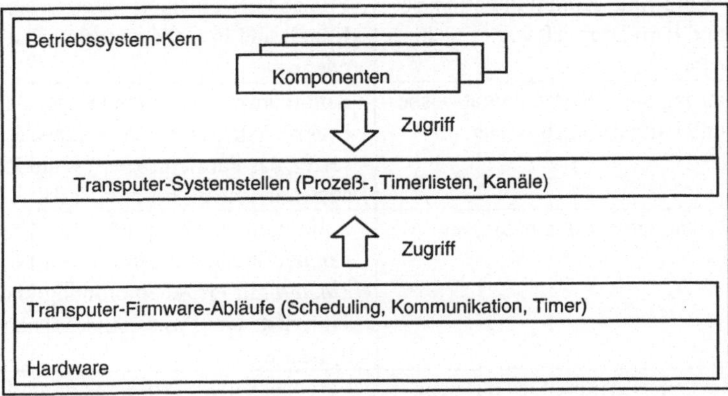

Abbildung 2: Allgemeines Systemmodell

Der Betriebssystem-Kern muß die möglichen Zugriffskonflikte auf die Transputer-Systemstellen dahingehend lösen, daß keine unvorhergesehene Einflußnahme auf diese Datenstrukturen durch den Transputer erfolgt. Nur durch die genaue Kenntnis der Transputeraktionen bei bestimmten Bedingungen sind darauf aufbauende Überlegungen zur Problemlösung möglich (vgl. Tabelle 1, [3] [1]).

Eine genaue Beschreibung der Abläufe kann hier nicht erfolgen. Die angedeuteten Aktionen sollen die Komplexität der Firmware-Steuerungen des Transputers verdeutlichen, um somit die Wechselwirkung mit folgenden Betriebssystem-Kernkomponenten nachvollziehbar zu gestalten.

Bedingung	Aktion des Transputers
a) mehrere Prozesse niedriger Priorität	Prozeßauswahl nach *Round Robin*
b) mehrere Prozesse hoher Priorität	Prozeßauswahl nach *FIFO*
c) aktiver Prozeß mit niedriger Priorität und Bereitwerden eines Prozesses hoher Priorität	sofortige Unterbrechung des aktiven Prozesses (Sichern der Registerinhalte) und Aktivierung des Prozesses mit hoher Priorität
d) aktiver Prozeß mit hoher Priorität und Bereitwerden eines Prozesses niedriger Priorität	Einketten des bereiten Prozesses an das Ende der Prozeßliste mit niedriger Priorität
e) Ende des aktiven Prozesses hoher Priorität und nicht b)	Aktivierung des unterbrochenen Prozesses niedriger Priorität (Wiederherstellen der Registerinhalte)
f) Ausführung eines Kommunikationsbefehls und Partnerprozeß wartet nicht am Kanal	Prozeß wird blockiert (Warten am Kanal) und Prozeßauswahl nach a), b) oder e)
g) Ausführung eines Kommunikationsbefehls und Partnerprozeß wartet am Kanal	Kommunikationsablauf (Kopie der Daten), Rücksetzen des Kanals, Bereitsetzen des Partnerprozesses und Prozeßauswahl nach a), b), c) oder d)
h) Ausführung eines zeitabhängigen Befehls	Zuordnung des Zeitpunktes zu *Vergangenheit* (keine spezielle Aktion) oder *Zukunft* mit Prozeßeinordnung in die Timerliste und Prozeßauswahl nach a), b) oder e)
i) Erreichen eines Zeitpunktes mit dem Ende der Gültigkeit des zeitabhängigen Befehls	Bereitsetzen des Prozesses durch Einordnung in Prozeßliste

Tabelle 1: Firmware-Abläufe des Transputers (T425/T800)

3.2. Scheduling und Prozeßwechsel

Die Prozeßauswahl durch den Transputer entspricht nicht der vom Betriebssystem-Kern aus gesehenen Reihenfolge der Prozeßabläufe. Aus µTOS-Sicht hat eine Prozeßauswahl nach Prioritäten (mit *FIFO* bei gleicher Priorität) zu erfolgen, und es muß die Möglichkeit für den Anwender bestehen, zu jedem Zeitpunkt die Prioritäten seiner Anwendungsprozesse neu festzulegen, um die Abarbeitungsreihenfolge zu verändern. Das entscheidende Kriterium für die Abbildung mehrerer Prioritäten der Anwendungsprozesse sowie des Betriebssystem-Kerns auf die zwei Transputerprioritäten ist demzufolge die Unterbrechbarkeit (Tab. 2).

Die Unterbrechung eines niedrigpriorisierten Prozesses durch einen Prozeß mit hoher Priorität (siehe Tabelle 1 Punkt c) kann zum kern-gesteuerten Prozeßwechsel benutzt werden, da sie unmittelbar erfolgt, und die nötigen Informationen des unterbrochenen Prozesses in speziellen Speicherstellen (SAVE-AREA) gesichert werden (Abb. 3).

	Transputerprozeß	
	mit hoher Priorität	mit niedriger Priorität
Unterbrechbarkeit	nicht möglich	möglich
Verwendung	Teile des Kerns, die nicht unterbrochen werden dürfen (Prozeßumschaltung)	Anwendungsprozesse aller Prioritätsstufen, unterbrechbare Kern-Teile (Verwaltung)

Tabelle 2: Prioritätenzuordnung

Im allgemeinen Fall sind mehrere Prozesse zur Ausführung bereit. Der *Round Robin*-Mechanismus des Transputer-Schedulers für niedrigpriorisierte Prozesse muß jedoch ausgeschlossen werden, was nur erreicht werden kann, indem die **Transputerprozeßliste** für die bereiten Prozesse niedriger Priorität **stets leer** ist. Auf diese Weise wird garantiert, daß zu jedem Zeitpunkt nur der vom Betriebssystem-Kern ausgewählte niedrigpriorisierte Transputerprozeß ausgeführt wird; genau solange, bis ein Transputerprozeß mit hoher Priorität ihn unterbricht und damit ein Zeitpunkt definiert wird, an dem ein Prozeßwechsel seitens des Betriebssystem-Kerns eintreten kann.

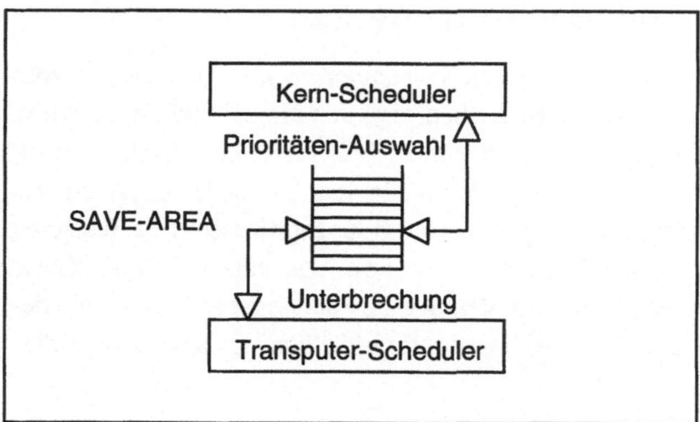

Abbildung 3: Zusammenhang Transputer- und Kern-Scheduler

Wann der Zeitpunkt einer neuen Prozeßauswahl durch den Betriebssystem-Kern eintritt, ist vorhersehbar und kann damit auch auf hochpriorisierte Transputerprozesse abgebildet werden:

- bei jeder Systemdienstanforderung des aktiven Prozesses an den Betriebssystem-Kern, z.B. Erzeugung eines Prozesses mit höherer Priorität

- zu jedem diskreten Zeitpunkt (Tick), z.B. Freisetzung blockierter Prozesse

- bei Unterbrechung durch externes Signal (Interrupt) - Interrupt-Behandlung durch freigesetzten Prozeß (i.a. sehr hohe Priorität)

Daraus lassen sich die notwendigen hochpriorisierten Transputerprozesse des Betriebssystem-Kerns ableiten:

- Prozeß zur Entgegennahme der Systemdienstparameter und Übermittlung der Ergebnisse

- Prozeß zur Aktualisierung der Systemzeit

- Prozess(e) zum Empfangen von externen Signalen aus der Umwelt

Da Anwendungsprozesse und der Kern selbst unterbrechbar sind, erfolgt das Scheduling nicht in jedem Fall (z.B. Zeitprozeß unterbricht Kern), spätestens jedoch beim Kernaustritt.

3.3. Ablaufmodell der Systemdiensterbringung

Die Erbringung von Systemdiensten des Betriebssystem-Kerns muß mit den modellierten Transputerprozessen gesteuert werden. Hierfür stellen die IPC-

Möglichkeiten des Transputers die Grundlage dar, da sie neben dem erforderlichen Datenaustausch gleichzeitig alle beteiligten Prozesse **synchronisieren**. Es wird ein determinierter Systemablauf erreicht.

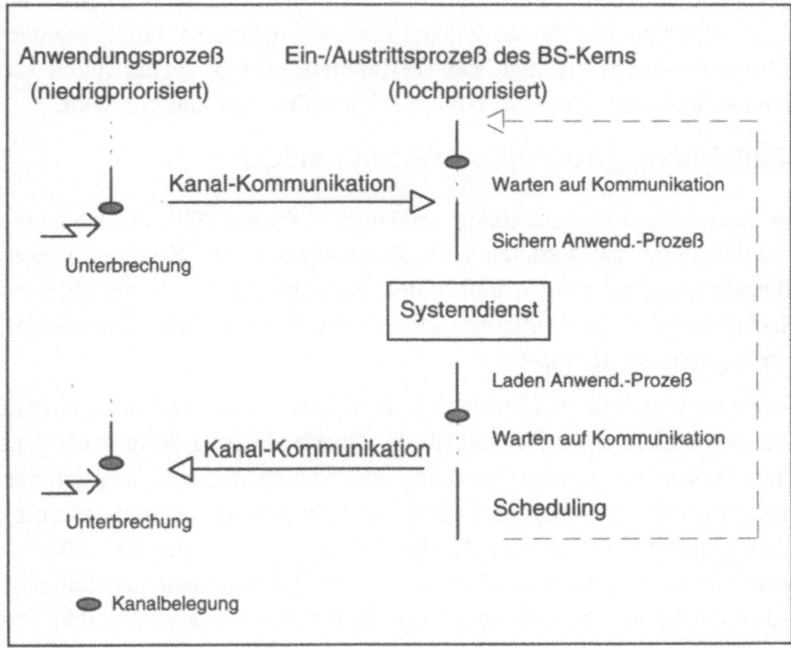

Abbildung 4: Ein-/Austritt BS-Kern

Beim Systemdienstaufruf durch einen Anwendungsprozeß (niedrigpriorisiert) kommuniziert der Prozeß mit dem hochpriorisierten Eintrittsprozeß des Betriebssystem-Kerns, der bereits am Kanal auf die Kommunikation wartet. Der Anwendungsprozeß wird deswegen nicht vom Transputer suspendiert, jedoch nach der Kommunikation unterbrochen. Die übermittelten Daten können vom Kern als Systemdienstkennung mit Parameter interpretiert und somit der Systemdienst ausgeführt werden. Die Übermittlung der Ergebnisse des Systemdienstes erfolgt analog. Abbildung 4 zeigt den Ein-/Austrittsmechanismus des Betriebssystem-Kerns.

Zum fehlerfreien Ablauf des gesamten Systems muß immer ein hochpriorisierter mit einem niedrigpriorisierten Prozeß kommunizieren, weil nach dem Ende der Kanalkommunikation (siehe Tabelle 1 Punkt g) beide Partnerprozesse für den Transputer zum Ablauf bereit sind, und daraufhin der Transputer-Scheduler den Prozeß mit niedriger Priorität unterbrechen muß.

Die speziellen Systemdienstoperationen dürfen nicht im hochpriorisierten Kernprozeß erfolgen, da dieser nicht unterbrechbar ist. Sie werden in einem niedrigpriorisierten Prozeß ausgeführt, der die eigentliche Funktionalität des Betriebssystem-Kerns erbringt. Die Verbindung erfolgt wieder durch Kanalkommunikation, weil Synchronisation für beide Prozesse benötigt wird.

3.4. Zeitabhängige Interprozeßkommunikation

Neben asynchronen Kommunikationsabläufen fordert µTOS, die Kommunikation zeitabhängig zu gestalten. Ein Zeitparameter der Kommunikationssystemdienste spezifiziert die Wartezeit des Prozesses auf eine Nachricht oder die der Nachricht auf einen Empfänger. Die Verwaltung durch den Betriebssystem-Kern erfolgt mittels Briefkästen.

Da die Operationen dieser Dienste über komplexen Datenstrukturen ausgeführt werden, besteht keine Möglichkeit für die direkte Nutzung der prozeßorientierten Timer-Listen des Transputers durch Anwendungsprozesse, sondern nur für den hochpriorisierten Kernprozeß zur Systemzeitänderung. Durch dessen zyklische Timer-Befehle (siehe Tab. 1, Punkte h und i) wird die Grundlage einer Software-Uhr für den Kern geschaffen. Die im Zyklus enthaltenen zeitabhängigen Kernoperationen werden in einem seperaten niedrigpriorisierten Prozeß durchgeführt.

3.5 Interruptähnliche Unterbrechungsmechanismen

Transputer besitzen keine traditionellen Interrupt-Mechanismen. Die Produktbreite innerhalb der Transputerfamilie enthält jedoch auch spezielle Komponenten für die Steuerung peripherer Geräte (z.B. Disk-, Grafikcontroller) und Protokollkonverter (z.B. zum VME-Bus). Daraus ergibt sich die Notwendigkeit, äquivalente Möglichkeiten in einem Betriebssystem-Kern für Transputer anzubieten, wie verschiedene kommerzielle *Real-Time Kernel* zeigen [8].

Die Information eines Interrupts als externes Signal beinhaltet:

- Interrupt-Nummer (Ermittlung des Signal-Auslösers und Auswahl der zugehörigen Interrupt-Service-Routine ISR)

- Port-Wert (spezielle Interrupt-Behandlung innerhalb der ISR).

Transputer-Links stellen die einzige Verbindung zur Umwelt her, durch die der Tranputer diese Informationen erhalten kann. (Mögliche spezielle Hardware-Konfigurationen durch *Memory Mapped Devices* werden nicht diskutiert.) Die Links implizieren aber stets Kommunikation, so daß der Begriff des Interrupts nicht verwendet werden sollte, auch wenn der hochpriorisierte Prozeß an der Link bereits auf die Kommunikation wartet und somit das externe Signal sofort erkannt wird.

In der Nachricht muß die "Interrupt-Nummer" und der "Port-Wert" verschlüsselt werden (z.B. für T425/T800 jeweils 16 bit). Der nachfolgende Ablauf

- Auswahl ISR

- Senden des Port-Wertes innerhalb ISR an priorisierten Behandlungsprozeß

beinhaltet die übliche Auslagerung der Interrupt-Behandlung in einen Prozeß. Das Fehlen des Interrupt-Mechanimus kann so nur zum Teil ausgeglichen werden, da der an der Link wartende Annahmeprozeß selbst nicht unterbrochen werden kann und somit die Interrupt-Latenzzeit vergrößert wird.

4. Verteilter Betriebssystem-Kern im Transputer-Netz

Verteilte Systeme stützen sich auf das Verbindungssystem (Kommunikationssystem) zwischen den einzelnen Knoten. Die unterschiedlichen Protokollabläufe zum Nachrichtenaustausch erfordern die Auslagerung der auf das Netz ausgerichteten Betriebssystem-Komponenten in ein (Kern-)Objekt für die globale Kommunikation zwischen entfernten Knoten.

Als Verbindungsmittel stehen die Links (externe Kanäle) zur Verfügung, deren Anwendung sich von der internen Kanalkommunikation unterscheidet :

- bidirektionale Nutzung

- Sender und Empfänger **müssen** mit gleicher Nachrichtenlänge arbeiten

Dies bedeutet, daß seperate Sende- und Empfangsprozesse pro Link eingesetzt werden müssen (*Output-Guards* gegen Verklemmungen, wenn beide Knoten gleichzeitig senden) und der Kommunikationsablauf geteilt wird (siehe Abbildung 5):

1. Senden *Message-Header* (enthält Länge der Nachricht)

2. Empfangen der Bereitschaftsmeldung (genügend Speicherressourcen zur Nachrichtenaufnahme) oder Ablehnung

3. Senden *Message-Body*

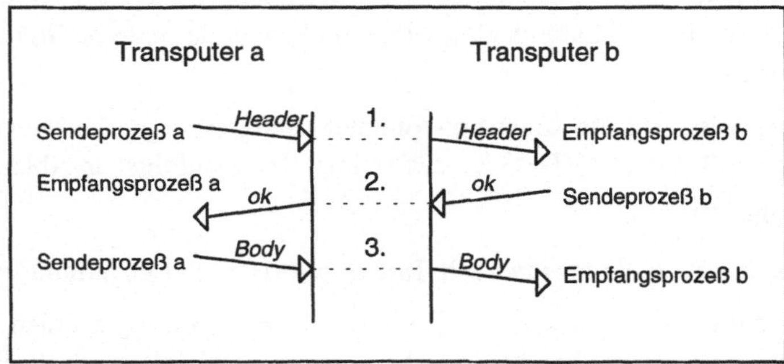

Abbildung 5: Kommunikationsablauf

Der Zusammenhang mit Abschnitt 3.5. wird dadurch deutlich, daß die interruptähnliche Unterbrechung durch spezielle Header erreicht wird, wonach sich keine weitere Kommunikation anschließt. Dieser Ablauf enthält kein *Message Passing*, sondern beschreibt nur die Kommunikation zwischen zwei Transputern. Weitergehende Informationen können im Message-Body eingehen, dessen Auswertung dem Kommunikations-Objekt obliegt.

5. Ausblick

Die Implementation des Betriebssystem-Kerns für Transputer erfolgte bisher für die µTOS-Systemdienste des inneren Kerns, deren Realisierung im wesentlichen auf den erläuterten Mechanismen beruht. Die Entwicklung einer Schnittstelle zu den Funktionen des äußeren Kerns bedarf weiterer Untersuchungen (Umwandlung des Software-Interrupts), wobei prozedurale oder prozeßorientierte Möglichkeiten bestehen.

Literatur

[1] Häußler, G.; Guthseel, P.:
Transputer, Systemarchitektur und Maschinensprache.
München: Franzis, 1990

[2] Hoare, C.A.R.:
Communicating Sequential Processes.
in: Communication of the ACM; 26(1983)1

[3] INMOS Limited:
Transputer-Befehlssatz, Leitfaden für den Compilerbauer.
München, Wien: Hanser/Prentice Hall International, 1990

[4] Krause, F.:
Gestaltung des Kerns eines verteilten Betriebssystems.
Dresden: Techn. Universität, Fakultät Informatik, Forschungsbericht, 1993

[5] Krause, F.; Schneider, U.:
Gestaltung eines verteilten Betriebssystems für Echtzeitaufgaben.
in: Rzehak, H. (Hrsg.): "Echtzeit '92", Kongreß-Vorträge, S.111-119

[6] Paul, B.:
Echtzeitbetriebssystem-Kern für ein Transputer-Netz.
Dresden: Techn. Universität, Fakultät Informatik, Diplomarbeit, 1993

[7] Schalm, M.:
Replikation von Dateien im Betriebssystem DIMOS.
in: PIK 16(1993)1, S. 12-19

[8] Stoll, J.; Popp, T.:
Real-Time Kernel für Transputer.
in: Holleczek, P. (Hrsg.): "PEARL '92", Workshop über Realzeitsysteme,Berlin, u.a.: Springer, 1992, S. 36-47

Fuzzy Logic in der Prozeßautomatisierung

Fuzzy-Control für Echtzeitanwendungen: Einführung und Übersicht

R. Palm, H. Hellendoorn, M. Reinfrank

1. Einführung

Nach der Einführung der Fuzzy-Theorie durch Lotfi Zadeh im Jahre 1965 [34] brauchte es etwa zehn Jahre bis zu einer entscheidenden Erweiterung dieser Theorie auf die Control-Problematik. Eine diesbezügliche Pionierarbeit wurde insbesondere von Mamdani, Assilian (UK), Van Nauta Lemke und Kickert (Niederlande) geleistet (vgl. [17], [11, [1], [23]). In diesen Arbeiten wird von unscharfen Prozeßgrößen ausgegangen, aus denen mittels eines Fuzzy-Controllers (FC) , d.h. eines Satzes von Fuzzy-Produktionsregeln, Stellgrößen für den Prozeß abgeleitet werden. Diese zu konventionellen Techniken alternative Regelungsstrategie kommt einerseits dort zum Tragen, wo die Komplexität des zu steuernden Prozesses eine befriedigende Modellierung und damit einen darauf aufbauenden Reglerentwurf verhindert. In diesem Fall werden die Regeln für den FC durch Experteninterview aufgestellt. Beispiele dazu sind schon aus den frühen Phasen des Fuzzy-Control bekannt

- Regelung einer Warmwasseranlage [10]

- Regelung eines Wärmetauschers [19]

- Fuzzy-Control in industriellen Prozessen [13].

Andere Anwendungen gehen zwar von der grundsätzlichen Kenntnis des Prozeßmodells aus, betrachten aber dieses Modell als mit erheblichen Unsicherheiten und Störungen (Laständerungen, Parametertoleranzen) behaftet. Hierzu ist als ein Hauptanwendungsgebiet die Robotik zu nennen.

Die Applikationen reichen von dem Aufgaben- (Task-) Level (vgl. [7], [4]) über das Level der Generierung von Roboterbahnen (vgl. [8], [12], [20], [21]) bis zum Servolevel für die Antriebssysteme des Roboters (vgl. [30], [31], [15], [23]).

Die Fuzzy-Modellierung von Antriebssystemen wird in [24] ausführlich dargestellt. Anwendungen von Fuzzy-Control auf dem Gebiet schwer zu modellierender Systeme sind

- Fuzzy-Regelbasierte Steuerung industrieller Prozesse [18]

- Identifikation und Steuerung bei einer Wasserstandsregelung [6]

- Steuerung industrieller Prozesses durch Experten [14]

Der folgende Beitrag ist dem prinzipiellen Aufbau von Regelkreisen mit FC gewidmet unter der Voraussetzung von scharf (crisp) gemessenen Signalen (Zustände, Regelgrößen, Stellgrößen). Weiterhin werden vier Typen von FC vorgestellt, die sich entsprechend ihrem Einsatzgebiet als optimal erwiesen haben. Außerdem werden einige grundsätzliche Prinzipien genannt, die beim Entwurf eines FC beachtet werden sollten. Schließlich wird anhand des Einsatzgebietes Robotik ein Vergleich von Fuzzy-Methoden mit konventionellen Methoden geführt.

2. Arbeitsprinzip eines FC

Die gebräuchlichste Anwendung von FC ist diejenige, einen Prozeß (System) mit scharfen Zuständen, Regelgrößen und Stellgrößen zu regeln, wobei in dem FC selbst die Informationsverarbeitung mittels Fuzzy-Produktionsregeln wenn ... dann - Regeln erfolgt.

Typische wenn ... dann - Regeln sind z.B.:

wenn die Temperatur hoch ist und noch steigt,
dann muß stark gekühlt werden.

wenn die Temperatur ziemlich hoch ist und abnimmt,
dann muß leicht gekühlt werden.

wenn die Temperatur angenehm ist und nicht steigt oder abnimmt,
dann muß nichts unternommen werden.

Zur Bestimmung der Attribute hoch, angenehm usw. in der Prämisse (wenn-Teil) und stark kühlen, leicht kühlen in der Konklusion (dann-Teil) werden aufgrund von Expertenwissen Referenz-Fuzzy-Sets definiert. Zu einer einheitlichen Verarbeitung verschiedener Inputs ist deren Skalierung (Normierung) auf ein Einheitsintervall (universe of discourse) zu empfehlen.

Häufig werden stückweise lineare Fuzzy-Sets benutzt, die folgende Form haben (siehe Bild 1.):

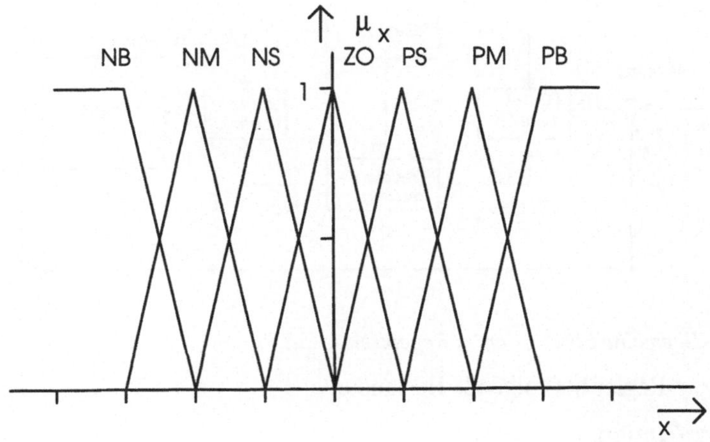

Bild 1: Beispiele von Fuzzy-Sets

Werden diese noch in einem normierten Einheitsintervall definiert, so macht sie dieses unabhängig von ihrer speziellen Anwendung. Das bedeutet, daß diese Fuzzy-Sets sowohl für Zustände, Regelgrößen als auch Stellgrößen benutzt werden können. Die Abkürzungen NB bis PB stehen für die Attribute Negative Big, Negative Medium, Negative Small, Zero, Positive Small, Positive Medium und Positive Big. Übliche Regeln eines FC lauten:

IF e is NB AND $\dot{e}$ is ZO   THEN u is PB

IF e is NM AND $\dot{e}$ is ZO   THEN u is PM

$\vdots$

IF e is ZO AND $\dot{e}$ is PB   THEN u is NB

mit dem Fehler e, der Fehlergeschwindigkeit $\dot{e}$ der Stellgröße u.

Diese Regeln bilden eine sogenannte Rule-Base, die Bestandteil des Fuzzy-Controllers ist. Die allgemeine Struktur eines mit einem FC geregelten Prozesses wird in folgendem Blockschaltbild gezeigt:

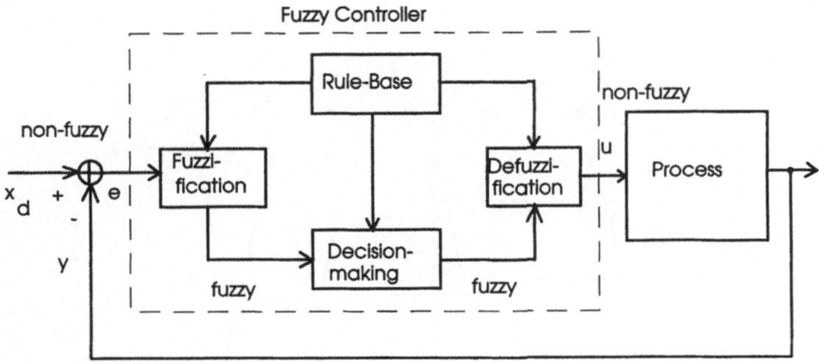

Bild 2: Allgemeine Struktur eines Regelkreises mit FC

Der Fuzzy-Regler hat folgende Bestandteile:

Fuzzification

Die scharfen (crisp) Eingangsgrößen (z.B. e und $\dot{e}$) sind keine Fuzzy-Sets, weshalb diese Größen zuerst skaliert (normiert) und dann 'fuzzifiziert' werden müssen. Dabei werden aus den vordefinierten Referenz-Fuzzy-Sets die den normierten Inputwerten entsprechenden Zugehörigkeitswerte ermittelt.

Rule-Base

Die Rule-Base enthält alle wenn ... dann - Regeln mit ihren Attributen und ihren logischen Verknüpfungen (UND, ODER, NEGATION) in den Prämissen und Konklusionen. Sie enthält außerdem die Referenz-Fuzzy-Sets für diese Attribute. Weiter werden von hier die Output-Fuzzy-Sets dem Defuzzification-Interface übergeben.

Decision Making

Hier befindet sich der eigentliche Inferenzmechanismus, der bestimmt, welche Regel mit welcher Stärke einen Beitrag zum Gesamtergebnis liefert. Jede Regel wird mit einer bestimmten Stärke gefeuert. Diese Stärke bestimmt, auf welchen Wert die Konklusion der Regel eingeschränkt wird. Als Ergebnis erhält man eine Menge von 'abgeschnittenen' Fuzzy-Sets, die zu einem gemeinsamen Output-Fuzzy-Set kombiniert werden (z.B. über eine ODER-Verknüpfung).

Defuzzification

Der Output-Fuzzy-Set wird durch eine Defuzzifications-Operation und eine Denormierung auf eine skalare Stellgröße für das System zurückgeführt. Als Defuzzifications-Operation können mathematische Operationen benutzt werden wie Bildung des Schwerpunkts oder Mittelwerts, aber es kann auch einfach der Maximalwert der Zugehörigkeitsfunktion des Fuzzy-Sets gewählt werden.

3. Vier FC-Typen

3.1 PID-FC

Für komplexe Systeme, bei denen eine Prozeßmodellierung nur qualitativ, phänomenologisch durchgeführt werden kann, werden die Regeln für o.g. FC i.a. aus Experteninterviews gewonnen. Für eine große Klasse von Systemen kennt man allerdings bestimmte Systemeigenschaften, was den Reglerentwurf erleichtert.

Ausgehend von konventionellen, linearen PD-, PI- oder PID-Reglern werden entsprechende Fuzzy-Regelungsstrategien in der Zustandsebene entworfen.

Ein Beispiel für einen Fuzzy-PD-Controller sei in der i-ten Regel eines Regelsatzes genannt:

$$\text{IF} \quad e = e_i \quad \text{AND} \quad \dot{e} = \dot{e}_i \quad \text{THEN} \quad u = u_i$$

mit

e　　　- Fehler

$\dot{e}$　　　- Fehlergeschwindigkeit

u　　　- Stellgröße

$e_i, \dot{e}_i, u_i$　- in der i-ten Regel benutzte Attribute.

Diese Regler sind nichtlineare Regler, die allerdings in bestimmten Bereichen der Zustandsebene (z.B. in der Nähe des Ursprungs für $e \rightarrow 0$, $\dot{e} \rightarrow 0$) linear arbeiten. Für eine hohe Anzahl von Referenz-Fuzzy-Sets gehen solche Regler in ihr lineares Pendant über [3]. Für lineare Systeme lassen sich aus dieser Kenntnis heraus Bedingungen für die Stabilität des geregelten Systems angeben.

Das folgende Bild zeigt am Beispiel einer solchen Zustandsebene den nichtlinearen Zusammenhang zwischen $e, \dot{e}$ und u:

Bild 3: Nichtlinearer Zusammenhang zwischen e, ė und u in der Zustandsebene

3.2 Sliding-Mode-FC

Die Frage nach dem Grund der Robustheit bestimmter FC läßt sich zum einen daraus erklären, daß der FC für bestimmte Bereiche der Zustandsebene (Phasenebene) unterschiedliche, dem Prozeßverhalten angepaßte, Filtereigenschaften hat. Andererseits erfolgt der Entwurf des FC in der Regel so, daß beiderseits der sogenannten Schaltlinie (switching line), die die Zustandsebene in zwei Halbebenen teilt, die zu bestimmende Stellgröße unterschiedliche Vorzeichen erhält. Innerhalb der jeweiligen Halbebene erfolgt eine Abstufung der Stellgrößenamplitude durch entsprechende Fuzzy-Steuerregeln (vgl. [16], [29], [2]). Die Güte und Robustheit dieser FC stammt in einem hohen Maße von ihrer Eigenschaft, das zu steuernde System in den sog. sliding-mode zu treiben (vgl. [25], [20], [9], [22]), in dem das System sehr unempfindlich gegenüber Parameterschwankungen und Störungen ist. Zum anderen bewirkt die kontinuierliche Verteilung der Stellgrößen in der Zustandsebene ein Verhalten, das dem sliding-mode mit boundary layer entspricht, einer Modifikation des sliding-mode. Das Regelungsverhalten zeichnet sich durch ein weiches Verhalten der Stellgrößen bei einer guten Tracking-Qualität und hoher Robustheit aus. Das folgende Beispiel für eine solche Regelung geht von der normierten Zustandsebene mit der Schaltlinie e + de/dt = 0 aus. Es erfolgt zunächst eine scharfe Entscheidung, ob sich der Systemzustand unterhalb oder oberhalb der Schaltlinie befindet. Die dann benutzten Regeln sind symmetrisch zur Schaltlinie und erzeugen beidseitig der Schaltlinie die gleiche Stellgrößenamplitude nur mit entgegengesetztem Vorzeichen:

IF $\dot{e} > -e$ **THEN**

  IF (e is PS **OR** PB) **AND** ($\dot{e}$ is PS **OR** e is PB) **THEN** u is NB

    ($\dot{e}$ is NS **OR** NB) **OR**   (e is PS **AND** ($\dot{e}$ is PS **OR** NS)) **THEN** u is NS,

    $\leq -e$ **THEN**

    (e is NS **OR** NB) **AND** ($\dot{e}$ is NS **OR** e is NB) **THEN** u is PB

  IF (e is PS **OR** PB)   **OR** (e is NS **AND** ($\dot{e}$ is PS **OR** NS)) **THEN** u is PS.

Die Attribute NS, PB, ... entsprechen den o.g. Bedeutungen. Hervorzuheben ist, daß dieser FC-Typ auf nichtlineare Systeme zweiter Ordnung anwendbar ist, wobei die Obergrenzen der unmodellierten Systemanteile und Störungen als a priori-Modellkenntnis ausreichen.

3.3 FC nach Sugeno und Takagi

Eine von den o.g. FC abweichende FC-Methode wurde von [26], [27], und [28] entwickelt. Hier gibt es auch eine Rule-Base, die aber aus Regeln von der Form

$$R_1: \textbf{ IF } x_1 \text{ is } A_1{}^i \textbf{ AND } ... \textbf{ AND } x_k \text{ is } A_k{}^i \textbf{ THEN } u^i = p_0{}^i + p_1{}^i + ... + p_k{}^i$$

besteht. A_1 bis A_k sind Fuzzy-Sets wie NB, NM und PB, x_1 bis x_k sind scharfe Inputwerte wie Fehler und Fehlergeschwindigkeit $\dot{e}$, p_0 bis p_k sind feste Parameter und u die Stellgröße. Wenn es n Regeln gibt, gibt es endgültig auch n Outputwerte u^1 bis u^n. Die Fuzzification findet hier unabhängig von der Berechnung des Ergebnisses statt, das heißt, für jede Regel R^i wird berechnet, mit welcher Stärke μ_i ($\mu_i \in [0,1]$) diese Regel feuert.

Die Decision-Making-Prozedur benutzt die Werte μ_1 bis μ_n aus der Fuzzification. Mit der folgenden Formel ergibt sich das endgültige Ergebnis u zu:

$$u = \frac{\sum_{i=1}^{n} \mu_i \cdot u_i}{\sum_{i=1}^{n} \mu}.$$

Eine explizite Defuzzification gibt es hier also nicht.

Diese Form von Fuzzy-Control ist besonderes geeignet für die Anwendung von Lernverfahren, u.a. weil die Parameter $p_j^{\ i}$ durch Beispiele gelernt werden können und weil sehr einfach der Beitrag der einzelnen Input-Variablen zum Gesamtergebnis kontrolliert werden kann.

3.4 Predictive-FC

Eine vierte Art von Fuzzy-Control ist Predictive-FC, die insbesondere durch den Einsatz in der U-Bahn in Sendai bekannt geworden ist. Bei der manuellen Zugsteuerung wird besonderes Augenmerk auf folgende Ziele gelegt:

- Sicherheit der Fahrgäste,

- Fahrkomfort der Fahrgäste,

- Einhalten der Geschwindigkeitsbegrenzungen,

- Genaues Stoppen an Haltepunkten,

- Fahrzeitminimierung,

- Einsparung von Energie.

Um dieses Problem zu lösen, wurde von der Firma Hitachi ein "Predictive Fuzzy Controller'" entwickelt [35]. Bei dem Predictive-FC werden alle möglichen Ausprägungen der Steuergrößen ermittelt und die daraus resultierenden Auswirkungen auf die Steuerziele mit Hilfe von Fuzzy Bewertungen bestimmt.

In einem Predictive-FC sei die Stellgröße u auf eine bestimmte Anzahl von diskreten Werten $u = u_1, u_2, ..., u_n$ begrenzt. Weiterhin seien A und B Güteindizes, die durch Fuzzy-Attribute wie A_1=gutes Bremsverhalten", B_2 = hoher Energieverbrauch" usw. gekennzeichnet sind und durch entsprechende Fuzzy-Sets repräsentiert werden. Der FC bewertet periodisch die Effizienz von Control-Regeln folgender Art:

"**Wenn** sich bei einer Stellgröße $u = u_i$ die Güteindizes $A = A_i$ und $B = B_i$ einstellen würden, **dann** wähle als Stellgröße $u = u_i$". Formal läßt sich diese Regel wie folgt schreiben:

R_i: **IF** $(u = u_i \rightarrow A = A_i$ **AND** $B = B_i)$ **THEN** $u = u_i$.

Ein Beispiel einer Predictive-FC-Regel für "leichtes Bremsen" sei [33]:

IF additional one brake notch permits to improve comfortability **AND** train stops accurately at the targeted position, **THEN** one notch should be applied.

Solche Regeln gibt es nicht nur für "additional one brake notch" (leichtes Bremsen), sondern auch für stärkeres Bremsen bzw. Beschleunigen. Die Regel mit der besten Güte liefert jene Steuergröße, die wirklich zur Anwendung gelangt.

In [32] wird für diese Methode folgender Algorithmus angegeben:

Schritt 1: Definiere die möglichen Steuerungsalternativen.

Schritt 2: Berechne die zukünftigen Zustände des Systems

Schritt 3: Ermittle mit Hilfe von Fuzzy-Bewertungen das Systemverhalten für die verschiedenen Steueralternativen.

Schritt 4: Wende jene Regel an, die das beste Systemverhalten gezeigt hat.

Diese Methode ist besonderes geeignet, wenn eine gute Beschreibung der Dynamik des Systems vorliegt und, da für jeden Stellgrößenwert eine Regel formuliert werden muß, die Anzahl der möglichen diskreten Stellgrößenwerte gering ist.

4. FC-Entwurf

4.1 Allgemeine Entwurfsprinzipien

FCs werden zur Regelung linearer und nichtlinearer Systeme mit Vorteil hinsichtlich der Regelgüte aber auch bezüglich des Entwurfsaufwandes eingesetzt. Um einen FC-Entwurf (Synthese) durchführen zu können, muß eine vorherige Analyse des zu regelnden Systems und des durch den FC geregelten Gesamtsystems (der Control-Loop) stattfinden [5]. Hier geht man je nach Anwendungsfall von unterschiedlichen Quellen aus:

1. Experteninterview bei einem komplexen System, dessen Systemmodell sich bisher nur über das subjektive Verhalten eines Operators (Experten) widerspiegelt,

2. Non-Fuzzy-Modellierung des Systems (z.B. durch die Zustands- (Phasen-) ebene eines Systems zweiter Ordnung).

Ein FC ist ein nichtlinearer Regler, so daß sowohl bei der Regelung eines linearen als auch eines nichtlinearen Systems Entwurfsmethoden der linearen Systemtheorie i. a. versagen und nur in Sonderfällen angewandt werden können. Die generellen Maßstäbe für den Reglerentwurf eines FC aber sind dieselben wie bei linearen und nichtlinearen Systemen:

a. Stabilität

b. Regelgüte nach ausgewählten Kriterien

c. Robustheit gegenüber Parameteränderungen, Modellunsicherheiten und Störungen.

Diese Maßstäbe in Rechnung stellend erfolgt der FC-Entwurf in zwei Stufen:

1. Qualitativer Entwurf der Regeln auf einem logischen Niveau.
    Diese Stufe beinhaltet folgende Schritte:

    *   Fuzzy-Quantisierung mit Auswahl der Anzahl, Form und Lage der Fuzzy-Sets

    *   Aufstellung des Regelsatzes

    *   Prüfung des Regelsatzes auf Vollständigkeit, Widerspruchs- und Redundanzfreiheit

2. Quantitativer Entwurf durch Fuzzy-Quantisierung und Skalierung (Normierung) auf einem numerischen Niveau.
    Diese Stufe beinhaltet folgende Schritte:

    *   Analyse der Arbeitspunkte bzw. Arbeitsbereiche der crisp-Zustände, Regelgrößen und Stellgrößen,

    *   Überführung des FC in ein systemtheoretisch beherrschbares nichtlineares Übertragungsglied, dessen Eigenschaften und zu wählende Parameter in Zusammenhang mit dem zu regelnden System bereits bekannt sind.

    *   Nutzung von Entwurfsmethoden der nichtlinearen Systemtheorie.

Diese allgemeinen Entwurfsrichtlinien werden im nächsten Abschnitt am Beispiel des Sliding-Mode-FC qualitativ erläutert.

4.2 Entwurfsbeispiel für den Sliding-Mode-FC

Bei diesem aus der Robotik stammenden Beispiel wird ein Roboterarm krafta-
daptiv entlang einer Oberfläche geführt, wie es bei Bearbeitungs- oder Monta-
geaufgaben üblich ist. Hierzu wurde ein FC eingesetzt, der den durch einen
Sensor gemessenen Kraftfehler und dessen zeitliche Änderung verarbeitet und
daraus eine Bahnkorrektur des Roboterarms berechnet. Bild 4. zeigt den Aufbau
des Regelkreises. Die Achsregelung sei in dem Block "Roboterarm" mit enthalten. Der Block "Kontaktprozeß" stellt die geometrischen und dynamischen
Wechselwirkungen zwischen Roboterarm und Objekt dar.

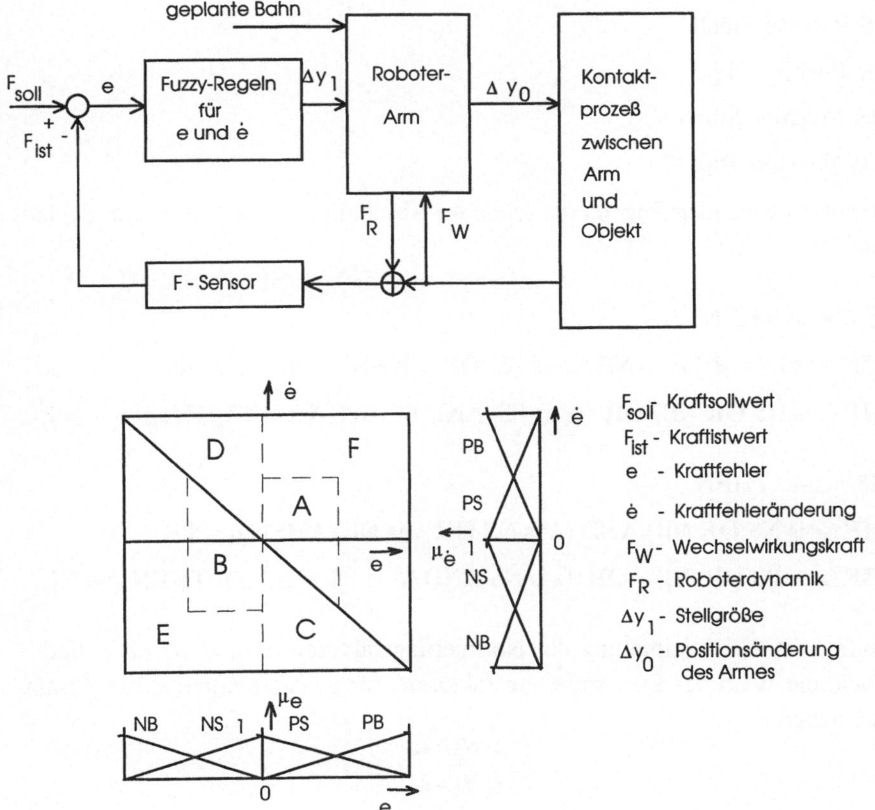

Bild 4: Regelkreis für eine kraftadaptive Roboterregelung mit FC

Die FC-Regeln wurden entsprechend der Stufe 1 auf einem logischen Niveau unter Hinzuziehung der Phasenebene eines Systems zweiter Ordnung entworfen. Bei der Ermittlung dieser Regeln wurde die Phasenebene in unscharfe Gebiete A bis F (im Bild durch gestrichelte Linien gekennzeichnet) eingeteilt und diesen Gebieten qualitative Stellgrößen (Fuzzy-Attribute für die Stellgröße) zugeordnet. Die Fuzzy-Quantisierung, d.h. die Wahl der Anzahl und Lage der Fuzzy-Sets für den Fehler e, die Fehlergeschwindigkeit $\dot{e}$ und die Stellgröße $u = \Delta y_1$ (alles normierte Größen), erfolgte parallel zur Aufteilung (Fuzzy-Quantisierung) der Phasenebene.

Für die normierten Größen von e, $\dot{e}$ und $u = \Delta y_1$ wurden die folgenden Fuzzy-Sets gewählt:

PS-Positive Small

PB-Positive Big

NS-Negative Small

NB-Negative Big.

Die entsprechenden Regeln, die schon im Abschnitt 3.2 angegeben wurden, lauten:

IF $\dot{e} > - e$ **THEN**

   IF (e is PS **OR** PB) **AND** ($\dot{e}$ is PS **OR** e is PB) **THEN** u is NB

   IF (e is NS **OR** NB) **OR** (e is PS **AND** ($\dot{e}$ is PS **OR** NS)) **THEN** u is NS,

IF $\dot{e}$ $\leq -e$ **THEN**

   IF (e is NS **OR** NB) **AND** ($\dot{e}$ is NS **OR** e is NB) **THEN** u is PB

   IF (e is PS **OR** PB)   **OR** (e is NS **AND** ($\dot{e}$ is PS **OR** NS)) **THEN** u is PS.

Stufe 2 ist die Bestimmung der Normierungsfaktoren N_e und $N_{\dot{e}}$ für e und $\dot{e}$ sowie die Wahl des Denormierungsfaktors N_u für u. Hierbei gelten die Zusammenhänge

$$e \cdot N_e = e_N$$
$$\dot{e} \cdot N_{\dot{e}} = \dot{e}_N$$
$$u \cdot N_u = u_N$$

Der Index "N" bezeichnet die normierten Größen.

Mit der Gleichung

$$\lambda \cdot e + \dot{e} = 0 \qquad\qquad (1)$$

der Schaltlinie in der unnormierten Phasenebene gilt auch (vgl. [21], [22])

$$\lambda = \frac{N_e}{N_{\dot{e}}} \qquad\qquad (2)$$

λ stellt eine Frequenz dar, die so gewählt wird, daß sie kleiner als alle im Regelkreis auftretenden unmodellierten Frequenzen ist. Kennt man den Arbeitspunkt bzw. den statistischen Mittelwert von e und seine Streuung, so läßt sich N_e so berechnen, daß e_N sicher in die normierte Phasenebene hineinpaßt. Mit Gl.(2) ergibt sich damit auch $N_{\dot{e}}$. Der Denormierungsfaktor N_u wird so bestimmt, daß zunächst das maximal notwendige u berechnet wird. Für die Stabilität des Systems gibt es die Bedingung, daß

$$|u| \geq M \qquad M > 0 \qquad\qquad (3)$$

(M - obere Grenze der unmodellierten Systemanteile plus Störungen und Soll-Beschleunigungen) sein muß [25]. Aus dem maximal möglichen u_{max} wird N_u durch

$$N_u = \frac{u_{N_{max}}}{u_{max}} \qquad\qquad (4)$$

berechnet.

Da der FC ein weitaus komplizierterer Regler als der Sliding-Mode-Regler (dem diese Entwurfsmethode "entliehen" wurde) ist, wird mit dieser Parameterbestimmung nur ein Rahmen gesetzt, der die Stabilität und ein gewisses Filterverhalten garantiert. Durch weiteres Tuning sowohl der Normierungsfaktoren als auch der Form und Lage der Zugehörigkeitsfunktionen kann die Güte der Regelung gezielt verbessert werden.

5. Gegenüberstellung verschiedener Verfahren

Im folgenden werden für das Gebiet der Robotik verschiedene Regelungsverfahren bzw. Steuerungsstrategien mit Einbeziehung von Fuzzy-Methoden einander gegenübergestellt, um dem potentiellen Nutzer ein Gefühl für die Anwenderfreundlichkeit von Fuzzy-Logik zu vermitteln. Die folgenden ausgewählten Kriterien sind einerseits technischer Natur, beziehen aber andererseits die Machbarkeit des betreffenden Verfahrens mit ein, wobei für jede angegebene Eigenschaft eine Wichtung vorgenommen wird, die in die Berechnung der Gesamtpunktzahl multiplikativ eingeht:

LNB - Limited Numerical Burden:

Der zeitliche (Rechenzeit in einem Reglerzyklus) oder räumliche (Speicherplatz) Aufwand zur Berechnung des Algorithmus ist begrenzt; die Wichtung ist mit "1" die geringste, da die Palette leistungsfähiger Rechner sehr breit ist.

P - Performance:

Der Algorithmus hat bezüglich ausgewählter Kriterien (Fehlersumme, Steuerungsaufwand, Überschwingneigung, Anstiegszeit der Sprungantwort) eine bestimmte Güte; die Wichtung ist mit "3" schon relativ hoch, da die Güte eine Grundvoraussetzung für den Einsatz technischer Systeme darstellt.

U - Universality:

Der Algorithmus kann in einem gewissen Maße für unterschiedliche Aufgaben und in verschiedenen Systemen eingesetzt werden; die Wichtung "2" ist relativ niedrig, da universelle Algorithmen, um eine erforderliche Güte zu erreichen, sowieso meist noch einer Anpassung bedürfen.

LIE - Limited Implementation Effort:

Der Aufwand zur Implementierung des Algorithmus ist begrenzt; die Wichtung "1" ist gewählt worden, weil die Werkzeuge zur Programmentwicklung hoch entwickelt sind und damit der Implementierungsaufwand keine bedeutende Rolle spielt.

LTR - Limited Technical Risk:

Das Risiko zum Einsatz des Algorithmus, z.B. in Kraftwerken oder chemischen Anlagen, ist begrenzt; diese Wichtung ist mit "5" die höchste, da das technische Risiko für den Einsatz eines Algorithmus in jedem Fall gering gehalten werden muß.

Für die Einzelbewertung gibt es eine Skala von 1 bis 5, wobei "1" die niedrigste (schlechteste) und "5" die höchste (beste) Wertung ist. Tabelle 1 zeigt ein Beispiel einer Punkteberechnung für einen PD-Controller. Dieser Controller ist sehr gut ("5") einsetzbar bei begrenzt zur Verfügung stehender Rechenzeit und begrenztem Implementierungsaufwand. Er ist sehr universell einsetzbar ("5"),

ist aber in seiner Güte ("2") und seinem technischen Risiko ("3") schwächer zu
bewerten.

	LNB W=1	P W=3	U W=2	LIE W=1	LTR W=5	Summe
PD-Con- troller	5	2	5	5	3	41
	5 * 1	+ 2 * 3	+ 5 * 2	+ 5 * 1	+ 3 * 5	= 41

Tabelle 1: Beispiel zur Punkteberechnung

Im folgenden werden Verfahren gegenübergestellt mit den Aufgaben

SERVO-LEVEL   : Servoregelung (Tab.2)

OBJEKT-LEVEL : Sensorgestützte Konturverfolgung (Tab.3), Sensorgestütztes Fügen (Tab.4)

OBJEKT-LEVEL
und TASK-LEVEL : Greifkraftadaption (Tab.5), Hindernisumgehung (Tab.6)

Ein technischer Einsatzfall wäre in der Automobilindustrie zu finden, wo Roboter sowohl feste Hindernisse als auch andere Roboter umgehen müssen (TASK-
LEVEL), wo beim Einsetzen von Scheiben kraftadaptive Bewegungen erforderlich sind (OBJEKT-LEVEL) und wo schließlich variable Lasten transportiert
werden müssen, die eine adaptive Achsregelung (SERVO-LEVEL) erfordern.

Bei der Interpretation der Tabellen ist darauf zu achten, daß nur Vergleiche innerhalb der Tabellen und nicht zwischen den Tabellen gezogen werden sollten!

Tabelle 2 zeigt, daß der modifizierte Sliding-Mode Regler vor dem PID-Regler
rangiert. Der PID-Regler wird aber nur wegen seines I-Anteils favorisiert, der
bei geringer Sorgfalt des Reglerentwurfs bzw. ungenügender Systemkenntnis
zur Instabilität führen kann. Der Fuzzy-Regler mit Sliding-Mode ist der beste
und robusteste, bringt aber einen höheren Implementierungsaufwand mit sich
und besitzt eine größere Parametervielfalt (Skalierungsfaktoren, Zugehörigkeitsfunktionen). Das höhere technische Risiko beim Fuzzy-Regler mit Sliding-
Mode rührt von der relativen Neuheit beider Regelungsverfahren und einer
dementsprechenden Unkenntnis gegenüber den Entwurfskriterien. "Sgn-Ele-
ment" bedeutet "hartes Schalten an der Schaltgeraden", "sat-Element" bedeutet
"weiches Schalten an der Schaltgeraden".

Verfahren	LNB	P	U	LIE	LTR	
	W=1	W=3	W=2	W=1	W=5	Summe
PD-Control	5	2	5	5	3	41
PID-Control	5	3	5	5	3	44
Nichtlineare Entkopplung + PID-Control	1	3	1	1	2	23
Modelladaptiver Controller + Beobachter	2	4	2	1	2	29
Sliding-Mode-Control	5	3	5	5	1	34
Sliding-Mode-Control mit sat-Element	5	5	5	5	2	45
Fuzzy-Control	3	5	5	3	2	41

Tabelle 2: Verfahrensvergleich: Servoregelung

Ähnliche Einschätzungen wie bei der Servoregelung gelten für Konturverfolgungsverfahren mit Sensorunterstützung (Tab.3). Allerdings fehlen hier die modelladaptiven Regler und nichtlinearen Entkopplungsstrategien. Konturverfolgung bedeutet das gezielte Bewegen eines Robotereffektors entlang einer Oberfläche, wobei der Abstand oder die Kraft relativ zur Oberfläche durch einen Sensor detektiert wird. Diese Verfahren spielen insbesondere bei den technologischen Operationen "Gußputzen, Bahnschweißen, Kleben, Trennen" eine Rolle, wo eine hohe Tracking-Qualität erwartet wird. Da diese insbesondere bei den letzten beiden Verfahren erreicht wird, sollten diese auch favorisiert werden.

Verfahren	LNB	P	U	LIE	LTR	
	W=1	W=3	W=2	W=1	W=5	Summe
PD-Control	5	2	5	5	3	41
PID-Control	5	3	5	5	3	44
Sliding-Mode-Control	5	3	5	5	1	34
Sliding-Mode-Control mit sat-Element	5	5	5	5	2	45
Fuzzy-Control	3	5	5	3	2	41

Tabelle 3: Verfahrensvergleich: Sensorgestützte Konturverfolgung

Das sensorgestützte Fügen (Tab.4) mit Robotern ist seit Jahren Thema in den wissenschaftlichen Veröffentlichungen, wird aber erst bei drastisch gesenkten Preisen für die Sensorik sowie der Weiterentwicklung industrieller Robotersteuerungen hin zu einer schnellen Sensorverarbeitung praktische Resultate erlangen. Sensorgestütztes Fügen heißt, daß das Fügen von starren oder biegeschlaffen Teilen sensorgestützt (z.B. durch Kraftsensorik) abläuft. Die Simulationsergebnisse zeigen eine Überlegenheit der Fuzzy-Methodik gegenüber der klassischen Herangehensweise. Der Grund liegt u.a. darin, daß auch in die klassischen Verfahren hinsichtlich der Wahl der Kraftzonen, Fügegeschwindigkeiten und Suchalgorithmen sehr viel ingenieurmäßiges Expertenwissen einfließt. Dieses Expertenwissen wird aber stärker durch die Anwendung von Fuzzy-Logik unterstützt, als durch scharfe Regeln.

Verfahren	LNB W=1	P W=3	U W=2	LIE W=1	LTR W=5	Summe
Scharfe Kraftzonen + konventioneller Regler	5	3	3	5	3	40
Fuzzy-Kraftzonen + Fuzzy-Regler	3	5	5	3	3	46

Tabelle 4: Verfahrensvergleich: Sensorgestütztes Fügen

Auch die Greifkraftadaption (Tab.5) befindet sich noch im wissenschaftlichen Vorfeld. Mit Greifkraftadaption ist die Eigenschaft eines Robotergreifers zur Ausübung einer definierten, geregelten Greifkraft auf ein Objekt gemeint. Der Anwender von Robotergreifern kennt zumeist die Objekte, die gegriffen und transportiert werden sollen, so daß zunächst eine Greifkraftadaption unnötig erscheint.

Bei Spezialaufgaben dagegen ist eine definierte Greifkrafteinstellung unerläßlich. Diese kann aber nur bei genügender Kenntnis der Steifheit des zu greifenden Objekts hinreichend gut eingestellt werden. Auch auf diesem Gebiet sind Fuzzy-Methoden den klassischen wegen ihrer Robustheit gegenüber Steifheitsparameter-Änderungen und ihrer Adaptionsfähigkeit überlegen.

Verfahren	LNB	P	U	LIE	LTR	
	W=1	W=3	W=2	W=1	W=5	Summe
Scharfe Kraftzonen, vordefinierte scharfe Steifheitswerte	4	3	3	4	4	43
Unscharfe Kraftzonen, vordefinierte unscharfe Steifheitswerte	3	4	4	3	4	46
Unscharfe Kraftzonen, Lernen der Steifheitswerte	2	5	5	2	3	44

Tabelle 5: Verfahrensvergleich: sensorgestützte Greifkraftadaption

Bei der Hindernisumgehung (Tab.6) zeigen sich die Vorteile der Fuzzy-Modellierung in dem geringeren Implementierungs- und Rechenzeitaufwand. Hindernisumgehung heißt, daß ein Roboter in Abweichung von einer ursprünglich geplanten Bahn aufgrund von Zusatzinformationen (z.B. durch eine Sensorik) Hindernisse umgeht. Herkömmliche Verfahren benutzen ein exaktes numerisches Modell vom Roboter und von der Umwelt, was den Berechnungsaufwand stark in die Höhe treibt, insbesondere dann, wenn die Umwelt nicht statisch ist. Das Fuzzy-Verfahren benutzt einfache "Drahtmodelle", wobei die Ausdehnung der Körper über die Fuzzy-Abstände in Betracht gezogen wird.

Verfahren	LNB	P	U	LIE	LTR	
	W=1	W=3	W=2	W=1	W=5	Summe
Umhüllende Quader	4	3	2	3	3	35
Umhüllende Ellipsen	3	3	3	2	3	35
Potentialfeld	2	5	5	2	4	49
Fuzzy-Modellierung	5	4	5	5	4	52

Tabelle 6: Verfahrensvergleich: Hindernisumgehung mit Modellierung der Robotergeometrie und der Objektwelt, Abstandsmaßmodellierung

6. Zusammenfassung und Ausblick

In dem vorliegenden Beitrag wurde zunächst auf allgemeine Prinzipien eines Fuzzy-geregelten Systems eingegangen um danach vier Grundtypen von Fuzzy-Controllern zu beschreiben: PID-FC, Sliding-Mode-FC, FC nach Sugeno und Takagi und Predictive-FC. Ein weiterer Abschnitt widmete sich den Entwurfsprinzipien von FC, die auf einer logischen und auf einer numerischen Ebene formuliert werden können. Ein Beispiel zeigte den Entwurfsprozeß bei einem Sliding-Mode-FC. Schließlich wurden anhand ausgewählter Kriterien verschiedene herkömmliche Verfahren zur Steuerung von Robotern mit Fuzzy-Methoden verglichen. Hier zeigte sich fast durchgängig, daß Fuzzy-Methoden an der Spitze der zum Vergleich stehenden Verfahren liegen. Neben den Vorteilen von FC, ohne besondere Modellkenntnis einen Reglerentwurf durchführen zu können, robuster zu sein als herkömmliche Regler, für bestimmte Prozesse eine höhere Regelgüte zu bringen, bei hochgradig verkoppelten Systemen einen weitaus einfacheren Reglerentwurf zu gestatten, sollen auch nicht die Probleme dieser Regelungsmethode verschwiegen werden:

- ein Stabilitätsnachweis ist nicht in jedem Fall trivial, da nichtlineare Systeme die Stabilität nicht als Struktureigenschaft von vornherein beinhalten; dieser Nachteil wird mit allen nichtlinearen Systemen geteilt

- die Auswahl der Anzahl und der Form der Zugehörigkeitsfunktionen ist in hohem Maße von der Erfahrung des Designers abhängig

- es gibt für FC eine Menge von Definitionen für die logischen Verknüpfungen und den Inferenzmechanismus

- es gibt eine Anzahl konkurrierender Defuzzifikationsverfahren.

Um diese Probleme zu lösen, gibt es einerseits Ansätze zu Lernverfahren für Skalierungsfaktoren, Zugehörigkeitsfunktionen und sogar FC-Regeln mittels neuronaler Netze, genetischer Algorithmen und induktiver Methoden. Insbesondere zeichnet sich eine enge Verflechtung von FC und neuronalen Netzen ab. Weiterhin werden starke Anstrengungen unternommen, den Stabilitätsnachweis für bestimmte Systemklassen mit FC zu erbringen. Andererseits kann man der Komplexität von Regelungsaufgaben nur gerecht werden, wenn FC-Methoden wiederum mit konventionellen Methoden kombiniert werden.

Literatur

[1]   Assilian, S. ; Mamdani, E.H.: Learning Control Algorithms in Real
       Dynamic Systems
       Proc. 4th Int. IFAC/IFIP Conf. on Digital Computer Appl. to Process Con-
       trol, Zurich, March 1974.

[2]   Buckley, J.J. ; Ying, H.: Fuzzy Controller: Limit Theorems for Linear
       Fuzzy Control Rules
       Automatica, 25(3)(1989)469-472.

[3]   Buckley, J.: Fuzzy Controller: Further Limit Theorems for Linear Control
       Rules
       Fuzzy Sets and Systems, 36(1990)225-233.

[4]   Dodds, D.R.: Fuzzyness in Knowledge-Based Robotics Systems
       Fuzzy Sets and Systems, 26(1988)179-193.

[5]   Driankov, D.; Hellendoorn, H.; Reinfrank, M.: An Introduction to Fuzzy
       Control
       Springer-Verlag Berlin, Heidelberg , New York, London, Paris,
       Tokyo,Hong Kong, Barcelona, Budapest

[6]   Graham, B.P. ; Newell, P.B.: Fuzzy Identification and Control of a Liquid
       Level Rig
       Fuzzy Sets and Systems, 26(1988)225-273.

[7]   Hirota, K., Arai, Y. ; Pedrycz, W.: Robot Control Based on Membership
       and Vagueness
       In: M.M.Gupta; A.Kandel; W.Bandler; J.B.Kiszka (Eds.), Approximate
       Reasoning in Expert Systems,Elsevier Science Publishers B.V. (North-
       Holland), 1985, pp. 621-635

[8]   Kamezaki, S., Aoyama, T. & Inasaki, I.:Force Control of Direct-Drive
       Robot by means of Fuzzy Theory
       MSET21 The Intern. Conf on Manufacturing Systems and Environment,
       May 28-June 1, 1990, Tokyo, Japan, pp. 129-134

[9]   Kawaji, S. & Matsunaga, N.: Fuzzy Control of VSS Type and Its
       Robustness
       IFSA '91 Brussels, July 7-12,1991 Preprints, Vol. "Engineering" pp.81-84

[10] Kickert, W.J.M. ; Van Nauta Lemke, H.R.: Application of a Fuzzy Con-
       troller in a Warm Water Plant
       Automatica, 12(1976)301-308.

[11] Kickert, W.J.M. & Mamdani, E.H..: Analysis of a Fuzzy Logic Controller
       Fuzzy Sets and Systems, 1(1978)29-44.

[12] Kim, G., et. al.: Development of Expert Systems for Grinding Operations
MSET21 The Intern. Conf on Manufacturing Systems and Environment,
May 28-June 1, 1990, Tokyo, Japan, pp. 395 - 400.

[13] King, P.J. & Mamdani, B.H.: The Application of Fuzzy Control Systems to
Industrial Processes
In: Gupta, M.M. (ed), Fuzzy Automata and Decision Processes, New York,
North-Holland, 1977, pp. 105-131.

[14] King, R.E. & Karonis, F.C.:Multi-Level Expert Control of a Large Scale
Industrial Process
In: M.M. Gupta, T. Yamakawa (Eds.) Fuzzy Computing, Elsevier Science
Publishers B.V. (North-Holland) 1988, pp. 323-339.

[15] Li, Y.F. & Lau, C.C.:Application of Fuzzy Control for Servo Systems
Proc. of the IEEE Intern. Conf. on Robotics and Automation, April 24-29,
1986, Philadelphia.

[16] MacVicar-Whelan, P.J.: Fuzzy Sets for Man-Machine Interaction
Int. J. Man-Machine Studies, 8(1976)687-697

[17] Mamdani, E.H.: Advances in the Linguistic Synthesis of Fuzzy-Controllers
Int. J. Man-Machine Studies, 8(1976)669-678

[18] Mamdani, E.H., Ostergaard, J.J. ; Lembessis, E.:Use of Fuzzy Logic for
Implementing Rule Based Control of Industrial Processes
TIMS/Studies in the Management Sciences, 20(1984)429-445

[19] Ostergaard, J.J.: Fuzzy Logic Control of a Heat Exchanger Process
In: Gupta, M.M. (ed), Fuzzy Automata and Decision Processes,New York,
North-Holland, 1977, pp. 285-320.

[20] Palm, R.:Fuzzy Controller for a Sensor Guided Robot Manipulator
Fuzzy Sets and Systems, 31(1989)133-149.

[21] Palm, R.:Control of a Redundant Manipulator using Fuzzy Rules
Fuzzy Sets and Systems, 45 (1992)279-298

[22] Palm, R.: Sliding Mode Fuzzy Control
IEEE International Conf. on Fuzzy Systems FUZZ-IEEE'92, March 8-12,
1992 San Diego, Proceedings pp. 519-526

[23] DeSilva, C.W. ; MacFarlane, A.G.J.: Knowledge-Based Control with
Application to Robots
Lecture Notes in Control and Information Sciences, Bd. 123, Springer-
Verlag Berlin, Heidelberg 1988.

[24] Slivinska, S., Kowalski, R. ; Matys, S: Some Problems of the Shape of
     Fuzzy sets and the Dimension of a Model with Respect to its Adaquacy
     Fuzzy Sets and Systems, 26(1988)63-83.

[25] Slotine, J.E.: The Robust Control of Robot Manipulators
     The Int. Journ. of Robotics Research, 4(2)(1985)49-64

[26] Sugeno, M. ; Murakami K.: Fuzzy Parking Control of Model Car
     23rd IEEE Conf. on Decision and Control, Las Vegas, 1984

[27] Sugeno, M. ; Kang, G.T.: Structure Identification of Fuzzy Model
     Fuzzy Sets and Systems, 28(1988)15-33

[28] Takagi, T. ; Sugeno, M.: Fuzzy Identification of Systems and Its Applica-
     tions to Modeling and Control
     IEEE Trans. on Systems, Man, and Cybernetics, 15(1)(1985)116-132.

[29] Tang, K.L. ; Mulholland, R.J.:Comparing Fuzzy Logic with Classical
     Controllers Designs
     IEEE Trans. on Systems, Man, and Cybernetics, 17(6)(1987)1085-1087

[30] Tanscheit, R. ; Scharf, E.M.:Experiments with the Use of a Rule-based
     Self-organising Controller for Robotic Applications
     Fuzzy Sets and Systems, 26(1988)195-214

[31] Wakileh, B.A.M. ; Gill, K.F.: Use of Fuzzy Logic in Robotics
     Computers in Industry, 10(1988)35-46

[32] Yamaguchi, T.; Endo, T.; Haruki, K.:Fuzzy Predict and Control Method
     and its Application
     IEEE International Conference CONTROL88, University of Oxford, UK
     13-15 April 1988

[33] Yasunobu, S., Sekins, S. ; Hasegawa, T.:Automatic Train Operation and
     Automatic Crane Operation Systems Based on Predictive Fuzzy Control
     Preprints of 2nd IFSA Congress Tokyo, July 20-25, 1987, pp. 835-838

[34] Zadeh, L.A.:Fuzzy Sets
     Information and Control, 8(1965)338-353

[35] Automatic Train Operation
     Techno Japan Vol. 23, No.3 March 1990, pp. 47-50

Methodischer Entwurf einer Fuzzy Regelung am Beispiel einer Granulatbearbeitungseinheit

D. Böning

Kurzfassung

Der Entwurf einer Fuzzy Regelung wird häufig sehr intuitiv durchgeführt. Ein methodisches oder systematisches Vorgehen ist selten zu erkennen. Dabei würde ein solches Vorgehen zur beschleunigten Reglersynthese führen. Eine mögliche Methode besteht in den aufeinander aufbauenden Entwurfsschritten:

1. Zusammentragen und Gruppieren der Regelziele

2. Auswahl der Regelkreisstruktur

3. linguistische Modellbildung, Fuzzy Sets und Regelbasis

4. iterative Verifikation und Optimierung der Fuzzy Elemente.

Durch die Gruppierung der Regelziele in z.B. dynamische oder Arbeitspunkt abhängige Aspekte wird das Gesamtproblem in voneinander kausal unabhängige Teilprobleme unterteilt, die in ihrer Komplexität reduziert sind und somit die Reglersynthese strukturieren. Die Regelziele, die sich zumeist auf begrenzte Bereiche des Zustandsraums beziehen, ermöglichen diese Struturierung.

Im zweiten Schritt des Entwurfs ist die Regelkreisstruktur festzulegen. Dazu zählt die Auswahl der Reglereingangsgrößen, die die Charakteristiken des Regelprozesses wiedergeben, und die Reglerausgangsgrößen. Ferner ist die Struktur des Reglers festzulegen. Eine eventuelle Kombination von Fuzzy und konventionellen Reglern ist abzuwägen.

Erst darauf folgt die linguistische Modellbildung. Entweder ist das kausale Verhalten des Experten, der den Prozeß bedient, oder das Verhalten des Prozesses selbst in Regeln oder Aussagen zu formulieren. Diese Regeln oder Aussagen haben einen Bezug zu den quantitativ meßbaren Werten der Reglereingangs- und Reglerausgangsgrößen. Im allgemeinen handelt es sich beim linguistischen Modell um eine qualitative Beschreibung des Expertenverhaltens zu spezifischen Prozeßzuständen oder um die Beschreibung des Prozeßzustandsraums in Form von qualitativen Kennfeldern.

Dieses linguistische Modell bildet zusammen mit den gruppierten Regelzielen die Grundlage der anschließenden Reglersynthese, d.h. der Definition der Fuzzy Sets, der Regelbasis und die Auswahl der Fuzzy Relationen. Die Granularität der Fuzzy Sets jeder Reglerein- und -ausgangsgröße wird im wesentlichen durch die Regelzielgruppen, die die Auflösung und Empfindlichkeit des Reglers beschreiben, festgelegt, während die Regelbasis, die das kausale Verhalten des Reglers beschreibt, hauptsächlich vom linguistischen Modell abgeleitet wird.

Das Verhalten des Reglers ist schließlich eine Überlagerung aller Regeln. Da die einzelnen Regeln unabhängig voneinander entworfen werden und nur einen kleinen Arbeitsbereich des gesamten Prozeßzustandsraumes abdecken, ist im Anschluß eine Plausibiltätskontrolle und Validation des Reglers nötig. Diese Phase führt iterativ abwechselnd mit der Überarbeitung der Fuzzy Elemente zum optimierten Fuzzy Regler. Am Beispiel des Reglerentwurfs für eine Granulatbearbeitungseinheit wird diese Vorgehensweise deutlich.

1. Struktur der Granulatbearbeitungseinheit

Die Granulatbearbeitungseinheit zählt zu einem der aufwendig modellierbaren Prozessen. Sie wird zum Aufbereiten von Granulat eingesetzt. Ein kontinuierlicher einstellbarer Granulatmassenstrom durchströmt die Einheit und wird an rotierenden Bearbeitungswalzen vorbeigeführt. Das Granulat wird dadurch in seiner Oberfläche vergütet und passiert anschließend einen Qualitätssensor. Der Bearbeitungsdruck in der Einheit und der eingestellte Massenstrom beeinflussen die Leistungsaufnahme der Einheit und die Produktqualität.

Es liegt also ein verkoppeltes Zweigrößensystem vor. Die Regelgrößen sind die Produktqualität und die Leistungsaufnahme der Bearbeitungseinheit. Beeinflußt wird der Prozeß durch Variation des Massenstroms und des Bearbeitungsdrucks.

Die Modellierung des Prozesses mit analytischen Verfahren gestaltet sich aufgrund des nichtlinearen, stochastischen (inhomogenes Medium) und zeitvarianten Prozeßverhaltens und der großen Abhängigkeiten vom Rohprodukt sehr aufwendig. Lediglich das tendenzielle Verhalten zwischen Prozeßausgangs- und Prozeßeingangsgrößen ist eindeutig beschreibbar, so daß lediglich ein qualitatives Modell der Anlage existiert. Dieser Prozeß ist prädestiniert für den Entwurf einer Fuzzy Regelung.

2. Methodischer Entwurf

Der Entwurf einer Fuzzy Regelung setzt ein detailliertes Expertenwissen über den Prozeß voraus. Da zudem Fuzzy Control eine unbegrenzte Anzahl an Entwurfsparametern (Fuzzy Sets: Anzahl, Typ, Unschärfe, ...; Regelbasis: Anzahl der Regeln, Fuzzy Relationen, ...) bietet, ist ein methodischer Entwurf oder ein systematisches Vorgehen notwendig. Nur dadurch bleibt die Übersichtlichkeit und die unter Fuzzy Control geschätzte Nachvollziehbarkeit der Entscheidungsfindung erhalten. Die Unterstützung des Entwurfs durch ein Tool wirkt zusätzlich beschleunigend.

Ein möglicher methodischer Entwurf für Fuzzy Regelungen besteht aus den vier aufeinanderfolgenden Schritten:

1. Zusammentragen und Gruppieren der Regelziele

2. Auswahl der Regelkreisstruktur

3. linguistische Modellbildung, Fuzzy Sets und Regelbasis

4. iterative Verifikation und Optimierung der Fuzzy Elemente.

2.1 Regelziele und deren Gruppierung

Der erste Schritt zum Entwurf eines Fuzzy Reglers ist das Zusammentragen aller Regelziele. Häufig können diese nur qualitativ und relativ angegeben werden (z.B. der Durchsatz soll möglichst groß sein). Es handelt sich um eine unscharfe Beschreibung. Da zumeist die Regelziele nur lokale Bereiche des Prozeßzustandsraumes berühren, ist eine Gruppierung und gegenseitige Abgrenzung der Regelziele sinnvoll. Das Gesamtproblem wird dadurch in voneinander kausal unabhängige Teilprobleme unterteilt. Somit wird auch der Entwurf der Regelbasis in unabhängige parallele Teilentwürfe unterteilt. Für jeden gruppierten Bereich des Zustandsraumes wird ein separates kausales Regelverhalten entworfen. In den Grenzbereichen benachbarter Gruppen entsteht aufgrund der Fuzzy Methoden ein weicher Übergang. Der Entwurf wird dadurch übersichtlicher gestaltet und entkoppelt.

Ferner hat die Auflistung und Gruppierung der Regelziele Auswirkungen auf die Regelkreisstruktur. Die zur Verfügung stehenden Prozeßzustandsgrößen und Stellgrößen werden vollständig festgelegt. Eine eventuelle Kombination des Fuzzy Reglers mit einem konventionellen Regler oder die Realisierung eine Kaskadenregelung werden angedeutet. Im Fall der Kombination eines Fuzzy Reglers mit einem konventionellen Regler ist der Fuzzy Regler zumeist für die groben Regelabweichungen zuständig. Der konventionelle Regler löst im Bereich des angestrebten Arbeitspunktes den Fuzzy Regler ab und arbeitet anhand eines linearisierten Prozeßmodells.

Desweiteren beeinflußt die Gruppierung der Regelziele die Definition der Fuzzy Sets. Deren Granularität und Anzahl je linguistischer Größe ist eng mit den Regelzielgruppen verbunden. Je vielfältiger die Gruppen und deren Regelziele sind, umso größer ist die Anzahl der Fuzzy Sets. Eine feine Auflösung und hohe Empfindlichkeit erfordert schließlich eine feine Granularität der Fuzzy Sets am Arbeitspunkt.

Für den Granulatbearbeitungsprozeß bilden sich fünf Regelzielgruppen heraus. Diese sind:

1. Maximierung des Massendurchsatzes (maximale Auslastung der Anlage ist mit hoher Wirtschaftlichkeit verbunden)

2. Optimierung der Produktqualität (Absolute Genauigkeit, gleichmäßige Produktqualität)

3. Positionieren der Stellglieder im Mittelbereich des Stellgrößenbereichs, so daß für weitere Prozeßeingriffe genügend Spielraum vorhanden ist (Expertenforderung)

4. Reduktion der Stelleingriffe am Arbeitspunkt; somit entsteht ein ruhiges Prozeßverhalten mit gleichmäßiger Produktqualität

5. Gezielter und schneller Anfahrvorgang der Anlage zur Reduzierung der Ausschußware

Die ersten drei Regelzielgruppen umschreiben den anzustrebenden Prozeßzustand. Die vierte Regelzielgruppe beschreibt das Reglerverhalten am angestrebten Prozeßzustand, während die fünfte Gruppe das Erreichen dieses Zustandspunktes erläutert. Im Fall großer Regelabweichungen dominiert daher die Regelzielgruppe fünf, die dann im Bereich des angestrebten Prozeßzustandes von der Regelzielgruppe vier abgelöst wird.

2.2 Regelkreisstruktur

Die Regelziele bilden die Grundlage zur Auswahl der Prozeßmeßgrößen, -stellgrößen und der Reglerstruktur. Unter Berücksichtigung der physikalischen Prozeßgegebenheiten sind die zu messenden Prozeßzustandsgrößen und deren Auflösung sowie Genauigkeit zur Realisierung der Regelung auszuwählen. Desweiteren ist die Kombinationen der Fuzzy Regelung mit konventionellen Regelungstechniken abzuklären. So besteht die Möglichkeit Fuzzy Algorithmen für Prozeßzustandsbereiche mit unscharfer Prozeßbeschreibung (starke Nichtlinearitäten) einzusetzen. In Prozeßbereichen mit detailliertem Modell übernehmen konventionelle Regler (Zustandsregler, PID, ...) die Regelung.

Für das Beispiel der Granulatbearbeitung sind vier Prozeßgrößen zu erfassen, um den unter den Regelzielgruppen 1 - 3 beschriebenen angestrebten Prozeßzustand eindeutig lokalisieren zu können. Diese Prozeßzustandssignale sind die Leistungsaufnahme, die Produktqualität, der Bearbeitungsdruck und der Massendurchsatz. Anhand dieser Zustandswerte wird der Regler den einzustellenden Massenstrom und Bearbeitungsdruck berechnen.

Bei diesem stark nichtlinearen und stochastischen Prozeß ist unter Berücksichtigung der Regelzielgruppe vier eine Hysterese am Arbeitspunkt vorzusehen. Nur dadurch kann das ruhige Prozeßverhalten erreicht werden. Das stochastische Verhalten des Prozesses und dessen ungenaue Beschreibung gestatten den Einsatz eines konventionellen Reglers am Arbeitspunkt nicht. Daher wird der Regler ausschließlich mit Fuzzy Methoden realisiert, wobei die geforderte Hysterese zum einen in den Fuzzy Sets oder in einer nachgeschalteten Hysteresestufe berücksichtigt wird. Da ferner keine Prozeßzwischengrößen zu regeln sind, steht eine Kaskadenregelung nicht zur Debatte. Es handelt sich schließlich um ein statisches Zweigrößenregelsystem, wobei dem Regler vier Prozeßzustandsgrößen zugeführt werden.

Der Granulatbearbeitungsprozeß besitzt ein sehr träges Verhalten. Zudem erschwert das stochastische Prozeßverhalten eine Beschreibung des dynamischen Verhaltens. Da ausschließlich die Langzeitstabilität des Prozesses mit gleichmäßiger Produktqualität angestrebt wird, bezieht sich der Regler ausschließlich auf die stationären Prozeßzustände. Das dynamische Verhalten des Prozesses wird im Regler nicht berücksichtigt. Deshalb beträgt die Zykluszeit des Reglers mindestens 15 Sekunden. Nach dieser Verweilzeit sind die Auswirkungen vorgenommener Stelleingriffe nahezu vollendet. Die Zustandssignale des Prozesses werden jedoch häufiger erfaßt, um dem stochastischen Verhalten durch eine Mittelwertbildung begegnen zu können.

2.3 Linguistisches Prozeß- oder Expertensystemmodell

Basis beim Entwurf des kausalen Reglerverhaltens (Regelbasis) ist die Beschreibung des kausalen Prozeßverhaltens oder der Expertenreaktionen auf spezifische Prozeßzustände. Diese Beschreibungen liegen zumeist in schriftlicher oder mündlicher Form vor und haben den Charakter eines qualitativen Modells ohne quantitativen Bezug zum Prozeß.

Ist das extrahierte kausale Prozeßverhalten, das den Prozeßzustandsraum auf qualitative Art beschreibt, der Ausgangspunkt des Reglerentwurfs, so werden zunächst aus diesem Modell unter Berücksichtigung der Regelziele die Fuzzy Sets extrahiert. Anhand dieser Fuzzy Sets wird anschließend das kausale Reglerverhalten (Regelbasis) abgeleitet. Die Schlußfolgerungen zu den einzelnen durch Fuzzy Sets lokalisierten Prozeßzuständen im Zustandsraum müssen dem Expertenwissen entnommen werden.

Ist das modellierte Expertenwissen Ausgangspunkt des Entwurfs, so sind die Schlußfolgerungen zu den spezifischen Prozeßzuständen schon gegeben. Hiervon sind die Fuzzy Sets der linguistischen Reglervariablen abzuleiten. In den meisten Anwendungsfällen ergänzen sich beide Vorgehensweisen.

Im Fall der Granulatbearbeitung wurde nach der erstgenannten Methode vorgegangen. Ein qualitatives Prozeßmodell, das das tendenzielle Prozeßverhalten wiedergibt, diente zusammen mit den Regelzielen zum Entwurf der Fuzzy Sets. Diese Fuzzy Sets gestatteten anschließend die tabellarische Beschreibung des gesamten Zustandsraums mit linguistischen Mitteln. Die resultierenden Tabellen wurden mehreren Experten vorgelegt, die daraufhin zu jedem beschriebenen Prozeßzustand ihre Reaktionen eintrugen.

Die vier Prozeßzustandsvariablen Leistungsaufnahme, Produktqualität, Massendurchsatz und Bearbeitungsdruck wurden jeweils von drei Fuzzy Sets unterteilt. Deren Zugehörigkeitsfunktionen sind als Dreieck oder Trapez ausgeführt. Ihr Gesamtzugehörigkeitswert über den gesamten Wertebereich der linguistischen Variablen beträgt konstant 1. Daraus resultiert das stückweise lineare Übertragungsverhalten zwischen den Eingangswertebereichen und den Zugehörigkeitswerten. Werden zudem ausschließlich symmetrische Dreiecke oder Singletons für die linguistischen Ausgangsgrößen definiert, so ist das Übertragungsverhalten des Reglers unabhängig von der Regelbasis stückweise linear. Das Übertragungsverhalten des Fuzzy Reglers ist durch stückweise lineare Kennlinien oder Kennfelder darstellbar. Anhand dieser Kennfelder ist zusammen mit einem detaillierten Modell des Prozesses eine Stabilitätsuntersuchung nach konventionellen Methoden der Regelungstechnik (Ljapunov) möglich.

Im Fall der Granulatbearbeitung entstehen zwei 5-dimensionale Kennfelder für die Zusammenhänge der Stellgrößenänderung:

```
Massendurchsatz      = F1( Leistung, Produktqualität,
                           Massendurchsatz, Bearbeitungsdruck)
Bearbeitungsdruck    = F2( Leistung, Produktqualität,
                           Massendurchsatz, Bearbeitungsdruck)
```

Die Unterteilung der linguistischen Eingangsvariablen des Reglers in die drei Fuzzy Sets negativ, zero und positiv entspricht den Anforderungen der Regelziele. Damit wird zwischen positiven, negativen und geringen Regelabweichungen unterschieden. Im Fall von negativen oder positiven Zustandssignalen steht die Regelzielgruppe fünf im Vordergrund, während im anderen Fall die Gruppe vier dominiert. Die zwei linguistischen Ausgangsvariablen des Reglers (Massendurchsatz-, Bearbeitungsdruckänderung) sind durch fünf Singletons achsensymmetrisch unterteilt (negativ big, negativ medium, zero, positiv medium, positiv big). Die Form der Fuzzy Sets in den Ausgangsgrößen haben zumeist einen geringen Einfluß auf die Regelgüten. Zudem sind sie handlicher für die Inferenz, Defuzzifizierung und Implementierung in Steuerungssystemen. Der Rechenaufwand im Steuerungssystem sinkt erheblich, falls Singletons oder die vereinfachte MAX-PROD-Inferenzmethode verwendet werden.

Für große Prozeßzustandsabweichungen vom Arbeitspunkt kann daher sehr kräftig in den Prozeß eingegriffen werden. Damit ist der schnelle Anfahrvorgang realisiert. In der Nähe des Arbeitspunktes wird vorsichtiger agiert, während bei absoluter Genauigkeit keine Stellaktivitäten ausgeführt werden.

Der 4-dimensionale Prozeßzustandsraum wird durch die Unterteilung der einzelnen Zustandsgrößen mit je drei linguistischen Werten in insgesamt 81 lokale Bereiche unterteilt. Diese einzelnen Bereiche können nur durch eine UND Verknüpfung eines linguistischen Wertes einer Eingangsgröße mit je einem linguistischen Wert jeder anderen Eingangsgröße lokalisiert werden. Die Bedingungen haben die Form:

```
IF Leistung          = negativ  AND
   Produktqualität   = zero     AND
   Massendurchsatz   = negativ  AND
   Bearbeitungsdruck = zero
```

Sie bilden somit den Bedingungsteil einer einzelnen Regel der Regelbasis. Insgesamt existieren daher 81 theoretisch mögliche Regeln, von denen jedoch nicht alle von praktischer Bedeutung sind, da sie zum Teil nicht erreichbare Prozeßzustände lokalisieren.

Diesem Beispiel ist zu entnehmen, daß eine höhere Anzahl linguistischer Eingangsvariablen und deren feinere Unterteilung durch Fuzzy Sets zu einem explosionsartigen Anstieg in der Regelanzahl führt. Damit einhergehend nimmt die Übersichtlichkeit und die Nachvollziehbarkeit des Reglers ab, während die erforderliche Rechenzeit oder Zykluszeit zunimmt.

Diese 81 lokalen Bereiche des Zustandsraums wurden in 9 Tabellen mit je 9 lokalen Zustandsbereichen aufbereitet und fünf Experten vorgelegt. Diese trugen ihre Schlußfolgerungen für die Stellaktivitäten in Abhängigkeit von den beschriebenen Prozeßzuständen in den Tabellen ein. Zur Auswahl standen ihnen die fünf linguistischen Werte (Singletons) je Ausgangsgröße zur Verfügung.

Die fünf befragten Experten wiesen in ihren Schlußfolgerungen eine 75%ige Übereinstimmung auf. Lediglich an den praktischen Grenzbereichen des Prozesses traten Unstimmigkeiten auf.

Der Fuzzy Regler verarbeitet somit 4 Eingangsgrößen mit je 3 linguistischen Werten in 81 Regeln. Er ordnet die Schlußfolgerungen den zwei Ausgangsgrößen mit je fünf Singletons nach der Mamdani-Inferenz (MAX-MIN) zu und bildet den scharfen Ausgangswert in der Defuzzifizierung nach der Flächenschwerpunktmethode. Ein dem jeweiligen Ausgangskanal nachfolgender Proportionalitätsfaktor und eine Hysteresestufe gestatten die Optimierung und Anpassung des Reglers am Prozeß.

2.4 Iterative Optimierung und Validation

Die Aufteilung des Reglerentwurfs in voneinander unabhängige lokale Bereiche ermöglicht einen übersichtlichen und strukturierten Reglerentwurf. Für jeden lokalen Bereich des Zustandsraums wird ein Regelgesetz losgelöst von seiner Umgebung entworfen. Das Gesamtverhalten des Fuzzy Reglers wird jedoch durch die Überlagerung aller Regeln bestimmt. Daher ist das Zusammenwirken aller Regeln zu überprüfen. Eine Tool Unterstützung erleichtert den systematischen Test des Fuzzy Reglers.

Für das Beispiel der Granulatbearbeitung wurde das selbst entwickelte FLIPS (Fuzzy Logik Interaktives Programmsystem) verwendet. Dieses Programm erlaubt auf einem PC neben dem grafischen Editieren von Fuzzy Reglern die grafische off-line Analyse des Regelverhaltens und eine frühzeitige optische Fehlererkennung mit Fehlerbeseitigung.

Der Bildschirm des PC´s ist horizontal dreigeteilt. Im linken Bereich des Bildschirms werden bis zu vier Reglereingangsgrößen mit maximal 7 Fuzzy Sets (Dreiecke oder Trapezoide) graphisch dargestellt. Der mittlere Bereich steht für Editiervorgänge und zur Darstellung textueller Ausgaben zur Verfügung. Im rechten Drittel des Bildschirms sind bis zu vier linguistische Ausgangsgrößen mit maximal je 7 Fuzzy Sets darstellbar.

Der Editiermodus des Programms erlaubt die Übernahme sowohl der Fuzzy Sets als auch der Regelbasis aus einer ASCII Datei. Diese sind ferner veränderbar oder ein neuer Regler kann eingegeben werden. Im Testmodus des Programms werden die Regler Aktivitäten angezeigt. Zu jedem mit der Mouse anwählbaren scharfen Eingangszustand werden im mittleren Bereich des Bildschirms die aktiven Regeln angezeigt. Im rechten Bildschirmdrittel werden die Inferenzergebnisse in Form der unscharfen Ausgangswerte und die scharfen Stellgrößen nach der Defuzzifizierung graphisch dargestellt.

Durch diese grafische Darstellung wird eine optische Prüfung des globalen Reglerverhaltens ermöglicht. Benachbarte Regeln mit widersprüchlichen Schlußfolgerungen werden aufgedeckt. Diese sind an der Form der unscharfen Ausgangswerte erkennbar. Im Idealfall sollten die unscharfen Ausgangswerte ein Maximum und eine geringe Spreitzung der Grundfläche aufweisen. Sind mehrere dicht beieinanderliegende Maxima im unscharfen Ausgangssignal vorhanden, so liegt zumeist ein Eingangszustand vor, der im Übergangsbereich benachbarter Fuzzy Sets der Eingangsgrößen anzusiedeln ist. Liegen jedoch die Maxima weit voneinander entfernt, so entspricht dieser Zustand einem sehr unscharfen zum Teil auch widersprüchlichen Expertenwissen. Die Regelung ist daher in diesem Zustandsbereich nochmals zu betrachten und zu optimieren. Ein ähnliches Verhalten liegt bei einer großen Spreitzung der unscharfen Ausgangswerte vor.

Der Einsatz des FLIPS zur Verifikation und Validation der Fuzzy Regelung für die Granulatbearbeitung zeigte keine Eigenschaften der oben erwähnten Form auf. Dieses ist sicherlich auch ein Ergebnis der hohen Übereinkunft der fünf Experten.

3. Implementierung und Inbetriebnahme

Da der Granulatbearbeitungsprozeß keine hohen dynamischen Ansprüche an den Regler stellt, wurde eine Realisierung auf einem gewöhnlichen Controller (SAB80C537) in der Hochsprache C gewählt. Damit ist zugleich eine einfache Prozeßanbindung vorgesehen.

Die gesamte Hardware der Regelung besteht aus zwei Prozeßadapterkarten, einer Controllerkarte und einer Bedienerschnittstelle mit zweizeiligem Display und 12-er Tastatur, die alle in einem 19"-Gehäuse untergebracht sind.

Über die Prozeßadapterkarten werden die kontinuierlichen Prozeßzustands-signale an die AD-Wandlung des Controllers angepaßt und die digitalen Stellsignale in ihrer Leistung verstärkt. Da die zwei Reglereingangssignale Massenstrom und Bearbeitungsdruck mit den Stellsignalen integrierend zusammenhängen, wird auf deren meßtechnische Erfassung verzichtet. Nach einer zyklisch durchzuführenden Initialisierungsphase werden diese aufgrund der Stelleingriffe laufend geschätzt. Dabei auftretende Abweichungen sind von geringer Bedeutung, da diese Größen durch die drei linguistischen Werte negativ, zero und positiv sehr grob unterteilt worden sind.

Die Software der Regelung beinhaltet neben dem Regelalgorithmus die Schnittstellenverwaltung zur Bedienerkonsole und zum Prozeß. Diese sind interruptgesteuert ausgeführt. Die Programmierung des Regelalgorithmusses war innerhalb eines Tages abgeschlossen. Der Algorithmus beinhaltet lediglich IF .. THEN .. ELSE Konstrukte in Verbindung mit 16-Bit Integer-Werten. Die Unterteilung des Reglerentwurfes in lokale, parallele Bereiche des Zustandsraums blähten den Codeumfang des Regelalgorithmusses auf (ca. 16kByte). Zudem ist dadurch die Zykluszeit der Regelung begrenzt. Wird eine bedeutend geringere Zykluszeit als die gewählten 15 Sekunden angestrebt, z.B. wenige ms, so ist auf ein Fuzzy Prozessor umzusteigen oder die vorab berechneten Kennfelder sind im Speicher abzulegen.

Der Fuzzy Prozessor ist in der Lage die Fuzzifizierung und Regelbasisauswertung parallel auszuführen und erlangt dadurch seinen Geschwindigkeitsvorteil. Das Abspeichern der Kennfelder erfordert einen großen Speicherbereich (abhängig von der geforderten Auflösung). Im Betrieb erfordern diese Kennfelder jedoch nur eine Adressberechnung.

Die Fuzzy Regelung wurde bereits in einem industriellen Betrieb zufriedenstellend in der Praxis getestet. Die Optimierungen der Proportionalitätsfaktoren und der Hysteresen wurden iterativ on-line gelöst.

4. Fuzzy Regelung für verkettete Granulatbearbeitungseinheiten

Die Regelung einer Granulatbearbeitungseinheit ist lediglich die Vorstufe zur Regelung einer gesamten Anlage aus verketteten Einheiten. Eine Anlage besteht aus mehreren in Reihe verketteten Einheiten, die von einem kontinuierlichen Granulatmassenstrom durchströmt werden. Der Massenstrom wird vor der ersten Einheit eingestellt und die Produktqualität des Endproduktes ausschließlich hinter der letzten Einheit gemessen. Die Leistungsaufnahme einer jeden Einheit in der Kette wie auch die Bearbeitungsdrücke in den Einheiten stehen der Regelung zur Verfügung. Da durch diese Konstitution der Anlage die Produktqualität durch drei Einheiten beeinflußt wird, sie jedoch nur einmal am Ausgang der letzten Einheit ermittelt wird, ist eine gleichmäßige Verteilung der Last auf alle Einheiten notwendig. Nur dadurch ist der maximale Massendurchsatz zu erreichen.

Die Regelziele entsprechen bis auf die Erweiterung der Lastverteilung in der Anlage den Vorgaben einer einzelnen Einheit. Die zusätzliche Forderung führt zusammen mit dem veränderten konstruktiven Aufbau zu einer veränderten Regelkreisstruktur. Der Regler wird zweistufig ausgeführt. In der ersten Stufe des Reglers wird für jede Einheit individuell die freie Kapazität unter Berücksichtigung der globalen Werte der Produktqualität und des Massenstroms ermittelt. Ein anschließender Vergleich dieser freien Kapazitäten führt zur maximal zulässigen Leistungsveränderung der Gesamtanlage. Anhand dieser globalen Leistungsveränderung und der Produktqualität wird anschließend in der 2. Stufe für jede Einheit in Abhängigkeit von dessen Zustand der zu übernehmende Lastanteil ermittelt.

Beide Stufen des Reglers sind mit Fuzzy Methoden ausgeführt. Grundlage des Entwurfs bildete wiederum das linguistische Modell einer Einheit. Da in der ersten Reglerstufe die Einheiten individuell behandelt werden, entspricht diese individuelle Behandlung dem Regelgesetz einer einzelnen Einheit. Die daraus resultierenden 6 Stellinformationen werden dem Vergleicher zugeführt und unter Verwendung analytischer Verfahren zur Ermittlung der maximalen Lastveränderung der Anlage herangezogen. Die maximale Lastveränderung wird anschließend in der zweiten Fuzzy Stufe zur Berechnung der Stelleingriffe verwendet. Dort wird für jede Einheit separat aus der maximalen Lastveränderung, dem Bearbeitungsdruck, der Leistung und der Produktqualität der einzustellende Bearbeitungsdruck berechnet. Ebenso wie die Regelbasis einer einzelnen Einheit wurde auch die Regelbasis der zweiten Fuzzy Stufe entworfen. Der Unterteilung der vier Reglereingangsgrößen in jeweils drei linguistische Werte folgte die Aufbereitung des Zustandsraums in 9 Tabellen mit je 9 Entscheidungsfeldern und anschließender Expertenbefragung.

Die zweistufige Fuzzy Regelung wurde an einer Anlage aus drei verketteten Einheiten mit Erfolg getestet. Da die zusätzlichen Produktlaufzeiten zwischen den Einheiten in der Regelung zu berücksichtigen sind, wurde die Regelzykluszeit auf 60 Sekunden erhöht.

Literatur

[1] Preuß: Fuzzy Control - heuristische Regelung mittels unscharfer Logik, atp 34 H 4, 1992 und atp 35 H 5, 1992

[2] Linzenkirchner: Fuzzy Control - Nutzen und Realisierungsaspekte, atp 35 H 5, 1992

[3] Altrock C.v.: Über den Daumen gepeilt, Fuzzy Logic: Theorie der unscharfen Mengen, c´t Heft 3, 1991, S. 188-200

[4] Hetzheim, H. u. Hommel, G.:Fuzzy Logic für die Automatisierungstechnik?, atp 33, 1991, S. 504-510

[5] Abel, D.: Fuzzy Control - Eine Einführung ins Unscharfe, atp 39, 1991, S. 433-438

[6] Zimmerman, H.J.: Fuzzy Set Theory - and its Applications, Kluwer-Nijhoff Publishing, Boston 1991

[7] Trautzl,G.: Mit Fuzzy Logic näher zur Natur?, Elektronik 9, 1991, S.48-53

[8] Yager, R.R., Ovchinnikov, S., Tong, R.M., Nguyen, H.T.: Fuzzy Sets and Applications - selected papers by L.A. Zadeh, John Wiley & Sons, 1987

[9] Kruse, R., Schwenke, E., Heinsohn, J.: Uncertainty and Vagueness in Knowledge Based Systems, Springer Verlag 1991

[10] Kruse, R., Siegel, P.: Symbolic and Quantitative Approaches to Uncertainty, European Conference ECSQAU Marseille 10/1991, Springer Verlag 1992, Lecture Notes in Computer Science 548

Mustererkennung mit Fuzzy-Logic

W. Schroer, H. Frey, B. Vater, F. Klein

Übersicht

Die Anwendung der Fuzzy Set Theorie zur Klassifikation von Mustern wird am Beispiel der Zeichenerkennung eines Alphabets vorgestellt. Der Klassifikator, der die Grauwertverteilung auswertet, zeichnet sich durch große Robustheit aus. Der Einfluß von Störungen, sowohl durch weißes, mittelwertfreies Rauschen als auch durch nicht statistische Defekte, läßt sich auf Grund des übersichtlichen Klassifikationsverfahrens leicht abschätzen. Die Methodik einer Bewertung der Grauwertverteilung mit Fuzzy Sets wird übertragen auf das Problem der paarweisen Zuordnung von Chromosomen .

1. Einführung

Aufgabe der Klassifikation ist es, ein Objekt genau einer Klasse M_i ($i=1,..,m$) zuzuordnen. Diese Zuordnung verwendet bei den klassischen Verfahren die Distanz Δ_i zwischen dem Merkmalsvektor $O = (o_1,..., o_n)$ des zu klassifizierenden Objekts und dem Merkmalsvektor $[m_{ij}]$, (Merkmale $j=1,...,n$) der Klasse M_i

$$\Delta_i = \sqrt{(o_1 - m_{i1})^2 + (o_2 - m_{i2})^2 + ... + (o_n - m_{in})^2}$$

Die Klassifikation ist das Ergebnis einer eins-aus-n-Entscheidung im Sinne des kleinsten quadratischen Fehlers: das Objekt wird der Klasse i mit der geringsten Distanz der Merkmalsvektoren zugeordnet (Bild 1).

Mit der Anwendung der Fuzzy Set Theorie [3] ergibt sich eine andere, von der statistischen Sicht abweichende, Interpretation des Klassifikationsproblems. Zur Klassifikation eines Objektes O wird festgestellt, inwieweit Merkmale des Objektes eine übereinstimmende Ausprägung besitzen wie die Klassen M_i. Die Ausprägung einer Eigenschaft wird beschrieben durch die Gesamtheit aller

Merkmale m_{ij}. Diese Merkmale m_{ij} sind linguistische Variable, deren Werte durch Terme definiert sind (Bild 2).

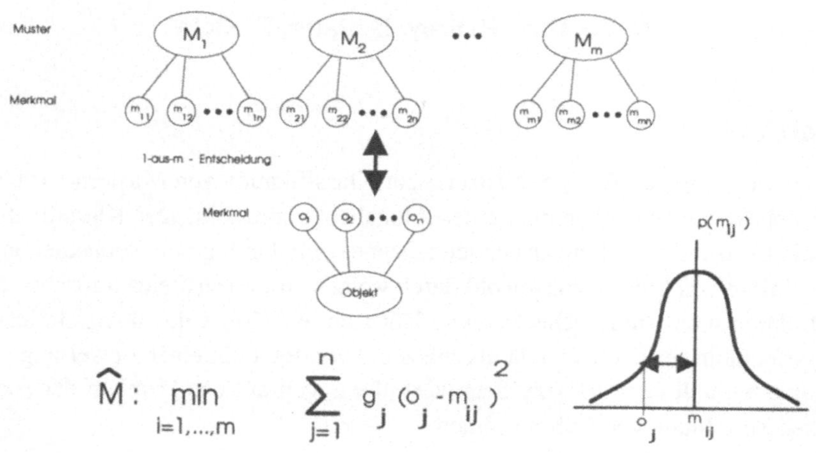

$$\widehat{M}: \min_{i=1,\dots,m} \sum_{j=1}^{n} g_j (o_j - m_{ij})^2$$

Bild 1: Prinzip der Klassifikation mit statistischer Entscheidung

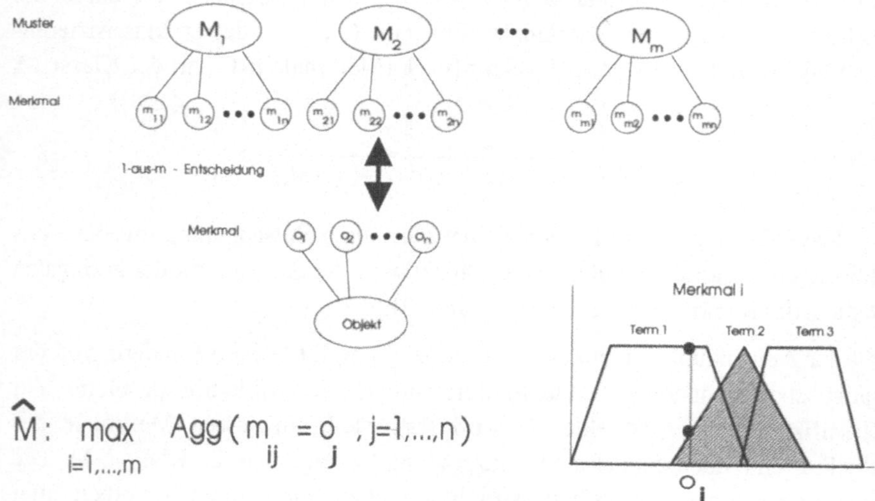

$$\widehat{M}: \max_{i=1,\dots,m} \mathrm{Agg}(m_{ij} = o_j, \, j=1,\dots,n)$$

Bild 2: Prinzip der Fuzzy-Klassifikation

Bild 9 zeigt durch Rauschen überlagerte Abbilder eines Zeichens des Alphabets. Die Zuordnung dieser Zeichen zur Klasse "A" beruht nicht auf einer statistischen Entscheidung, sondern ist Ergebnis einer Klassifikation, die dem gezeigten Zeichen die Eigenschaften der Klasse "A" mehr oder weniger zubilligt (und zwar mehr als Eigenschaften anderer Klassen). Wird das Zeichen stärker gestört, so wird die Zuordnung weniger signifikant, weil auch "die Eigenschaften als A" abnehmen. Hier liegt eine Parallelität zum intuitiven menschlichen Entscheidungsverhalten vor. Dieses orientiert sich auch an der mehr oder weniger ausgeprägten Übereinstimmung von Merkmalen des Zeichens mit den bekannten Buchstaben: reicht die Übereinstimmung, so ist das Zeichen lesbar.

2. Fuzzy-Klassifikation von Buchstaben

2.1 Klassifikation mit Fuzzy Sets

Bild 3 zeigt die Struktur einer Zeichenklassifikation mit Fuzzy Sets.

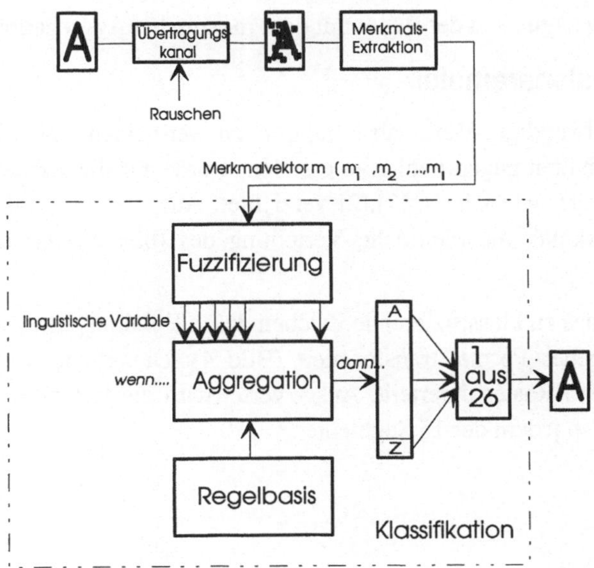

Bild 3: Fuzzy-Klassifikation von Buchstaben

Die 26 Buchstaben des Alphabets werden in einer Regelbasis definiert. Die Eigenschaften der Zeichen sind durch linguistische Variable L_i und deren Terme T_{ij} beschrieben. Für jedes Zeichens wird in einer Regel jeder Variablen L_i genau ein Wert (Term T_{ix}) zugeordnet und diese Wertzuordnungen durch den Operator $\otimes$ geeignet verknüpft:

Wenn $L_1 = T_{1u}$ $\otimes$ $L_2 = T_{2v}$ $\otimes$ $L_3 = T_{3w}$ $\otimes$ .....
dann   **Zeichen = "..."**

Zunächst werden die Merkmalsparameter des zu klassifizierenden Zeichens berechnet. Jedes Element des Merkmalsvektors wird abgebildet auf die entsprechende linguistische Variable. Welchem Wert der linguistischen Variablen das extrahierte Merkmal entspricht, wird beim Vorgang der Fuzzifikation durch Vergleich mit den Zugehörigkeitsfunktionen der Terme der linguistischen Variablen entschieden.

Es wird die Regelbasis abgearbeitet, d.h. für jede Regel werden die sprachlich codierten Vergleiche $L_i = T_{ij}$ der Prämisse unter Berücksichtigung der Fuzzifikationsergebnisse quantifiziert und aggregiert. Die Inferenz ist eine 1-aus-26-Entscheidung zugunsten der Regel mit dem maximalen Aggregationsergebnis.

2.2 Merkmalsparameter

Um eine aufwendige Merkmalsextraktion zu vermeiden und ein besonders robustes Verhalten gegen Fehler zu erzielen, wurde auf die Extraktion struktureller Merkmale, wie z.B. in [1],[2] verzichtet. Ausgewertet wird ein pixelorientiertes Merkmal, die räumliche Verteilung des (binären) Grauwertes eines Zeichens.

Hierzu wird das zu klassifizierende Zeichen durch Dehnung bzw. Stauchung auf ein vorgegebenes Format transformiert (Bild 4). Die Ebene dieses Formates wird in ein 3*5 Raster unterteilt. Ausgewertet wird die Grauwert-Summe, d.h. die Pixelzahl in jedem der 15 Segmente.

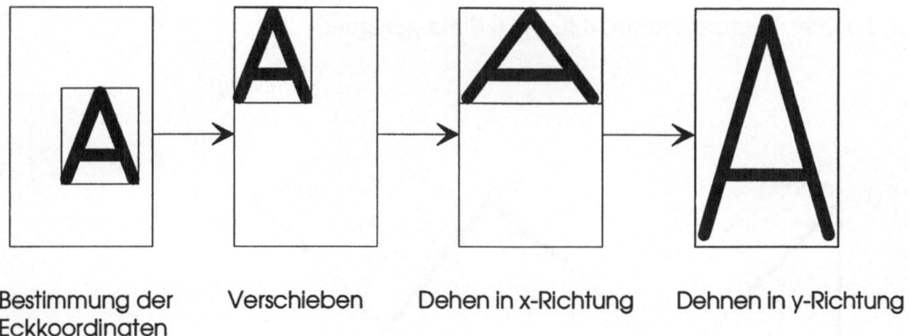

Bild 4: Fuzzy-Klassifikation - Normierung des Formats

Um ein von der Linienstärke und überlagerten Störungen weitgehend unabhängiges Klassifikationsergebnis zu erzielen, wird der Grauwert auf den Bereich [0,100] normiert: 0 entspricht dem niedrigsten, 100 dem höchsten Grauwert (Bild 5).

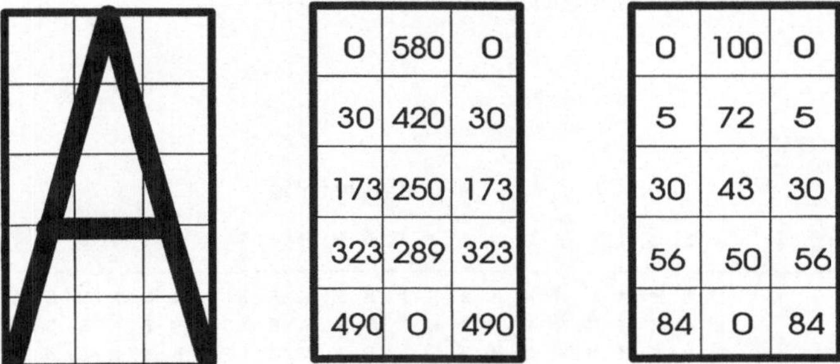

Bild 5: Amplituden-Normierung

Die linguistische Variable "Grauwert-Summe im Segment k", G_k ,k = 1,...,15 erhält drei Terme "hoch", "mittel", "niedrig", die durch Zugehörigkeitsfunktionen μ_{hoch}, μ_{mittel} und $\mu_{niedrig}$ (Bild 6) beschrieben werden.

Der Klassifikator lernt nach Vorgabe der Fuzzy Sets seine Regelbasis an Hand einer Stichprobe. Das Ergebnis ist eine Regelbasis mit 15 Termen des Grauwerts für die 15 Segmente jedes Buchstabens.

Als Aggregationsoperator erwies sich das "Fuzzy And"

$$\mu(Zeichen) \quad = \quad Agg\left(\mu(G_1),...,\mu(G_k)\right) \quad = \quad \gamma * \frac{\min(\mu(G_k)}{k} \quad + \quad \frac{1-\gamma}{15} \sum_{k=1}^{15} \mu(G_k)$$

mit leichter Kompensation, d.h. $\gamma \approx 0.8$ als geeignet.

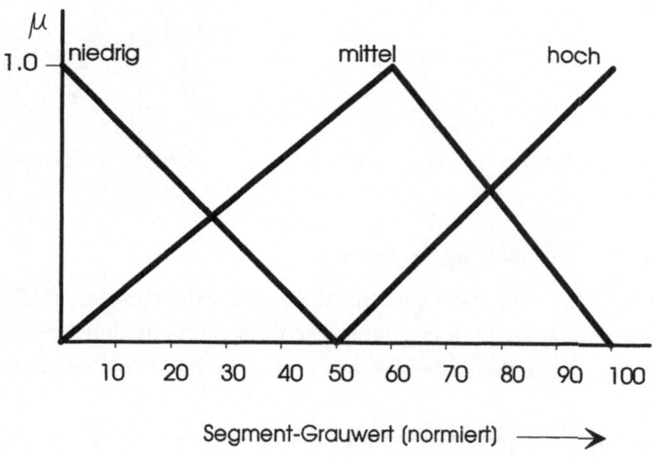

Regelbasis:

Buchstabe

Segment	A	B	C	D	E	F	G	H	I	J	K	L	M	N	O	P	Q	R	S	T	U	V	W	X	Y	Z
1	L	M	M	M	H	M	M	M	M	M	M	M	M	M	M	H	M	H	M	M	M	M	M	M	M	M
2	H	M	H	M	M	H	H	L	H	M	L	L	L	L	M	M	M	M	H	H	L	L	L	L	L	M
3	L	M	M	M	M	M	M	M	M	H	M	L	H	M	M	M	M	L	M	M	M	M	M	M	H	M
4	L	M	M	M	M	L	H	M	M	L	H	M	M	H	M	M	M	M	M	L	M	M	M	L	M	L
5	H	L	L	L	L	M	L	L	H	L	H	L	H	M	L	L	L	M	L	M	L	L	L	M	M	L
6	M	M	L	M	L	L	L	M	M	M	L	L	H	M	M	M	M	M	L	L	M	M	M	M	H	M
7	M	H	M	M	H	L	M	H	M	L	H	M	M	M	M	H	M	H	L	L	M	L	M	L	L	L
8	M	H	L	L	M	H	L	M	H	L	M	L	L	M	L	M	L	H	M	M	L	M	L	H	H	M
9	H	H	L	M	L	M	L	H	M	M	L	L	M	M	M	H	M	L	M	L	M	M	M	M	L	M
10	H	M	M	M	M	L	M	M	M	L	M	M	M	M	M	M	M	M	L	L	M	L	M	M	L	M
11	M	L	L	L	L	M	M	L	H	L	L	L	L	L	L	L	M	M	L	M	L	M	H	M	H	M
12	H	M	L	M	L	L	H	M	M	M	M	L	M	M	M	L	M	L	M	L	M	M	M	L	L	L
13	M	H	M	H	H	L	M	M	M	M	M	M	H	M	M	M	M	M	M	L	M	L	M	M	M	H
14	L	M	M	M	M	M	M	L	H	M	L	M	L	L	M	L	H	L	M	M	M	H	M	L	M	M
15	M	H	H	M	M	L	H	M	H	H	M	M	M	H	H	L	H	M	H	L	H	L	M	M	L	M

L = LOW   M = MEDIUM   H = HIGH

Bild 6: Zugehörigkeitsfunktion "Grauwert" und Regelbasis für Zeichen

2.3 Klassifikationsergebnisse

Bild 7 zeigt das Klassifikationsergebnis für einen ungestörten Buchstaben "P" in Abhängigkeit des Wertes γ des Aggregationsoperators.

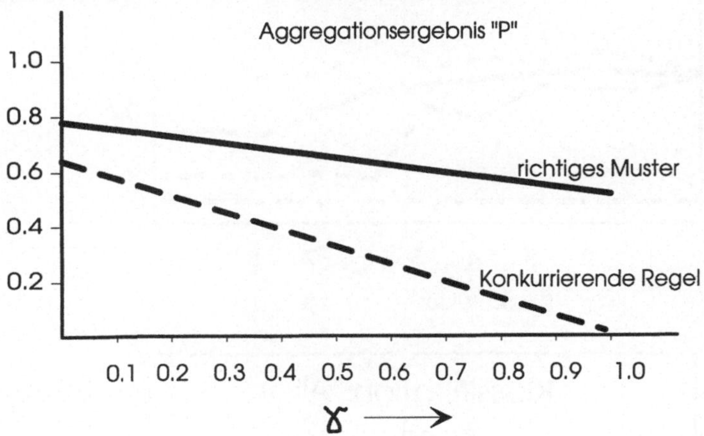

Bild 7: Klassifikation des Buchstaben "P" mit dem Operator "Fuzzy And"

Das Klassifikationsergebnis wird durch das "schlechteste Teilergebnis" der Prämisse bestimmt und liegt typischerweise in der Nähe des Wertes der Schnittpunkte der Zugehörigkeitsfunktionen, d.h. bei etwa 50%. Konkurrierende Zeichen erzielen vernachlässigbare Aggregationsergebnisse. Mit abnehmendem γ werden einzelne Ausreißer stärker kompensiert. Das Aggregationsergebnis steigt, aber auch das konkurrierender Regeln.

Bild 8 zeigt das Klassifikationsergebnis des gestörten Zeichen "A" für unterschiedliche Werte von γ. Zur Störung der Zeichen wird bei Rauschfaktor i in einem Bernoulli-Experiment i*1000 mal hintereinander eins der 100*100 Pixel der Zeichenmatrix invertiert (Bild 9). Bis zu einem mittleren Rauschfaktor zeigt sich keine wesentliche Auswirkung der Störung; auch bei starker Störung werden alle Zeichen sicher erkannt.

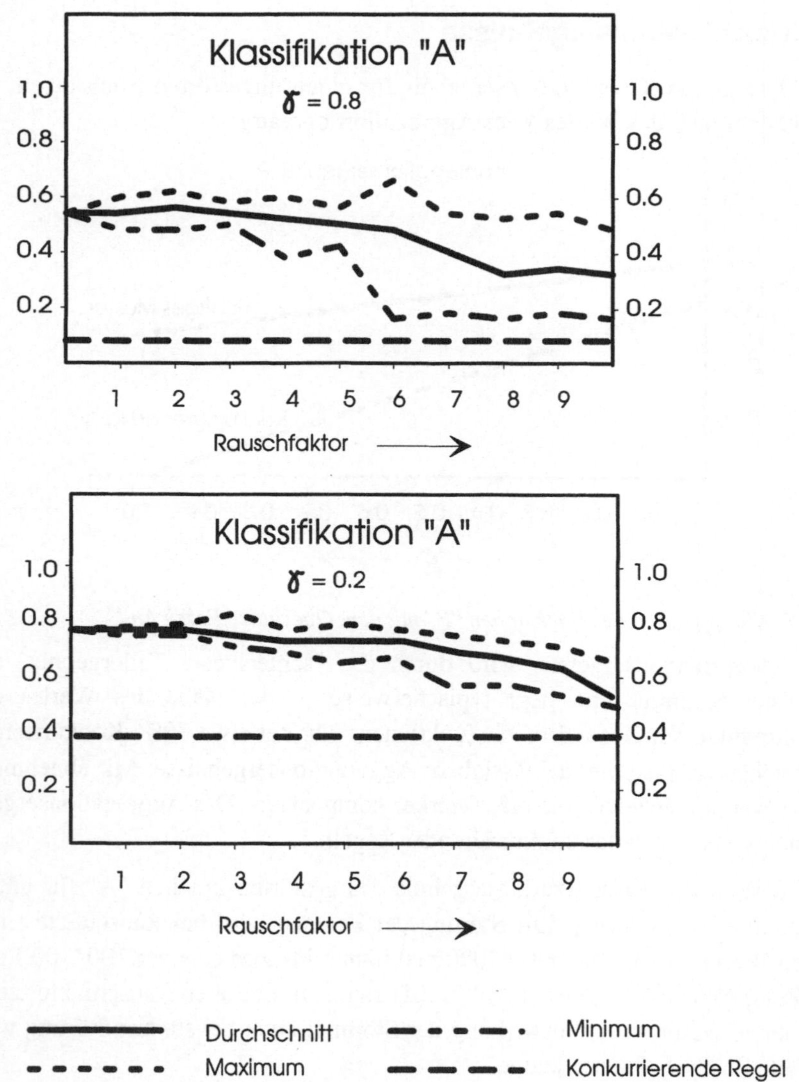

Bild 8: Klassifikationsergebnis für gestörtes Zeichen "A"

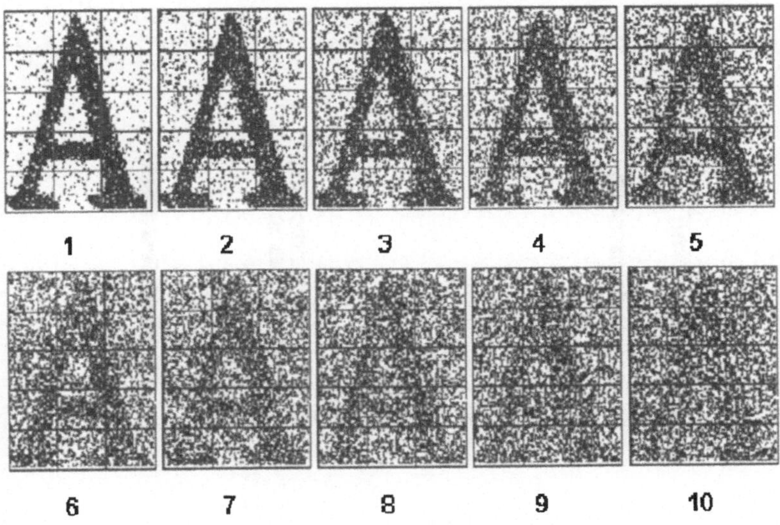

Bild 9: Verrauschte Zeichen A der Rauschfaktoren 1-10

Zur Definition des Klassifikationsergebnisses wird die Güte Q

$$\mathrm{b}Q \;=\; \frac{\mu(Zeichen) - \mu(1.\,Alternative)}{\mu(Zeichen)}$$

definiert. Für Werte 0<Q<1 ist die Klassifikation erfolgreich. Bild 10 zeigt die Klassifikationsergebnisse bei Verwendung einer falschen Regelbasis, z.B. Triplex-Zeichen werden mit einer Sanserif-Regelbasis klassifiziert. Da beide Zeichensätze erhebliche Unterschiede aufweisen, zeigen sich zahlreiche Ausfälle. Läßt man den Klassifikator mit einem gemischten Zeichensatz lernen, reduziert sich die Zahl der Ausfälle drastisch. Bild 10 (unten) zeigt das Klassifikationsergebnis, wenn mit dem arithmetischen Mittelwert der Segmentgrauwerte der zwei Zeichensätze gelernt wird. Eine lückenlose Klassifikation wird erreicht, wenn in den kritischen Regeln gezielt die widersprüchlichen Terme eliminiert werden.

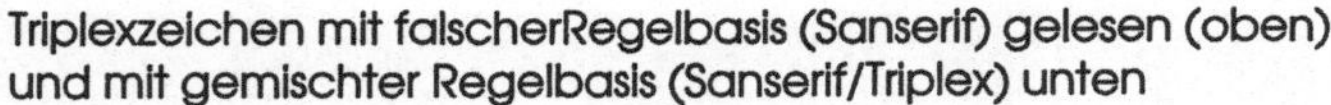

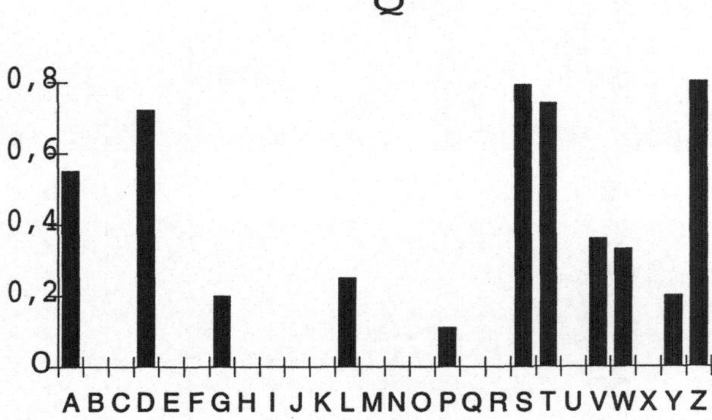

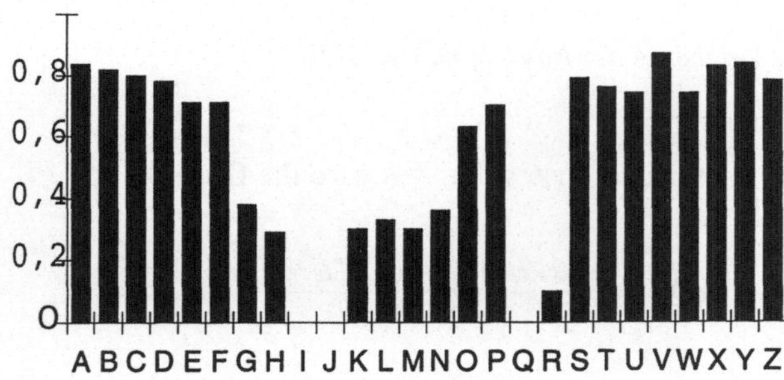

Bild 10: Klassifikations-Güte Q

3. Chromosomen-Klassifikation

3.1 Aufgabenstellung

Die in Abschnitt 2 beschriebene Methodik wird auf das Problem der paarweisen
Zuordnung von Chromosomen übertragen.

In der Phase der Zellteilung (Mitose) werden Chromosomen mikroskopisch
erfaßt, fotographiert, vergrößert, ausgeschnitten und sortiert. Es entsteht als
Ergebnis das Karyogramm, die paarweise Zuordnung der Chromosomen. Der
gesamte Arbeitsablauf wird in der Regel von medizinischem Hilfspersonal

durchgeführt; das Karyogramm ist die Arbeitsgrundlage des befundenden Mediziners zur Ermittlung genetischer Defekte. Der manuelle und zeitaufwendige Vorgang der paarweisen Zuordnung soll automatisiert werden.

Chromosomen weisen eine charakteristische Schwarz-Weiß-Struktur (Banden) auf (Bild 11), die Merkmale für eine Zuordnung mit Fuzzy Sets liefern. Ausgewertet wird neben der Chromosomengröße diese Grauwert-Struktur (256 Grauwertstufen) der Chromosomen.

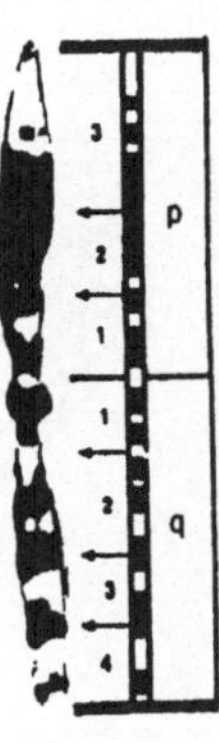

Bild 11: Mitose und charkteristische Bandenstruktur

Der Klassifikationsprozeß erfordert eine aufwendigere Bildvorverarbeitung:

- Bildsegmentierung

- Objektnummerierung mit Unterdrückung irrelevanter Teile
  In der Aufnahme können andere Zellbestandteile vorhanden sein, die vor der Auswertung zu eliminieren sind.

- Trennung überlagerter Chromosomen durch "Aufschneiden"

- Skelettierung und Entzerrung
  Es wird die Mittellinie der Chromosomen ermittelt. Verdrehte Chromosomen werden gestreckt um eine vergleichbare lineare Struktur zu erhalten.

- Grauwertberechnung
  Entlang der Skelettlinie wird der Mittelwert des Grauwertes berechnet.

Hierzu wird der Grauwert im Pixelabstand orthogonal zur Skelettlinie durch bilineare Interpolation berechnet und gemittelt.

- Grauwert-Normierung
  Die Grauwert-Mittelwerte schwanken bei Chromosomenpaaren beträchtlich. Es werden daher die Grauwerte auf den Mittelwert normiert.

Als Ergebnis der Vorverarbeitung wird ein gestrecktes Chromosom erzeugt mit einem Grauwertverlauf entsprechend Bild 12.

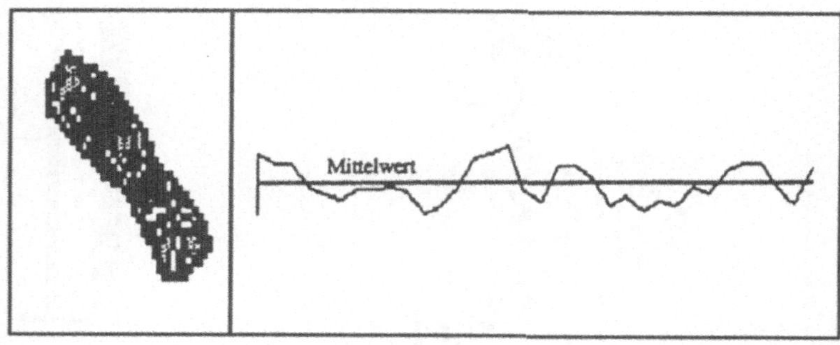

Bild 12: Chromosom und Grauwertverlauf nach Bildverarbeitung

3.2 Klassifikation

Für den Klassifikationsprozeß wird ein Parametervektor mit 10 Elementen - Fläche und 9 Grauwerte - herangezogen. Der Klassifikationsprozeß ist bei dieser Anwendung kein Vergleich gegen ein gelerntes Muster, sondern der Vergleich aller Chromosomen untereinander. Zur Verkürzung des Verfahrens wird die Größe (Fläche) zur Vorsortierung verwendet: verglichen werden nur Chromosomen deren Flächen um weniger als 20% abweichen.

Der Sortierprozeß verläuft wie folgt:

- Vergleich jedes Chromosoms mit jedem und Partnerwahl entsprechend der größten Ähnlichkeit

- Paarweise Zuordnung von Chromosomen mit gegenseitiger Partnerwahl

- Eliminierung gefundener Paare und erneute paarweise Zuordnung der Restmenge

Für das jeweils als Referenz gewählte Chromosom, mit dem alle anderen verglichen werden, werden Fuzzy Sets definiert. Die trapezförmigen Fuzzy Sets der Grauwerte sind selbst Funktionen der Grauwerte: Core- und Support-Breite sind proportional zum Grauwert (Bild 13); die Proportionalitätsfaktoren entsprechen der beobachteten Unsicherheit bei der Grauwert-Ermittlung; sie wurden empirisch adaptiert.

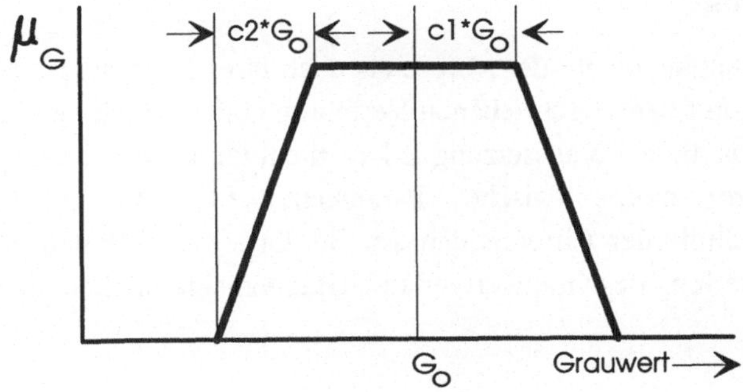

Bild 13: Unscharfe Definition des Grauwerts bei der Chromosomen-Klassifikation

Um die Übereinstimmung der Grauwerte ("Grauwert i des Referenz-Chromosoms entspricht dem Grauwert i des Vergleichs-Chromosoms") zu bewerten, werden in gleicher Weise Fuzzy Sets für die Grauwerte der Vergleichs-Chromosomen erstellt. Als Übereinstimmungsmaß c_i zweier Grauwerte $G_{i,\text{Referenz}}$ und $G_{i,\text{Vergleich}}$ gilt:

$$c_i \;=\; \max\left\{ \underset{G}{\min} \; (\mu_{i,\text{Referenz}} \cdot \mu_{i,\text{Vergleich}}) \right\}$$

(Bild 14). Die Maßzahlen c_i werden mit Hilfe des Fuzzy-And-Operators aggregiert. γ wird für eine mittlere Kompensation eingestellt.

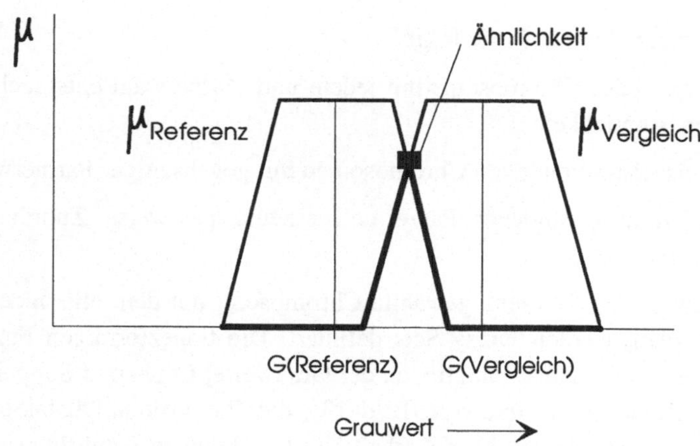

Bild 14: Grauwertvergleich bei zwei Chromosomen

3.3 Ausblick

Bei guter Qualität sowohl der Mitose als auch ihrer fotographischen Erfassung erreicht man mit dem beschriebenen Verfahren eine zuverlässige Karyogramm-Erstellung. Da diese Voraussetzung jedoch nicht immer gegeben ist, werden zur Zeit weitere morphologische Parameter, z.B. der Centromer-Index (Längenverhältnis der Chromatiden am Berührungspunkt) und eine differenziertere Bewertung des Grauwertverlaufs (Banden sind unterschiedlich typisch) untersucht.

Literatur

[1]   Zimmermann: Fuzzy Sets in Pattern Recognition
      in : Devijver, Kitttler (Hrsg.) :Pattern Recognition Theory and Applications, 1987

[2]   Chatterji: Character Recognition Using Fuzzy Similarity Relations
      in : Gupta, Sanchez (Hrsg) : Approximate Reasoning in Decision Analyses, 1982

[3]   Bezdek: Pattern Recognition with Fuzzy Objective Function Algorithms
      Plenum Press, New York, 1981

Akzeleratorunterstützte Fuzzy-Klassifikation zur Echtzeit-Prozeßüberwachung

**U. Priber, H. Franke, G. Ruhnau,
D. Müller, K. Eichhorn, P. Schlegel**

Kurzfassung

Die Überwachung von Prozessen, für die kein vollständiges exaktes mathematisches Modell verfügbar ist, kann unter Verwendung eines Grobmodells mittels Fuzzy-Klassifikation erfolgen. Grundlage dafür sind geeignete Merkmale, die direkt oder indirekt Informationen über den interessierenden Prozeßzustand enthalten. Durch die Benutzung von fuzzy sets können Unsicherheiten in der Modellstruktur und in den auszuwertenden Meßsignalen berücksichtigt werden. Für einen Einsatz in der Echtzeitüberwachung wird ein Akzeleratorsystem auf der Basis programmierbarer Gate Arrays vorgestellt, mit dem eine zeitkritische Anwendung eines online-Beratungssystems ermöglicht wird. Anwendungsgebiete und Einsatzfälle werden kurz dargestellt.

Abstract

Monitoring of processes can not be described by a complete and exact mathematic model in any case. These supervision tasks can be simply modelled via fuzzy pattern classification. The approach bases on appropriate features embodying mediate or immediate information on the process status to be monitored. Applying fuzzy sets uncertainty in the model structure as well as in the measuring signals to be analysed can be considered. An accelerator system basing on programable gate arrays is used for real-time monitoring. The system introduced enables a rapid reaction of the on-line decision support system. Ranges of application and examples of utilization are briefly presented.

1. Einleitung

Bei der Überwachung komplexer Prozesse gibt es neben der genauen Kontrolle detailliert definierter Betriebszustände oftmals Aufgaben, für deren Lösung kein exaktes (physikalisches) Modell zur Verfügung steht. Das ist dann der Fall, wenn die Prozeßbewertung auf indirekten Meßgrößen (z.B. Körperschall) aufbauen muß, deren kausaler Zusammenhang mit der Überwachungsaufgabe zwar bekannt ist bzw. vermutet wird, eine mathematische Beschreibung dafür aber nicht vorliegt. In der Praxis werden solche Probleme oft von erfahrenem Betriebspersonal manuell bewältigt.

Die dabei implizit zur Lösung verwendeten phänomenologisch orientierten Modelle (Regeln) enthalten Fuzziness im Sinne von Modellvergröberung und Unsicherheiten und können unter bestimmten Bedingungen durch ein Klassenmodell auf der Basis von fuzzy sets unter Verwendung von geeigneten Merkmalen mathematisch ausreichend beschrieben werden.

Die durch experimentelle Daten gestützte Lernphase liefert ein relativ einfaches Modell, das auch in für den Menschen zeitkritischen Situationen eingesetzt werden kann, wenn sich der dazu erforderliche Algorithmus in geeigneter Hard- und Software implementieren läßt.

Die Methode der Fuzzy-Klassifikation (Fuzzy Pattern Classification - FPC) und das dafür entwickelte Softwaresystem FUCS (Fuzzy Classification System) werden beschrieben. Außerdem wird ein Akzeleratorsystem vorgestellt, das einen Fuzzy-Klassifikator mittels ASIC in Form von programmierbaren Gate Arrays realisiert.

In Verbindung mit einer Optimierung des Algorithmus wird damit im Vergleich zum PC in etwa eine Beschleunigung um den Faktor 1000 erzielt. Für eine praktische Anwendung muß diese Lösung durch problembezogene, gleichermaßen echtzeitfähige Hard- und Software zur Merkmalsbildung und zur Verwertung des Klassifikationsergebnisses ergänzt werden. Einige bereits bearbeitete Anwendungsgebiete der FPC und Einsatzfälle werden kurz beschrieben.

2. Fuzzy-Klassifikation

Für Probleme der Diagnose und Prozeßüberwachung ist es meist nicht möglich oder viel zu aufwendig, ein vollständiges, physikalisch begründetes Modell des betrachteten Systems zu verwenden. Dies gilt insbesondere dann, wenn es sich um nichtlineare, komplexe Systeme handelt. Als sinnvolle Alternative wird die Modellierung durch ein Grobmodell zur Unterscheidung relativ weniger typischer Situationen vorgeschlagen. Dieses Klassifikationsmodell bettet sich ein in eine Wirkungskette, die einerseits aus Sensoren für die zu verarbeitenden Meßsignale und Modulen zur Merkmalsbildung für den Input des Klassifikators und andererseits aus Entscheidungsmodulen einschließlich möglicher Aktoren am Output des Klassifikators besteht.

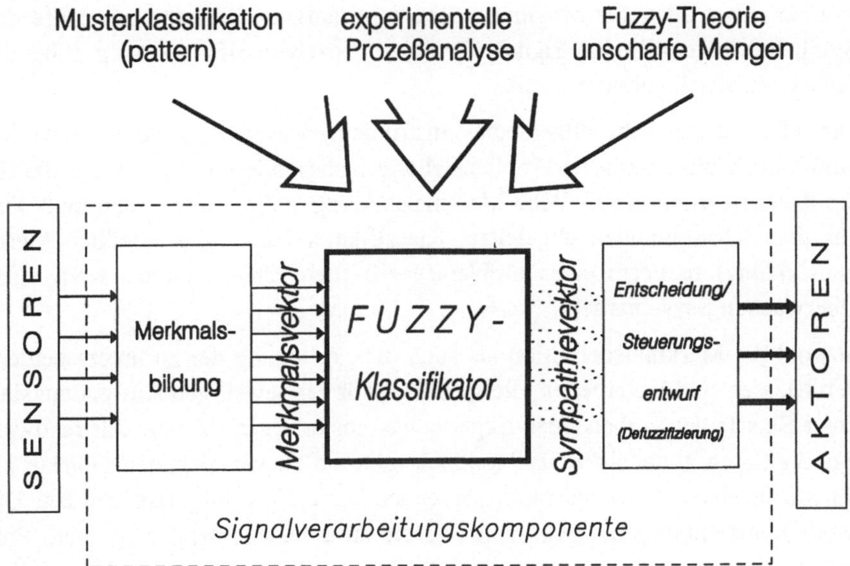

Abb.1: Fuzzy-Klassifikation als Teil eines Überwachungssystems

Die Methode der Fuzzy-Klassifikation verbindet die Musterklassifikation (pattern recognition) und die mathematische Beschreibung von Unsicherheiten durch unscharfe Mengen (fuzzy sets) zu einer besonderen Modellform. Diese ist geeignet, auf der Basis der experimentellen Prozeßanalyse die Lösung von Problemen insbesondere auf dem Gebiet der Diagnose und Überwachung, aber auch bei bestimmten Steuerungsaufgaben zu unterstützen. Auf den besonderen Bezug zur pattern recognition wird im folgenden nicht ständig erneut hingewiesen, Fuzzy-Klassifikation (FPC) ist aber stets in diesem Sinne gemeint.

Zur mathematischen Beschreibung des Klassenmodells werden fuzzy sets verwendet. Auf diese Weise können Unsicherheiten in den Daten wie in der Modellstruktur erfaßt werden [1,2]. Eine Konsequenz dieser Modellform ist die Form des Ergebnisses, ein sogenannter Sympathievektor. Jede Komponente dieses Vektors (Zahl zwischen 0 und 1) beschreibt den "Wahrheitswert" der Aussage, daß eine bestimmte Klasse vorliegt, d.h. der Prozeß sich in der entsprechenden Situation befindet.

Für Diagnose- und Überwachungsaufgaben kann aus diesem Ergebnis heraus eine spezielle Entscheidung, z.B. über den Abbruch im Fehlerfall o.ä., getroffen werden. Aber auch für bestimmte Steuerungsaufgaben können mit Hilfe des Sympathievektors direkte Signale für einen Prozeßeingriff (Aktor) gegebenenfalls automatisch gebildet werden.

Die FPC ist ein sehr allgemeines Instrument, weshalb zu ihrer sinnvollen Anwendung die praktische Problemstellung insbesondere mit Blick auf die für die Klassifikation erforderliche Merkmalsbildung aufbereitet werden muß. Der aus dem Klassenmodell abgeleitete Klassifikator kann (einschließlich Merkmalsbildung) in Form eines problemspezifischen Einsatzsystems Kern eines Überwachungssystems sein.

Sowohl die Merkmalsdefinition als auch die Festlegung der zu unterscheidenden Klassen sind Vorarbeiten, die spezifisch für den jeweiligen Anwendungsfall unter Einsatz des vorhandenen Expertenwissens erfolgen müssen. Als reellwertige Vektoren können die als Merkmalsvektoren zu verstehenden Objekte als Punkte in einem Merkmalsraum passender Dimension aufgefaßt werden. Die Modellvorstellung geht davon aus, daß die zu unterscheidenden (groben) Prozeßsituationen durch die Lage der Objekte im Merkmalsraum als räumlich (unscharf) begrenzte Gebiete (Klassen) beschrieben werden können.

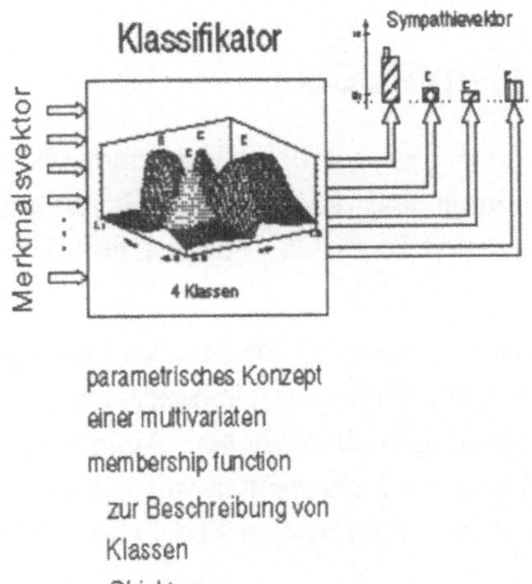

Abb. 2: Schema des Klassenmodells

Der Modellentwurf erfolgt in einer Lernphase. In Abb. 2 wird für den Fall von 2 Merkmalen und 4 Klassen das Klassenmodell und eine mögliche Form des Sympathievektors veranschaulicht.

Für die Zugehörigkeitsfunktionen wird ein parametrisches Konzept verwendet, das auf einer verallgemeinerten Potentialfunktion basiert. In der Arbeitsphase beantwortet der Output des Klassifikators, Sympathievektor genannt, die Frage nach der Klassenzuordnung des am Eingang vorliegenden Objekts (Input). Jede Komponente dieses Vektors (Sympathiewert) ist der "Wahrheitwert" dafür, daß der Input die durch das Modell erfaßten Eigenschaften der entsprechenden Klasse erfüllt. Dabei sind eindeutige oder auch mehr oder weniger mehrdeutige Klassenzuordnungen bis hin zu Ablehnungen durch alle Klassen prinzipiell möglich.

Der anwendungsbezogene Erfolg, der mit solch einem Modell erzielt werden kann, hängt in starkem Maße von den verwendeten Merkmalen und der Signifikanz und Relevanz der Lerninformation (in Abhängigkeit von dem eingebrachten Expertenwissen), aber auch von der Entwurfsstrategie bei der Modellbildung ab.

3. Programmsystem FUCS

Für den Entwurf und die Erprobung des Klassenmodells, also relativ unabhängig von Merkmalsbildung und Entscheidung/Steuerungsentwurf, wurde in Chemnitz das Programmsystem FUCS (Fuzzy Classification System) entwickelt.

Voraussetzung für dessen Einsatz ist die anwendungsspezifische Festlegung von Merkmalen, die aus der Sicht von Fachexperten geeignet erscheinen, die angestrebte Klasseneinteilung zu ermöglichen. Außerdem sind eine ausreichende Anzahl von Lernobjekten (Experimenten mit bekannter Klassenzuordnung) erforderlich, die als Datensatz dem System FUCS zur Verfügung stehen.

Mit weiteren Angaben, wie z.B. über die Größe der elementaren Unschärfe, kann ein Klassenmodell im obigen Sinn berechnet werden. Von besonderer Bedeutung ist dabei die Möglichkeit, die hinsichtlich der gewählten Klassenstruktur am besten geeigneten Merkmale aus dem möglicherweise größeren Angebot zu extrahieren. Da die Anforderungen an die Lernobjektanzahl mit steigender Merkmalsanzahl prinzipiell wachsen, ist eine Optimierung der Merkmalsbasis des Klassenmodells sehr wichtig [5].

In der Arbeitsphase, d.h. beim Einsatz des Klassifikators, ist dagegen im Normalfall (in Abhängigkeit von der Realisierung der Merkmalsbildung) online-Betrieb möglich. Das erfolgt durch Einbau des Klassifikators in ein Einsatzsystem, das zusätzlich die Komponenten zur Anbindung von Sensoren und Aktoren enthält.

In Abb. 3 ist die Arbeit mit dem System FUCS schematisch dargestellt. Nach der (erfolgreichen) "Umschaltung" auf die Arbeitsphase kann dann dieser Zweig eigenständig arbeiten und in ein entsprechendes Einsatzsystem implementiert werden. Das Programm μ-FUCS demonstriert die Arbeitsweise eines Einsatzsystems (grafisch unterstützt). Mit ihm ist aber auch ein vereinfachter Klassifikatorentwurf möglich und es enthält außerdem einige weitere Funktionen (wie z.B. Adaption). Es ist für MSDOS-PC in Turbo-Pascal programmiert und für Klassifikatoren mit bis zu 255 Merkmalen und 255 Klassen ausgelegt.

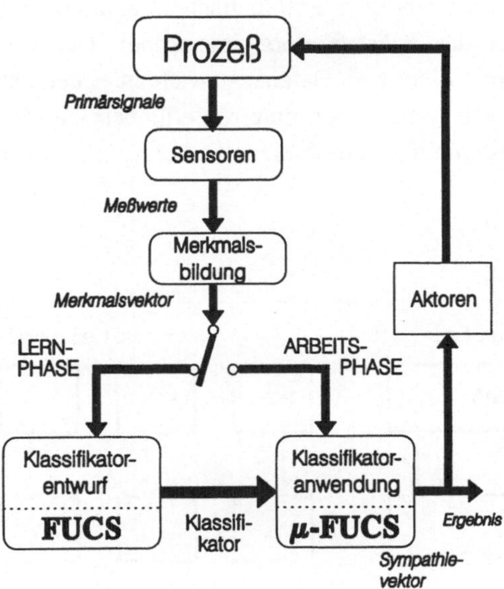

Abb. 3: Fuzzy-Klassifikation mit FUCS

4. Akzeleratorsystem

Beim praktischen Einsatz der FPC wird schnell ein entscheidender Nachteil der bisher verwendeten Softwaresysteme offenkundig: Sie erreichen die erforderliche Geschwindigkeit in den meisten Fällen nur in Verbindung mit hochleistungsfähiger Rechentechnik (Workstations, Parallelrechner). Die daraus resultierenden hohen Investitionskosten, aber auch die Größe derartiger Systeme haben eine breite Anwendung der FPC bislang verhindert.

Anwendungsspezifische integrierte Schaltungen (ASICs) bieten inzwischen eine zeitgemäße Alternative. Sie erlauben die allgemein bekannten Vorzüge mikroelektronischer Baulemente (kleine Abmessungen, Kosten, Energiebedarf und hohe Zuverlässigkeit) für eine konkrete Anwendung wirksam werden zu lassen. In diesem Sinne wurde ein System zur schnellen FPC mit ASICs konzipiert.

Der Systemüberblick (Abb. 4) des FPC-Akzelerators zeigt die zwei wesentlichen Bestandteile. In einer Verarbeitungseinheit sind die zur Berechnung von

Sympathiewerten notwendigen arithmetischen Komponenten sowie Speicher
für die Parameter des Klassifikators angeordnet. Der weiterhin vorhandene
Schnittstellenadapter dient zum Datenaustausch zwischen der Verarbeitungseinheit und dem Einsatzsystem. Den unterschiedlichen Geschwindigkeiten beider
letztgenannter Systeme wird durch einen Pufferspeicher im Interface Rechnung
getragen.

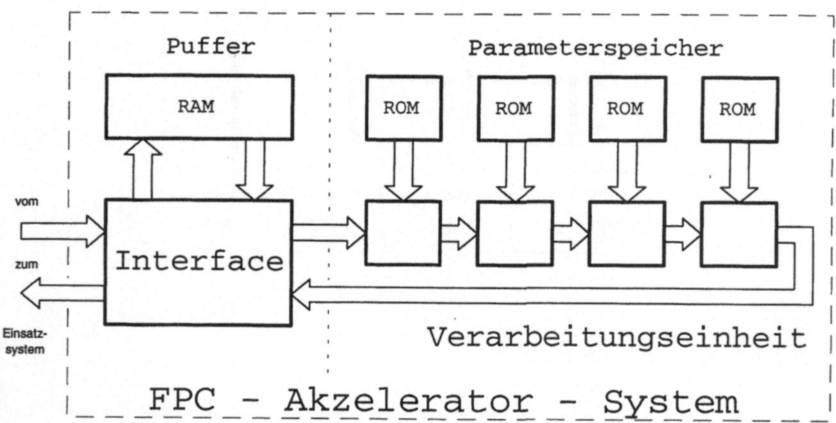

Abb. 4: Systemkonzept eines FPC-Akzelerators

Im gewählten Systemkonzept wirken mehrere Beschleunigungsansätze zusammen, die zu einer hochparallelen Verarbeitung führen. Damit wird gegenüber
einer funktionell adäquaten Softwarelösung auf einem PC eine Geschwindig-
keitssteigerung um ca. drei Größenordnungen erzielt.

Für die Realisierung eines Akzelerator-Prototyps wurde auf programmierbare
Gate Arrays (FPGAs) zurückgegriffen. Sie sind anwenderprogrammierbar und
daher zum Rapid-Prototyping gut geeignet. Diesen Vorteilen steht allerdings
eine im Vergleich zu maskenprogrammierten ASICs stark limitierte Zahl nutz-
barer interner Logikblöcke gegenüber. Für das erste Muster des FPC-Akzelerators mußte demnach ein Kompromiß zwischen Leistung und Aufwand gefunden
werden, der sich in den folgenden Daten widerspiegelt:

- Wortbreite 16 Bit, Festkommaformat,

- 2 * 4 kWorte Pufferspeicher (maximal 2048 Klassen oder Merkmale),

- ca. 2 Mbit Parameterspeicher (Produkt von Klassen und Merkmale <=16384),

- Pipelinetaktfrequenz maximal 5 MHz;

erreicht mit

- 3 FPGA (LCA XC3090),

- 14 SRAM-Schaltkreisen.

Als erstes Zielsystem für den FPC-Prototyp wurde ein PC-AT bestimmt. Der Akzelerator ist auf einer PC-Einsteckkarte aufgebaut und die Schnittstelle mit einem AT-Bus-Interface ausgerüstet. Diese Version ermöglicht es, Erfahrungen bei der beschleunigten Fuzzy-Pattern-Classification im Zusammenspiel mit der vorhandenen Software zu sammeln, wobei die nutzbare Beschleunigung durch die Arbeitsgeschwindigkeit des PC-Busses begrenzt wird. Die volle Leistungsfähigkeit des FPC-Akzelerators wird erst bei schnelleren Bussystemen oder direkt in Signalverarbeitungseinrichtungen (z.B. Sensorsystemen) mit einem weitgehend kontinuierlichen Datenfluß erreichbar. Dabei ist stets das Verhältnis von Klassen und Merkmalen (Datenrate; Abb. 5) für die Effizienz entscheidend. Da die Taktfrequenz des Akzelerators unterhalb des Maximalwertes beliebig sein kann, ist in diesem Bereich eine optimale Anpassung an das umgebende System möglich. Durch verschiedene austauschbare Schnittstellenadapter ist die Verarbeitungseinheit flexibel einsetzbar.

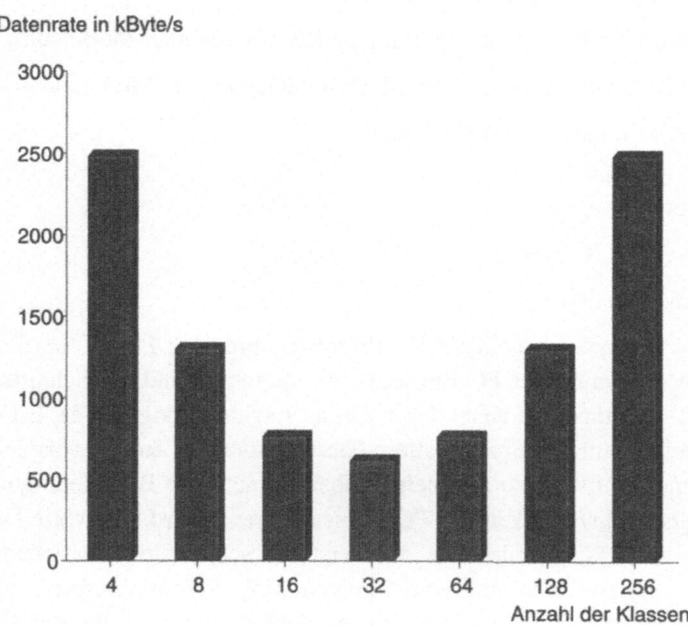

Abb. 5: Datenrate zwischen Akzelerator und Einsatzsystem (Produkt von Klassen und Merkmalen gleich 1024)

5. Anwendungsgebiete

Das Hauptanwendungsgebiet der FPC liegt auf dem Gebiet der Diagnose, Fehlererkennung usw. Erste erfolgreiche Anwendungen der vorgestellten Klassifikationsmethode lagen auf dem Gebiet der medizinischen Diagnose, speziell bei der Erkennung von Brustkrebs auf der Basis von manuellen Auswertungen von Röntgenaufnahmen [3]. Aber auch für die Überwachung von technischen Prozessen sowie bei der Qualitätskontrolle in verschiedenen Bereichen konnte in der Vergangenheit diese Methode eingesetzt werden [4].

Übersicht zu Anwendungsfällen der FPC:

- Verschleißdiagnose an Tragrollen von Tagebaufördergeräten (82-89)

- Beratungssystem zur Brustkrebsdiagnose   (83-85)

- Prozeßüberwachung beim Bohren, Drehen und Fräsen   (84-91)

- Qualitätskontrolle in der Gefrierschrankproduktion   (85-89)

- Qualitätskontrolle beim MAG-Schweißen   (86-90)

- Dieselmotorenfehlerdiagnose bei Landmaschinen   (85-89)

- Qualitätskontrolle bei speziellen Transistoren   (88-90)

- Walzscheibendiagnose   (89-91)

- Oberflächenprüfung an polierten Werkstücken   (90-92)

- operationsbegleitende Kontrolle für Anästhesiedaten   (90-92)

Die nebenstehende Liste gibt einen Überblick über die wichtigsten bisherigen Einsatzfälle. Es ist an dieser Stelle darauf hinzuweisen, daß die erzielten Ergebnisse in jedem Falle nur durch eine enge Zusammenarbeit der Fachleute des jeweiligen Anwendungsfeldes mit den Entwicklern und Betreibern des FUCS-Systems möglich waren. Die Fuzzy-Klassifikation ist also nicht als "Universallösung", sondern als flexibel einsetzbares Werkzeug zu betrachten.

Als Beispiel sei die Überwachung des Verschleißzustandes von Werkzeugen bei der automatisierten Fertigung (Drehen, Bohren, Fräsen) genannt, die prozeßbegleitend ohne direkten Eingriff in den Produktionsablauf erfolgen soll. Ein erfahrener Bediener einer Werkzeugmaschine ist in der Lage, den Verschleißzustand des Werkzeuges aus dem Betriebsgeräusch der Maschine herauszuhören. Diese Tatsache war der Ansatzpunkt für die Benutzung von Merkmalen, die aus dem Schwingungsverhalten gebildet werden. Es wurden aus Körperschallsignalen, die an der Werkzeugmaschine (möglichst nahe am Zerspannungsort) gemessen wurden, mittels Spektralanalyse Merkmale für einen Klassifikator zur Erkennung des Verschleißes gewonnen. In zahlreichen Versuchsreihen konnte gezeigt werden, daß sich der Werkzeugverschleiß mittels Körperschallmessung durch Fuzzy-Klassifikation erkennen läßt.

Für die Notwendigkeit des Einsatzes sehr schneller FPC-Algorithmen kann die Oberflächenprüfung bei polierten Werkstückoberflächen im Produktionsprozeß als Beispiel dienen [6]. Auf der Grundlage eines Sensors zur Messung des rückgestreuten bzw. gebeugten Lichtes eines Halbleiterlasers (Entwicklung durch Robert Bosch GmbH) wurde mit Mitteln der digitalen Bildverarbeitung und unter Einsatz des Programmsystems FUCS eine Lösung für ein Beratungssystem erarbeitet, die für den Einsatz im online-Betrieb in einer automatisierten Fertigungslinie geeignet ist. Dabei wird der Klassifikator zur Bildanalyse verwendet. Die lokale Klassifikation jedes einzelnen Bildpunktes ermöglicht einfache Varianten der globalen Flächenbewertung. Die Auswertung der rasterförmig abgescannten Oberfläche im Produktionstakt erfordert allerding sehr hohe Verarbeitungsraten, die nur durch den Einsatz eines Akzelerators denkbar sind.

Literatur

[1]   Bocklisch, St.: Prozeßanalyse mit unscharfen Verfahren
       Verlag Technik Berlin 1987

[2]   Bocklisch, St.; Orlovski, S.; Peschel, M.; Nishiwaki,Y. (Hrsg.): Fuzzy Sets
       Applications, Methodological Approaches and Results
       Akademie-Verlag Berlin 1986

[3]   Bocklisch, St.; Kunzelmann, F.; Schüler, W.; DIDIMA - ein medizinisches
       Expertensystem mit unscharfem Systemkonzept
       In: Schriftenreihe Information/Dokumentation, TH Ilmenau 1985, Heft 66,
       S. 180-188

[4]   Bocklisch, St.; Meltzer, G.; Erfahrungen mit dem Einsatz von Diagnose-
       und Überwachungssystemen bei Förderanlagen und Werkzeugmaschinen
       In: Beiträge zur Maschinen- und Anlagendiagnostik II, Institut für
       Mechanik, Karl-Marx-Stadt (Chemnitz) 1987, Report Nr. 1, S. 4-15

[5]   Priber, U.: Ein Verfahren zur Merkmalsreduktion für unscharfe Klassifika-
       toren
       Diss. A, TH Karl-Marx-Stadt (Chemnitz) 1989

[6]   Priber, U.: Oberflächenprüfung mittels Beugungslichtsensor und unschar-
       fer Klassifikation.
       7. Tagung "Meßinformationssysteme", TU Chemnitz 1991

Wissensbasierter Analytischer Regler im ABB-Kraftwerksleitsystem

J.-U. Müller, H. Rehbein

Kurzfassung

Der Wissensbasierte Analytische Regler WAR basiert auf einer Methode, die der Fuzzy-Technologie verwandt ist. Wie der Fuzzy-Regler arbeitet auch der WAR mit heuristischem Wissen, ebenso wird die Stellgröße durch Steuerregeln bestimmt. Im Gegensatz zu Fuzzy-Reglern treten an die Stelle von Zugehörigkeitsfunktionen für den Anwender transparente Normierungs- und Denormierungsfunktionen.

Die Inferenz der einzelnen Steuerregeln erfolgt durch Ausgleichsfunktionen, die auch unerwünschte Stellwertsprünge verhindern.

Der WAR ist als Funktionsbaustein im Prozeßleitsystem Procontrol P in einem Standard-Verarbeitungsgerät realisiert.

Er wird für besonders komplexe Regelaufgaben eingesetzt, die mit klassischen Methoden nicht oder nur mit unverhältnismäßig hohem Aufwand gelöst werden können. Der WAR kann dabei mit PI/PID-Regelbausteinen kombiniert eingesetzt werden.

Erste positive Erfahrungen in der Rauchgasentstickungsanlage eines süddeutschen Kraftwerks zeigen die große Leistungsfähigkeit und die leichte Handhabung dieser neuen Methode.

1. Wissensbasierte Systeme

Das Wissen über den Prozeß und die Kenntnis seiner Eigenschaften sind die wichtigsten Grundlagen für eine erfolgreiche Automatisierung. Indem jede Steuerung und Regelung dazu dient, vorgesehene Prozeßzustände zu erreichen und einzuhalten, spielt die Berücksichtigung der Einflüsse aus dem Prozeßumfeld eine wichtige Rolle für den Entwurf. Solche Wirkungen lassen sich jedoch oft nur schwer mathematisch hinreichend genau beschreiben. Es tritt insbesondere dann ein Informationsdefizit für die Steuerung und Regelung ein, wenn Einflußgrößen nicht meßbar sind. Einbußen in der Qualität der Prozeßführung treten durch Effektivitätsverluste bzw. erhöhte Kosten in Erscheinung. Wissensbasierte Verfahren für die Steuerung und Regelung bieten gegenüber starren Algorithmen Vorteile wie

- Berücksichtigung auch von nicht meßbaren Prozeßeinflüssen, wenn sie durch anderweitige Beobachtung bewertbar sind

- Stellgrößen können für ausgewählte Arbeitspunkte frei vorgegeben werden

- Verarbeitung eines größeren Informationsumfangs für die Stellgrößenermittlung.

Nachdem zunächst datenbankorientierte Expertensysteme für den Einsatz wissensbasierter Systeme in der Prozeßautomation genutzt wurden, hat in den letzten Jahren die Fuzzy-Set-Theorie als Verfahrensgrundlage für den Reglerentwurf Verbreitung gefunden.

Der erreichte Stand beim Einsatz von Fuzzy-Control in den Regelungssystemen ist dokumentiert in Exponaten verschiedener Leittechnikhersteller auf der INTERKAMA `92 [1] sowie in einer Anzahl von verschiedenen Publikationen. Er ist im wesentlichen gekennzeichnet durch folgende Merkmale:

- Der Fuzzy-Controller dient zur Parameteradaption bzw. Sollwertkorrektur eines PI-Reglers

- Er wird als Regler verwendet, wenn ein Prozeß dynamisch unkompliziert ist bzw. sich "gutartig" gegenüber schnellen Stellgrößenänderungen verhält.

Treten dynamische Anforderungen an das Regelkreisverhalten in den Vordergrund, so ist eine relativ genaue Anpassung an die Prozeßdynamik erforderlich.

Jedoch bereitet es erhebliche Schwierigkeiten, den großen Entwurfsfreiraum von Fuzzy-Control zielgerichtet zu nutzen:

- Zuordnung zwischen linguistischen und physikalischen Werten mit Auswahl der Kurvenform für die Zugehörigkeitsfunktionen,

- Aufstellen der Steuerregeln,

- Auswahl der Fuzzy-Operatoren aus einer Reihe von Varianten,

- Auswahl einer Inferenzmethode,

- Auswahl einer Defuzzifizierungsmethode.

Ziel der Entwicklung des in diesem Beitrag vorgestellten Wissensbasierten Analytischen Regelverfahrens WAR war es, wichtige Vorteile von Fuzzy-Control zu erhalten und gleichzeitig eine einfache und sichere Handhabung bei Entwurf und Parameteroptimierung zu gewährleisten.

Das WAR-Verfahren wurde bisher für verschiedene Prozeßregelungen angewendet. Die erwarteten Eigenschaften haben sich bestätigt.

In der Kraftwerkstechnik bzw. in den zugeordneten Umweltschutzanlagen bestehen z. T. komplizierte und anspruchsvolle Regelaufgaben. Durch den Einsatz des WAR-Reglers für die Entstickung der Rauchgase eines Kraftwerks wurde eindrucksvoll nachgewiesen, daß bedeutende ökonomische und ökologische Nutzeffekte erreichbar sind.

Zwischenzeitlich erfolgte die Produktisierung des WAR-Regelverfahrens im Kraftwerksleitsystem Procontrol P.

2. Wissenbasierter Analytischer Regler WAR

Die Wissensbasis wird als Steuerregelwerk abgelegt, wobei jede Steuerregel für ausgewählte Prozeßzustände gilt.

Wie bei Fuzzy-Control werden den Reglereingangs- und -ausgangsgrößen linguistische Werte zugeordnet. Das bietet vor allen Dingen Vorteile für die Verarbeitung nicht physikalischer bewerteter Größen bzw. Kennwerte (z.B. aus Expertenbefragung).

Dafür benutzt das WAR-Verfahren für jede Eingangsgröße eine Normierungsfunktion (z.B. wie in Bild 1 dargestellt) und für die Ausgangsgröße eine Denormierungsfunktion.

Um die linguistischen Werte in mathematisch einfacher Weise verarbeiten zu können, werden ihnen normierte Zahlenwerte zugeordnet (z. B. *sehr heiß* = 6).

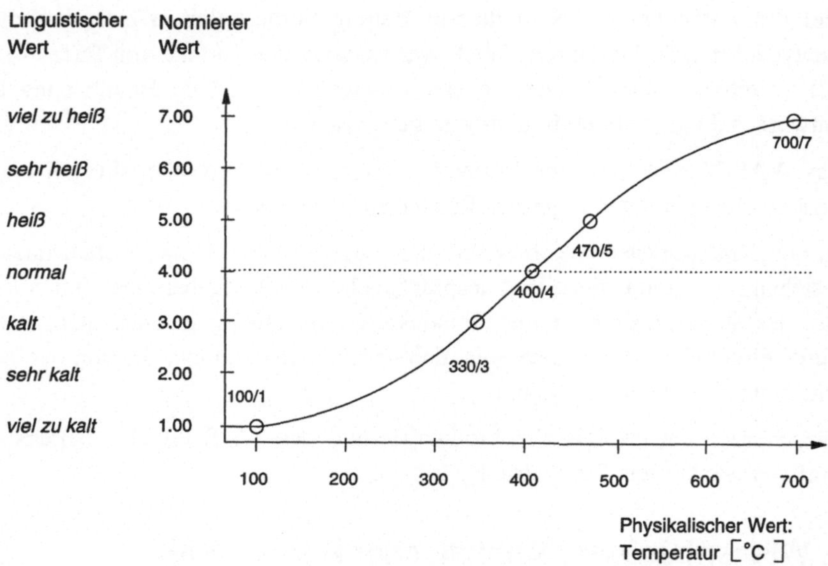

Bild 1: Beispiel für die Normierung einer Eingangsgröße

Die Steuerregeln sind somit linguistisch formulierbar. Die Inferenz für beliebige Prozeßpunkte beruht darauf, daß benachbarte Steuerregeln einen Teilsteuerraum bilden, für den eine Teilsteuerraumfunktion mit bestimmten Randbedingungen formuliert ist (Bild 2). Diese Funktion dient zur Berechnung von Ergebniswerten zwischen den durch die Steuerregeln explizit ausgewählten Zustandspunkten.

Die Teilsteuerraumfunktionen stellen sicher, daß die Steuerraumfunktion an jeder Stelle stetig und glatt ist, d.h. keine Sprung- und Knickstellen aufweist.

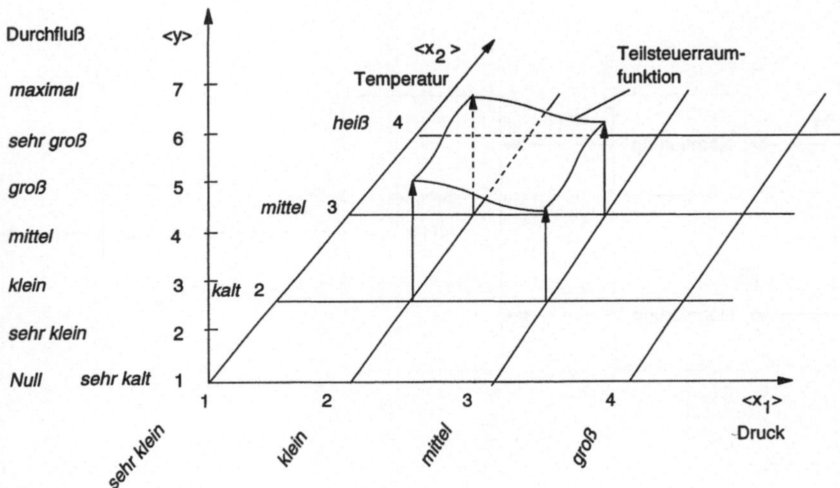

Bild 2: Steuerraum für zwei Eingangsgrößen mit Teilsteuerraumfunktion

Das Funktionsschema des WAR ist ähnlich strukturiert wie der Fuzzy-Regler, wie das Bild 3 zeigt.

Die Transformation mittels Normierungsfunktion gestattet eine beliebig nichtlineare Einflußwichtung. Durch die Denormierungsfunktion ist die Gesamtverstärkung des Reglers zusätzlich nichtlinear einstellbar.

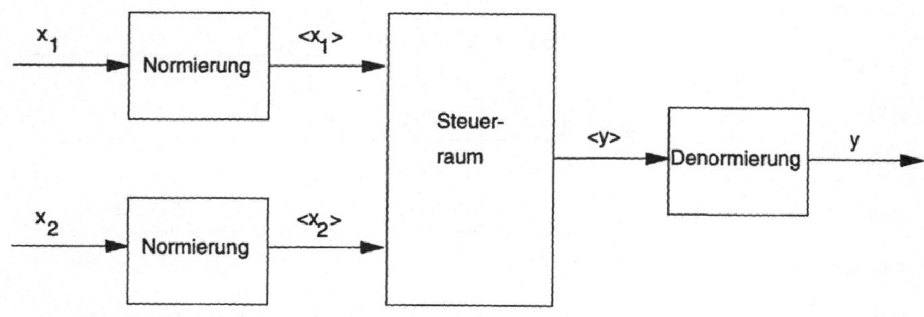

Bild 3: Struktur eines WAR-Reglers

Damit bietet der WAR alle Möglichkeiten wissensbasierter Regler und hat zudem für die Anwendung wichtige Vorteile:

- Hohe Transparenz der Arbeitsweise des Reglers

- Direkte Eingangsgrößenwichtung in den Normierungsfunktionen

- Unkomplizierte Verknüpfung der Eingangsgrößen in den Steuerregeln

- Einfache Inferenz der Steuerregeln mit hoher Transparenz für den Benutzer

- Einfache Verstärkungseinstellung in der Denormierungsfunktion

- Vermeidung sprungartiger Stellgrößenänderungen

- Unkomplizierte Strukturierung von multivariablen Reglern

- Einfache Handhabung bei Trial- und Error- basierter Reglereinstellung

- Robustheit des Reglers über den gesamten Arbeitsbereich und bei instationären Vorgängen

Ein wichtiger Gesichtspunkt bei der Lösung von Regelaufgaben ist die Dynamik des Reglers. Werden die Steuerregeln durch Beobachtung eines aktuellen Prozesses ermittelt, so beinhalten sie faktisch auch die günstigste dynamische

Reglerwirkung. Anders ist die Situation, wenn mathematische Prozeßmodelle als Entkopplungsgrundlage dienen. Hier sind dynamische Zusammenhänge zwischen den im Regler verknüpften Prozeßgrößen gesondert zu berücksichtigen.

Indem durch den WAR auch differenzierte und integrierte Prozeßgrößen verarbeitet werden können, sind wichtige Informationen über Stördynamik, Bilanzänderungen usw. für das Regelwerk nutzbar. Gleichzeitig kann die dynamische Anpassung der Regelung an das Prozeßverhalten unterstützt werden.

3. Piloteinsatz des WAR

Die Fähigkeiten des WAR wurden an einer anspruchsvollen, äußerst komplexen Regelung getestet.

Dazu wurden die folgenden Regelungen eines steinkohlebefeuerten Kraftwerksblockes ausgewählt:

- NO_X-Konzentration am Rauchgasaustritt eines Dampferzeugers

- Temperatur und Druck im Ammoniakdampfsystem

Infolge ungünstiger Prozeßeigenschaften war die mit einem konventionellen PID-Regelkonzept erreichte Regelgüte wenig befriedigend. Insbesondere der Katalysator hatte für die Realisierung einer NO_X-Konzentrationsregelung durch Eindüsen von Ammoniakdampf in den Rauchgasstrom folgende ungünstige Eigenschaften:

- Unverzögerte Störwirkung bei Änderung des NO_X-Gehaltes vor dem Katalysator

- Totzeitverursachender "Schwammeffekt" bei Stellgrößenänderung

Dieser Eignungstest unter Praxisbedingungen bestätigte die erwarteten positiven Eigenschaften des WAR-Regelverfahrens.

Durch die deutliche Verbesserung der Regelgüte wurden folgende technologisch relevanten Ergebnisse erzielt:

- Verminderung der Schwankungsbreite des NO_X-Gehaltes am Rauchgasaustritt von $\pm$ 20...25 mg/m^3 auf $\pm$ 10...12 mg/m^3

- Anforderungsgerechte Regelung auch bei instationärem Betrieb und starken Störungen

- Verringerung des Ammoniakschlupfes bzw. -verbrauchs um 15...20%

- Eine weitgehende Verringerung der Bildung von giftigen Stoffen (Ammoniaksulfit bzw -sulfat)

Bild 4 und 5 zeigen Regelverläufe der Entstickungsregelung mit NO_2-Regelgröße und -Sollwert sowie NH_3-Stellgröße bei Einsatz der konventionellen PID-Regelung bzw. der WAR-Regelung. Die oben beschriebene Verringerung der Schwankungsbreite des NO_x-Gehaltes durch die WAR-Regelung ist deutlich zu erkennen.

Bei der Realisierung der Regelkreise wurden einige Erfahrungen gemacht, die für die Anwendung wissensbasierter Systeme typisch sein dürften:

- Die Auswertung von Meßdateien ist ein einfacher und sicherer Weg, für verschiedene Betriebssituationen eine Wissensbasis aufzubauen

- Wenn prozeßbeschreibende Funktionen (Kennfelder usw.) genutzt werden, muß die zeitliche Korrelation der Meßgrößen ggf. über dynamische Korrekturglieder erreicht werden.

- Bei komplizierten Kopplungen zwischen den Prozeßgrößen ist eine dynamische Korrelationsanalyse aus Meßdateien geregelter Anlagen schwierig, da sich Wirkungen überlagern

- Eine vollständig aufgefüllte Wissensbasis ist aus einer Expertenbefragung nicht zu erwarten. Der Regelungstechniker sollte sich selbst mit den Eigenschaften des Prozesses vertraut machen und aus diesem Kennenlernen eine angepaßte "Regelphilosophie" entwickeln, da wissensbasierte Verfahren in dieser Hinsicht große Freiräume bieten.

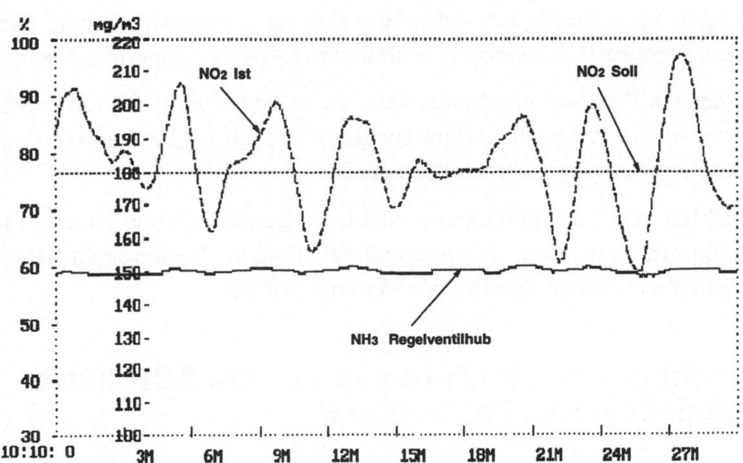

Bild 4: Regelverläufe der NO$_x$-Regelung im stationären Betrieb mit konventioneller PID-Regelung

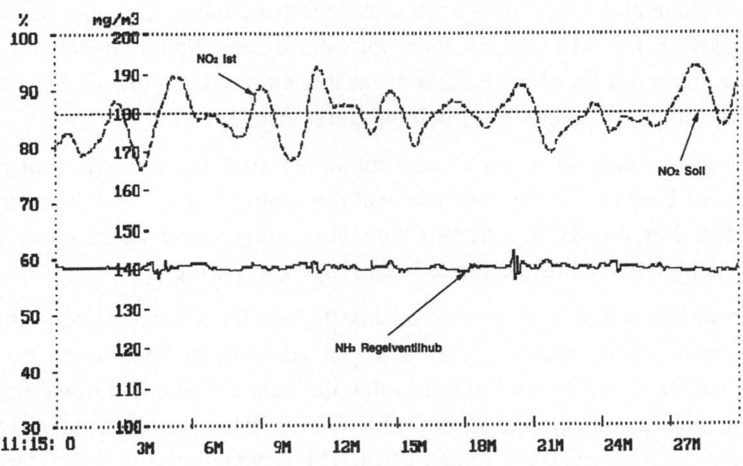

Bild 5: Regelverläufe der NO$_x$-Regelung im stationären Betrieb mit WAR-Regelung

Die Erfahrungen mit der Temperatur- und Druckregelung im Ammoniak-dampfsystem zeigen aber auch, daß selbst für einfache Regelaufgaben mit dem

WAR-Regler hohe Regelgüten erreichbar sind und seine Anwendung nicht nur auf komplizierte bzw. schwierig beschreibbare Prozesse ausgerichtet sein muß.

Da die meisten Prozesse nichtlinear sind, ist es von Vorteil für die Gewährleistung einer hohen Regelgüte, wenn der Regler schon im Entwurfsverfahren an die Strecke implizit angepaßt werden kann.

Der WAR hat in seinem Piloteinsatz eine hohe Benutzerfreundlichkeit im praktischen Einsatz bewiesen. Normierungsfunktionen, Steuerregeln usw. sind schnell und übersichtlich den Erfordernissen anpaßbar.

4. Einbindung des WAR-Reglers in das ABB-Kraftwerksleitsystem Procontrol P

4.1 Systemeinbindung

Procontrol P ist ein digitales Leitsystem für die Automatisierung von Kraftwerksanlagen (Bild 6).

Für die Realisierung von Aufgaben der Meßwerteingabe, -aufbereitung, Steuerung und Regelung stehen universell einsetzbare modulare Eingabe- und Verarbeitungsgeräte mit Mikroprozessoren zur Verfügung. Steuerungen und Regelungen werden mit Standard-Funktionsbausteinen realisiert, die als Firmware in einer Bibliothek auf jedem Verarbeitungsgerät abgelegt sind.

Neben binären und analogen Grundfunktionen sind für den Anwender auch komplexere Funktionen für spezielle Anforderungen der Kraftwerksleittechnik vorhanden. Für die Konfigurierung von Steuerungen und Regelungen stehen leistungsfähige bildschirmgestützte Werkzeuge zur Verfügung.

Der Anwender wählt die jeweils erforderlichen Funktionsbausteine aus der Bibliothek aus und stellt die Verbindungen zu anderen Funktionen am Bildschirm her. Ergebnis ist ein Funktionsplan und der auf dem Verarbeitungsgerät ablauffähige Anwenderprogramm-Code. Dieser kann im laufenden Betrieb durch eine Bedienanweisung in den EEPROM-Anwenderspeicher auf dem Verarbeitungsgerät geladen werden. Änderungen und Tests führt der Anwender direkt im angezeigten Funktionsplan durch.

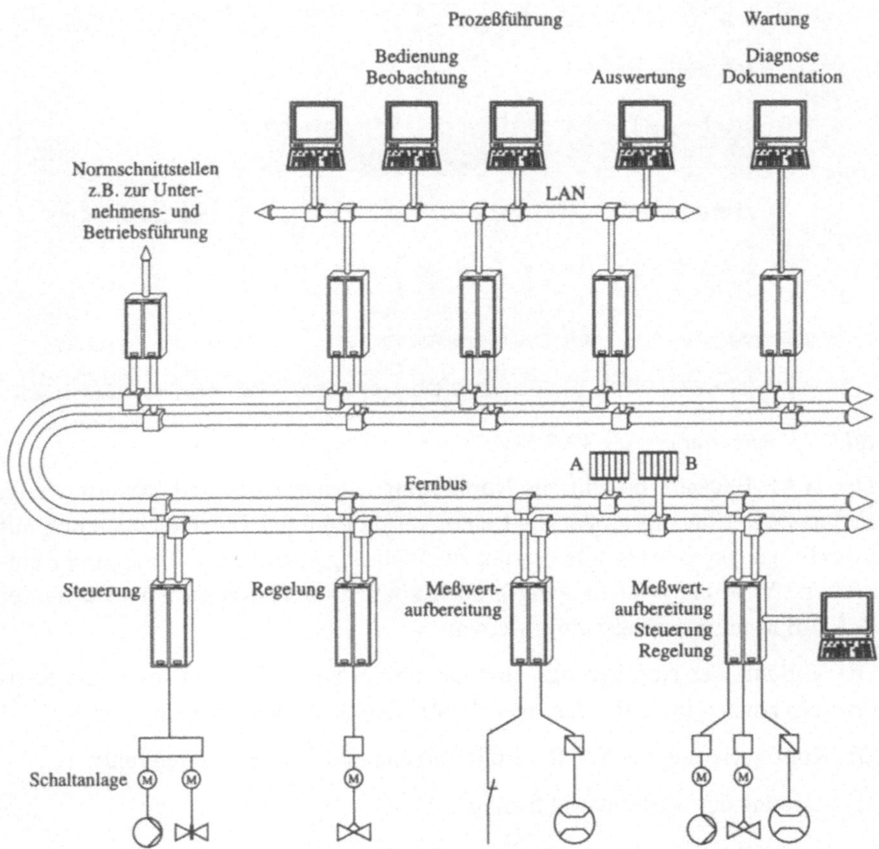

Bild 6: Systemkonfiguration Procontrol P

Der Anwender benötigt keine speziellen Programmierkenntnisse. Er kann rein funktionsorientiert arbeiten.

Nach den gleichen Prinzipien wird auch der Wissensbasierte Analytische Regler eingesetzt.

Der WAR ist als Funktionsbaustein realisiert und kann wie jeder andere Funktionsbaustein in Kombination mit den schon bisher vorhandenen Funktionsbausteinen (z.B. PI-Regler) verwendet werden.

Für Konfigurierung, Parametrierung, Anzeige und Test wurde eine PC-basierte Bedienoberfläche mit Maus-/Tastenbedienung geschaffen (Bild 7).

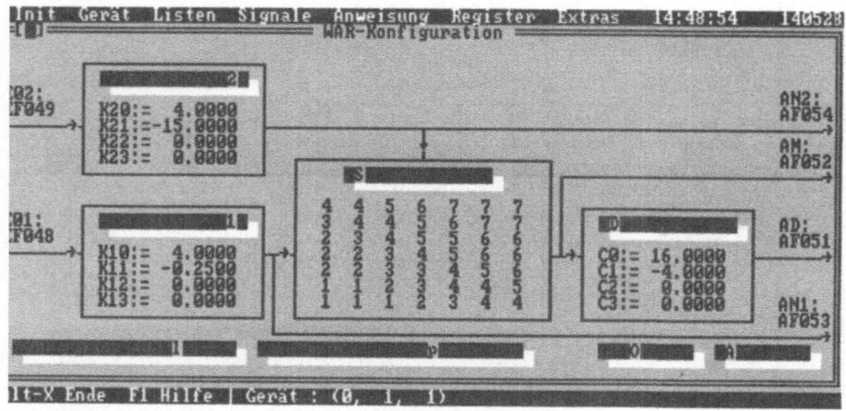

Bild 7: Konfigurierung des WAR-Reglers in Procontrol P

Der WAR-Baustein besteht aus Normierung, Steuermatrix und Denormierung. Er hat zwei Eingangsgrößen und eine Ausgangsgröße. Die Beschränkung auf zwei Eingangsgrößen wurde bewußt zur Wahrung einer hohen Transparenz eingeführt. Mehr als zwei Eingangsgrößen können durch Kaskadierung mehrerer WAR-Bausteine berücksichtigt werden.

Die Verläufe der Normierungs- und Denormierungsfunktionen sowie die Steuerregeln können im laufenden Betrieb über den Systembus geändert werden.

Die Konfigurierung des WAR wird in folgenden Schritten durchgeführt:

1. Ordnung der Steuermatrix festlegen

2. Normierungsfunktionen und Denormierungsfunktion konfigurieren.

3. Steuerregeln für die Steuermatrix angeben.

<u>Ordnung der Steuermatrix</u>

Die Ordnung der Steuermatrix m x n ist maximal 7 x 7. Die Anzahl m der Zeilen der Steuermatrix ist identisch mit der Anzahl der natürlichen Zahlenwerte der Eingangsgröße 1. Sie wird deshalb im Zusammenhang mit der Konfigurierung der Normierung für Eingangsgröße 1 vorgegeben (Zeilenanzahl 3 (1...3), 5 (1...5) oder 7 (1...7)).

Die Anzahl n der Spalten der Steuermatrix ist identisch mit der Anzahl der natürlichen Zahlenwerte der Eingangsgröße 2 und wird entsprechend bei der Konfigurierung der Eingangsgröße 2 vorgegeben.

<u>Normierung und Denormierung</u>

Zur Festlegung der Normierungsfunktion kann der Anwender zwischen drei Funktionsstypen wählen: lineare, quadratische oder kubische Ausgleichsfunktion. Abhängig vom Funktionstyp müssen mindestens 2 bis 4 Stützstellen (Wertepaare physikalischer Wert / normierter Wert) eingegeben werden. Die Koeffizienten für die Normierungsfunktionen werden daraus automatisch ermittelt. Zur Kontrolle wird die konfigurierte Funktion grafisch angezeigt. Alternativ können die Koeffizienten auch direkt eingegeben werden. In jedem Fall werden die wirksamen Koeffizienten angezeigt (Bild 7).

Die Konfigurierung der Denormierungsfunktion erfolgt in analoger Weise.

<u>Steuermatrix</u>

Sobald die Ordnung der Steuermatrix definiert ist, können die Steuerregeln eingegeben werden. Dies geschieht durch Vorgabe von normierten Steuerwerten (Matrixelemente) zu bestimmten normierten Eingangswerten.

Mindestens drei linear unabhängige Elemente der Steuermatrix müssen belegt werden (Stützstellen einer ebenen Fläche). Die restlichen nicht belegten Elemente werden automatisch aufgefüllt.

Der WAR stellt die Ausgangsgröße denormiert und zusätzlich normiert zur Verfügung. Zur Kaskadierung können so die normierten Ausgangsgrößen der vorgeschalteten WAR-Bausteine verwendet und durch Umgehung der Normierung direkt auf die Steuermatrix aufgeschaltet werden. Wenn keine Stützpunkte für die Normierungsfunktion angegeben werden, wird auf die Normierung automatisch verzichtet.

4.2 Einsatzkonzept für den WAR-Regler

Der Wissensbasierte Analytische Regler WAR wird im Kraftwerksleitsystem Procontrol P gezielt für regelungstechnische Problemfälle eingesetzt, die mit den klassischen Methoden nicht zufriedenstellend oder nur mit unverhältnismäßig hohem Aufwand gelöst werden können.

Der WAR wird dabei ergänzend und in Kombination mit den klassischen Regelungsmethoden eingesetzt (PI-Regler, Zustandsregelung etc.).

Unproblematische Standardregelkreise werden auch in Zukunft mit den bewährten PI- und PID-Reglern ausgerüstet.

4.3 Ausblick

Die vorgestellte NO_X-Regelung war die erste erfolgreiche Anwendung des Wissensbasierten Analytischen Reglers und wird in zukünftigen vergleichbaren Projekten als standardisiertes Applikationspaket eingesetzt werden.

Mit dem neuen Wissensbasierten Analytischen Regler WAR im Procontrol P-System wurde eine Problemlösung für die Entstickungsregelung großtechnischer Feuerungsanlagen geschaffen, die dem Benutzer nicht nur einen wirtschaftlichen Vorteil bietet, sondern gleichzeitig einen nennenswerten Beitrag zur Schonung unserer Umwelt leistet.

Weitere Standard-Applikationen werden folgen. Dabei werden solche Regelungsaufgaben ausgewählt werden, bei denen der Einsatz des WAR für den Kunden relevante Verbesserungen gegenüber den herkömmlichen Regelkonzepten bringt.

Literatur

[1]   Müller-Nehler, U.; Weber, R.
INTERKAMA 92: Wissensbasierte Systeme und Fuzzy-Control Automatisierungstechnische Praxis 35 (1993) H. 1, S. 33 - 39

Leistungsaspekte aktueller Rechnerarchitekturen

Zur Eignung von RISC-Architekturen im Echtzeit-Bereich

R. Kern

Zusammenfassung

Während sich auf dem Workstation-Markt Prozessoren mit RISC-Architektur nachhaltig durchsetzen, fassen sie im Echtzeit-Bereich nur schwer Fuß. Dieser Beitrag geht daher der Frage nach, ob die RISC-Philosophie mit Echtzeit-Anforderungen zusammenpaßt und wo mögliche Konfliktpunkte liegen.

Anhand einiger marktgängiger RISC-Prozessoren werden architektonische Problempunkte im Echtzeit-Bereich diskutiert. Insbesondere werden Architektur-Kennzahlen eingeführt, mit denen geprüft werden kann, inwieweit RISC-Prozessoren ihr Geschwindigkeitsversprechen auch im Echtzeit-Bereich aufrechterhalten.

1. Merkmale von RISC-Architekturen

RISC-Architekturen wurden in erster Linie entwickelt, um den Bedürfnissen der Hochsprachenübersetzung besser Rechnung tragen zu können. Dabei wurden Anforderungen von Betriebssystemen oder Echtzeit-Anwendungen wenig bis gar nicht berücksichtigt; im Gegenteil - viele RISC-Architekturen haben in diesen Bereichen eher Probleme. Dieses Defizit kommt in den glänzenden Geschwindigkeitsdaten, die meistens in Form von Dhrystone-, Whetstone- oder Linpack-Zahlen und neuerdings in SPECmark-Werten angegeben werden, aber nicht zum Ausdruck (MIPS-Angaben sind als unseriös zu betrachten und werden hier nicht diskutiert).

Haupteinsatzgebiet von RISC-Prozessoren sind rechenintensive Anwendungen unter dem Betriebssystem UNIX. Hingegen werden RISC-Prozessoren im Echtzeit-Bereich bisher noch wenig eingesetzt; zu den Ausnahmen zählen vor allem Echtzeit-UNIX Versionen auf RISC-Prozessoren und spezielle Forth-Prozessoren, inzwischen aber auch einzelne Portierungen von Standard-Echtzeit-Betriebssystemen.

Der RISC-Ansatz versucht, unter Verzicht auf seltener benutzte Befehle, den Befehlssatz eines Prozessors "schlanker" zu machen (also funktionell, aber nicht unbedingt in der Anzahl zu reduzieren). Dadurch soll der durchschnittliche Gesamtdurchsatz des Prozessors erhöht werden, wobei man für einzelne Operationen (z. B. Division) sogar eine Geschwindigkeitsverschlechterung in Kauf nimmt. Darüber hinaus sind RISC-Prozessoren nicht mikroprogrammiert. Die aus diesem Grunde und infolge der Verkleinerung des Befehlssatzes freigewordene Fläche auf dem Prozessorchip wird stattdessen zur Steigerung der Registerzahl genutzt, um für Hochsprachenübersetzer zusätzliche Optimierungsmöglichkeiten zu schaffen.

Da das werbewirksame Prädikat "RISC" inzwischen für fast jedes neue Prozessor-Modell in Anspruch genommen wird, fällt es nicht leicht, eine allgemeingültige Definition dieses Begriffes zu geben. Für die Zwecke dieser Überlegungen soll auf folgende Eigenschaften von RISC-Prozessoren Bezug genommen werden:

- Funktionell reduzierter Befehlssatz, insbesondere

    - Lade-Speicher-Architektur,

    - wenig Adressierungsarten,

    - verzögerte Sprünge,

    - keine Spezialbefehle;

- festes Befehlsformat (32 bit breit),

- Befehlsabarbeitung in einem Takt,

- Verzicht auf Mikroprogrammierung,

- große Registerzahl.

Angesichts der Fülle von RISC-Architekturen sind bei marktgängigen Typen nicht alle dieser Punkte in einheitlicher Weise erfüllt, so daß sich zu den folgenden Aussagen fast immer einzelne Prozessor-Typen als Ausnahmen anführen lassen. Das widerspricht diesen Aussagen jedoch nicht grundsätzlich im Allgemeinfall.

2. Anforderungen von Echtzeit-Systemen

Ziel eines Echtzeitsystems ist die schritthaltende Modellierung von Vorgängen in der Außenwelt, um steuernd in diese Vorgänge eingreifen zu können. Das bedingt die Einhaltung von Zeitbedingungen verschiedener Art; korrekt berechnete Rechenergebnisse können daher dennoch unbrauchbar werden, wenn sie zeitlich zu spät anfallen. Man fordert somit bei Berechnungen im Echtzeit-Betrieb Zeitkorrektheit ("Rechtzeitigkeit") zusätzlich zur (üblichen) Wertekorrektheit. Aufschlußreich ist in diesem Zusammenhang die Definition in DIN 44 300, Nr. 161:

Unter "Realzeitbetrieb" versteht man den "Betrieb eines Rechensystems, bei dem Programme zur Verarbeitung anfallender Daten ständig betriebsbereit sind derart, daß die Verarbeitungsergebnisse innerhalb einer vorgegebenen Zeitspanne verfügbar sind. Die Daten können je nach Anwendungsfall nach einer zeitlich zufälligen Verteilung oder zu vorbestimmten Zeitpunkten anfallen."

Grundsätzliche Voraussetzung zur Einhaltung von Zeitbedingungen ist natürlich, daß die Hardware genügend leistungsfähig ist. Darüber hinaus muß die Anwendungssoftware hinreichend effizient geschrieben sein; dies beeinflußt auch die Wahl der Programmiersprache. Schließlich hat noch der Verwaltungsaufwand des Betriebssystems ausreichend niedrig zu sein. Darüber hinaus muß ein Echtzeit-Betriebssystem eine Reihe geeigneter funktioneller Dienste bieten, z. B. für Mehrprozeßfähigkeit oder für die Interprozeßkommunikation und -synchronisation. Insbesondere muß es zeitlich deterministisch reagieren können.

Um Rechtzeitigkeit zu gewährleisten, d. h. also, daß die Verarbeitungsergebnisse innerhalb einer vorgegebenen Zeitspanne zur Verfügung stehen, spielen Antwortzeiten auf externe Ereignisse, insbesondere Unterbrechungsreaktionszeiten und Kontextwechselzeiten, eine besondere Rolle. Sie müssen nicht nur dem Anwendungsfall entsprechend kurz, sondern auch für den ungünstigsten Fall durch feste Schranken abschätzbar sein, damit das geforderte deterministische Systemverhalten erreicht wird.

3. Problempunkte

RISC-Prozessoren wurden also unter dem Gesichtspunkt der Optimierung des Gesamtdurchsatzes entwickelt. Dieses Kriterium ist jedoch keinesfalls ein Ziel für Echtzeit-Systeme, sondern ist eher Stapel- und Mehrbenutzersystemen angemessen. In Echtzeit-Systemen wird stattdessen angestrebt, durch - bisweilen verschwenderische - Konzentration aller geeigneten Mittel (man denke nur an das Verriegeln eines Prozesses im Hauptspeicher!) für die wichtigsten Ereignisse minimale Reaktionszeiten innerhalb technisch vorgegebener Schranken zu erreichen. Diese Ereignisse werden durch Prozesse mit den besten Prioritäten oder mit den kürzesten Antwortzeitvorgaben bedient. Zu niedrigen Reaktionszeiten trägt bei, wenn hochspezialisierte, aber relativ selten gebrauchte Sonderbefehle mit echtzeit-bezogenen Spezialfunktionen implementiert werden, und genau das verträgt sich nicht mit der RISC-Philosophie.

Um es auf den Punkt zu bringen: Das RISC-Konzept ist egalitär; es verzichtet zugunsten der maximalen Gesamtleistung auf einzelne Spitzenleistungen. Das Echtzeit-Modell hingegen ist elitär; bestimmte ausgesuchte Rechenvorgänge werden bei der Zuteilung von Betriebsmitteln bevorzugt.

Aus diesen Überlegungen leiten sich im Echtzeit-Bereich bei RISC-Architekturen unter anderem folgende Problempunkte ab:

3.1 Große Registersätze

Wie schon erwähnt wurde, tendieren RISC-Architekturen zum Einsatz besonders großer Allzweck-Registersätze für anwendungsbezogene Daten und Adressen. Das typische Minimum liegt bei 32 Registern zu 32 bit; im Extremfall kann die Anzahl 192 32-bit-Register (Am 29000 von Advanced Micro Devices) erreichen. In der SPARC-Architektur von SUN sind bis zu 32 Register-Fenster à 24 32-bit-Register spezifiziert. Je zwei Fenster überlappen sich um 8 Register, so daß ein Fenster nur 16 Register zur Gesamtzahl beiträgt. Mit weiteren 8 globalen Registern kommt man auf ein Maximum von 520 Registern, das allerdings bisher noch lange nicht implementiert ist. So große Registersätze erlauben Hochsprachenübersetzern die Vermeidung langsamer Hauptspeicherzugriffe und beschleunigen auf diese Weise insbesondere die Parameter-Übergabe bei Prozedur-Aufrufen.

Große Registersätze bedeuten auf der anderen Seite umfangreiche Kontexte und damit langsame Kontextwechsel. (Zum Vergleich: CISC-Prozessoren besitzen typischerweise bis zu 16 32-bit-Allzweck-Register, dazu einige Segment- bzw. für das Betriebssystem reservierte Register, die es aber auch bei RISC-Typen gibt.) Der Verzicht auf Mikroprogrammierung erschwert die Implementierung von Spezialbefehlen zur schnellen Registersicherung. Immerhin besitzen jedoch die SPARC-Prozessoren und der Am 29000 Befehle, um eine gegebene Anzahl von Registern, insbesondere ein SPARC-Registerfenster vom oder zum Hauptspeicher zu transferieren (ähnlich dem MOVEM-Befehl der 680x0-Familie).

Natürlich hat man beim Entwurf von RISC-Architekturen das Größenproblem erkannt und etwa beim Am 29000 die Möglichkeit vorgesehen, den riesigen Registersatz für Echtzeit-Zwecke zum Beispiel in 12 Registerbänke à 16 Register aufzuteilen und dann jedem Prozeß eine solche Bank zuzuordnen. Eine ähnliche Wirkung läßt sich mit dem Fenster-Konzept von SPARC erreichen, indem für einen Prozeß jeweils ein Registerfenster (ohne Überlappung) reserviert wird.

In [GEG] wurde jedoch die Erfahrung gemacht, daß das Registerbankkonzept beim Am 29000 nicht die Erwartungen erfüllt: Die Verwaltung der Registerbänke hat sich als so zeitaufwendig herausgestellt, daß auf die Aufteilung des Registersatzes verzichtet wurde.

Außerdem werden sich nach einer solchen Umstrukturierung des Registersatzes die glänzenden Durchsatzzahlen (z. B. in Dhrystone-Zahlen gemessen, MIPS-Angaben sind von der Registerzahl unabhängig!) bei weitem nicht mehr aufrechterhalten lassen, weil damit eine wichtige Optimierungsmöglichkeit für viele RISC-Architekturen verlorengeht - sofern die Standard-Übersetzer überhaupt in der Lage sind, Code für einen eingeschränkten Registersatz zu erzeugen. Einschlägige Optimierungsmethoden beginnen nämlich erst ab einer Größe des Registersatzes von ungefähr 32 aufwärts nachhaltig zu greifen. Stattdessen treten mit eingeschränktem Registersatz die architekturbedingten Nachteile der RISC-Prozessoren in den Vordergrund, nämlich die geringe Leistungsstärke der Einzelbefehle und die Aufblähung des Codes, die zu vermehrten Speicherzugriffen beim Holen der Befehle führt. Insgesamt wird dann der Dhrystone-Durchsatz niedriger als bei CISC-Prozessoren vergleichbarer (niedriger) Registerzahl liegen!

3.2 Register in zusätzlichen Funktionseinheiten

Die Register-Inhalte von zusätzlichen Funktionseinheiten wie Gleitkomma-Prozessoren und Speicherverwaltungseinheiten sind im CISC- wie im RISC-Bereich besonders umfangreich und müssen bei einem Kontextwechsel gesichert werden. Dabei gelten grundsätzlich gleiche Überlegungen wie für die oben behandelten Allzweck-Register. Allerdings kann hier keine generelle Überlegenheit von CISC- über RISC-Prozessoren oder umgekehrt festgestellt werden; es kommt auf die einzelnen Typen an, da die eingesetzten Konzepte zur Unterbrechbarkeit und Strategien zur Kontextsicherung (Teilsicherung, Sicherung nur bei Bedarf, Sicherung des Zustandes der Funktionseinheit und andere Varianten) äußerst vielgestaltig sind. Eine detailliertere Behandlung würde den Rahmen dieser Überlegungen sprengen. Trotzdem muß im praktischen Einsatzfall das Augenmerk auch auf diese Aspekte gerichtet werden. Weitergehende Überlegungen zum Echtzeit-Verhalten speziell von Gleitkomma-Koprozessoren finden sich in [WEN].

3.3 Atomare Operationen und echtzeitbezogene Maschinenbefehle

Das Konzept des reduzierten Befehlssatzes und der Verzicht auf Mikroprogrammierung führen dazu, daß gewisse für Echtzeit-Anwendungen nützliche, aber nicht-elementare Befehle im Befehlsvorrat von RISC-Prozessoren nicht zu finden sind. Sie werden mehr oder weniger umständlich durch erheblich längere äquivalente Befehlsfolgen - mit entsprechenden zeitlichen Konsequenzen - ersetzt. Diese müssen, sofern es sich um atomare (also zur Vermeidung von Inkonsistenzen nicht unterbrechbare) Operationen handelt, zusätzlich auch noch vor Unterbrechung geschützt werden, eine im Echtzeit-Betrieb ziemlich problematische Maßnahme.

Dies gilt insbesondere für Semaphor-Befehle. In idealen Lade-Speicher-Architekturen lassen sich keine schnellen Semaphore realisieren, weil dazu atomare Teste-und-Setze-Befehle bzw. Byte-Austausch-Befehle mit doppeltem Speicherzugriff benötigt werden. Man muß diesen Mangel entweder durch recht umfangreiche Software-Konstruktionen oder durch unerwünschte Unterbrechungssperren ausgleichen. Ausnahmen bilden hier jedoch zum Beispiel die RISC-Prozessoren 88100 von Motorola und SPARC, die über Byte-Austausch-befehle verfügen.

Auch noch andere für Echtzeitzwecke förderliche, manchmal sogar atomare Maschinenbefehle, die in CISC-Realisierung zum Teil mehrtaktig sind, fehlen bei vielen reduzierten Befehlssätzen, da sie sich ohne Rückgriff auf Mikroprogrammierung nur schwer implementieren lassen und zum durchschnittlichen Gesamtdurchsatz kaum etwas beitragen. In Echtzeit-Anwendungen hingegen spürt man ihr Fehlen recht schmerzlich:

- Atomare Kontextwechsel-Befehle oder Befehle zum Austausch eines ganzen Registersatzes.

- Bitoperationen, mit denen einzelne Bits gesetzt, gelöscht oder abgefragt werden können. Sie spielen eine wichtige Rolle bei der binären Ein- und Ausgabe und bei der Steuerung anderer Peripherie-Geräte.

- Maschinenbefehle zur Listenverwaltung (also zum Ein-, Aushängen und Suchen von Elementen in einer Liste). Mit ihnen läßt sich die Manipulation der Listen zur Prozeßverwaltung (Bereit-, Warte- und Startzeitlisten) schneller und vor allem atomar machen.

- Speichertransfer-Befehle (String-move-Befehle), die auch in allgemeinen Anwendungen Verwendung finden, beschleunigen unter anderem die Interprozeßkommunikation.

Der Ersatz von CISC-Einzelbefehlen durch äquivalente RISC-Befehlsfolgen bläht den Code auf - für eingebettete ("gepromte") Systeme ein Kostenfaktor! Und dies gilt nicht nur bei für Echtzeit-Zwecke spezialisierten, sondern auch bei allgemeinen Operationen: Die SPARC-Architektur zum Beispiel hat keinen vollständigen Multiplikationsbefehl vorgesehen. Stattdessen muß eine Ganzzahl-Multiplikation von zwei 32-bit-Registern aus einer Folge von 32 Einzelschritten aufgebaut werden. Eine Division mit einem 32-bit-Quotienten benötigt sogar ca. 288 Takte! Zum Vergleich: Der 80386 braucht für die Division nur einen Befehl mit maximal 46 Takten. Darüber hinaus kann ein RISC-Prozessor nicht auf eine absolute 32-bit-Speicheradresse mit einem Befehl zugreifen, da Befehlscode und Adresse nicht gemeinsam in einem 32-bit-Wort unterzubringen sind. Ein solcher Zugriff muß über den Umweg einer indirekten Adressierung nachgebildet werden; er benötigt dann gewöhnlich vier RISC-Befehle und ein freies Register!

3.4 Fließband- und Cache-Probleme

RISC-Architekturen stützen sich (ebenso wie moderne CISC-Architekturen) auf Cache- und Fließband-(Befehls-Pipelining)-Konzepte, die zwar beide die durchschnittliche Rechenleistung erhöhen, aber das Antwortzeitverhalten schlimmstenfalls sogar verschlechtern. Ein Speicherzugriff dauert in einem System mit Cache im ungünstigsten Fall immer länger als ohne, weil dann nicht nur die langsameren Hauptspeicher-Zugriffe erforderlich werden, sondern auch der Cache nachgeladen werden muß.

Zeitliche Abschätzungen für den schlechtesten Fall (d. h. für ein komplettes Umladen des Caches, wie es etwa beim Kontextwechsel nötig wird) können daher unerfreulich hohe Werte ergeben. Insbesondere ist ein Kontextwechsel noch lange nicht abgeschlossen, wenn der erste Befehl im neuen Kontext abgearbeitet wird, da Cachezeilen jeweils nur bei Bedarf nachgeladen werden. Darunter leidet die Determiniertheit des Systems. Auch die bereits erwähnten großen Registersätze (insbesondere das SPARC-Fenster-Konzept) wirken vom Prinzip her wie spezielle Caches.

In besonders ungünstigen Fällen kann es bei jeder Form eines Caches zu "Flatter"-Effekten (also laufendes, unproduktives Austauschen von Cache-Inhalten) kommen. Grundsätzlich liegt hier ein analoges Problem zu der Situation auf einer Ebene höher bei der Belegung des Hauptspeichers vor, das man in Echtzeit-Betriebssystemen mit der Hauptspeicherresidenz von Prozessen gelöst hat.

Der Aufwand für das Umladen hängt von der aktuellen Cache-Belegung ab, die ein Prozeß aber nicht selbst in der Hand hat, denn sie hängt noch von anderen im System vorhandenen Prozessen ab. Damit ist der in Echtzeit-Systemen wichtige Grundsatz der Trennung der Zuständigkeiten (separation of concerns) verletzt.

Eine Unterbrechungsanforderung hingegen bewirkt nicht nur, daß der Cache neu geladen, sondern auch, daß das Befehlsfließband gelöscht und neu gefüllt werden muß. Wegen der Unvorhersehbarkeit asynchroner externer Unterbrechungen kann die in RISC-Architekturen weitverbreitete und auch von den Übersetzern eingesetzte Sprungoptimierung (verzögerter Sprung, branch delay) hierbei keine Abhilfe bieten.

3.5 Unterbrechungsbehandlung

RISC-Architekturen neigen in diesem Zusammenhang generell zu Schwächen, da leistungsfähige Dienste zur Unterbrechungsbehandlung dem RISC-Konzept widersprechen. Schon das Retten eines Registers kostet - wie in 3.3 erwähnt - mehrere Befehle und setzt ein anderes freies Register voraus. Darüber hinaus müssen bei RISC-Prozessoren Spezialregister zum Kontext gerechnet werden, die in CISC-Prozessoren nur auf der Mikroprogramm-Ebene sichtbar sind und daher zwischen zwei Maschinenbefehlen nicht gesichert zu werden brauchen [GEG].

Speziell die Prozessoren von MIPS sind stark der Vorgehensweise von UNIX angepaßt [DMM, KEL]. Sie führen keine vektorisierte Unterbrechungsbehandlung durch, sondern springen bei jeder Unterbrechungsanforderung unabhängig von der Ursache an ein- und dieselbe Stelle. Der Unterbrechungsgrund muß dann erst durch Auslesen und Analysieren des Inhalts eines Ursachenregisters herausgefunden werden - eine gegenüber einem vektorisierten Sprung zeitraubende Angelegenheit.

3.6 Probleme beim Programmieren und Testen

Assembler-Programmierung von RISC-Prozessoren ist wegen der Vielfalt der zu beachtenden Optimierungsvorschriften (z. B. zur Sprungverzögerung oder zeitlichen Verzahnung von Ladebefehlen) besonders kompliziert, läßt sich aber wegen der Hardware-Nähe von Echtzeit-Anwendungen (Ansteuerung von Peripherie-Geräten, Unterbrechungsbehandlung) nicht immer vermeiden. Der Zuschnitt der RISC-Architekturen auf Hochsprachen, insbesondere auf C hin, macht außerdem die Testphase in Echtzeit-Implementierungen aufwendig, da oft letztlich doch auf Maschinensprachen-Ebene getestet werden muß.

Hochoptimierende Übersetzer verschieben häufig zu Optimierungszwecken einzelne Befehle über längere Distanzen. Das beeinträchtigt einerseits die Determiniertheit, andererseits wird dadurch für einen Menschen der durch RISC-Übersetzer erzeugte Objektcode fast undurchschaubar. Dagegen bieten zu einem gewissen Grad Hochsprachen-Testhilfen Abhilfe, aber damit lassen sich eben nicht alle hardware-nahen Programmteile testen.

4. Architektonische Kenngrößen

Einige der bisherigen Überlegungen lassen sich durch die folgende Aufstellung von Dhrystone-Zahlen (C-Version 2.0 und 2.1) und Kontextwechselzeiten einiger RISC- und CISC-Prozessoren illustrieren. Während die RISC-Typen bei den Dhrystone-Zahlen (Spalte Dh/s, also Dhrystone-Durchläufe pro Sekunde, bzw. µs/Dh, also Mikrosekunden für einen Dhrystone-Durchlauf) deutlich vorne liegen, dominieren bei den Kontextwechselzeiten (Spalte µs/KW, Mikrosekunden für einen Kontextwechsel) eher die CISC-Prozessoren.

Prozessor	MHz	Dh/s	µs / Dh	µs / KW	KW / Dh	Bemerkungen
Am 29000	20	33296	30,0	29	1,04	kompletter Registersatz
SPARC	16,7	23148	43,2	35	1,23	7 Fenster[13]
SPARC	16,7	23148	43,2	15	2,88	3 Fenster[14]
68020	25	6865	145,7	17	8,57	
80386	25	10860	92,1	12	7,68	Hardware-KW (prot. mode)
80286	10	3309	302,2	18	16,79	Hardware-KW (prot. mode)
80286	10	3309	302,2	26	11,62	Software-KW (prot. mode)

Um den Einfluß der unterschiedlichen Taktfrequenzen zu eliminieren und prägnanter zu demonstrieren, inwieweit sich die Geschwindigkeitsoptimierung durch das RISC-Konzept auch auf den Echtzeit-Bereich überträgt, wurde zusätzlich der Quotient

$$KW/Dh := (µs/Dh) / (µs/KW)$$

gebildet. Er gibt den Zeitbedarf für einen Kontextwechsel relativ zu einem Dhrystone-Durchlauf an. Ein niedriger Wert von KW/Dh besagt, daß in derselben Zeit, die für einen Dhrystone-Durchlauf benötigt wird, alternativ nur wenige Kontextwechsel stattfinden können. Die Werte von KW/Dh in der folgenden Tabelle machen deutlich, daß sich die erhöhte Rechengeschwindigkeit von

---

[13]Die angegebenen Dhrystone-Werte gelten für den vollständigen Registersatz.
[14]Die angegebenen Dhrystone-Werte gelten für den vollständigen Registersatz.

RISC-Prozessoren nicht in einer gleichwertigen Verkürzung der Kontextwechselzeiten niederschlägt.

Die architektonische Kenngröße KW/Dh hat rein deskriptiven Charakter und kann nur zum Vergleich existierender Architekturen dienen. Sie ist kein Optimierungsziel für den Entwurf einer neuen Architektur: Die höchsten Werte würde nämlich ein ganz primitiver Prozessor etwa mit nur einem Register bekommen, da seine Kontextwechselzeit besonders niedrig und die Zeit für einen Dhrystone-Durchlauf besonders hoch wäre. Auch wenn in der Praxis die Kenngröße KW/Dh gegenüber der absoluten Kontextwechselzeit in den Hintergrund tritt, so macht sie im architektonischen Vergleich doch die relative Schwerfälligkeit von RISC-Prozessoren im Echtzeit-Bereich deutlich.

Einen ähnlichen Eindruck vermitteln die Zeiten in der folgenden Tabelle, die auf UNIX-Systemen gemessen wurden und die nicht nur die Zeiten für den eigentlichen Prozeßwechsel, sondern auch für Pipe-Operationen enthalten, mit denen die Prozeßwechsel ausgelöst werden. Diese Zusatzoperationen, deren Kombination mit den Prozeßwechseln in der folgenden Tabelle mit PPW abgekürzt wird, ändern aber nichts an der Tendenz der Gesamtaussage. Die Kenngröße PPW/Dh läßt sich im Aussagewert mit KW/Dh vergleichen. Die Dhrystone-Angaben (hier C-Version 2.0) variieren gegenüber denen der obigen Tabelle etwas, da die Werte unten auf anderen Systemen mit anderen C-Übersetzern gemessen wurden.

Prozessor	MHz	Dh / s	µs / Dh	µs / PPW	PPW / Dh	Rechner Betriebssystem
IBM RS6000	25	58824	17,0	180	0,09	IBM 7013 / 530, AIX 3
MIPS R2000	16,7	22816	43,8	160	0,24	PCS Cadmus 9604, MUNIX
80386	20	6356	157,3	510	0,31	Tandon 386 / 20, XENIX
µVAX		2408	415,3	831	0,50	µVAX II, Ultrix

Es wäre verwegen zu behaupten, daß sich RISC-Systeme für den Echtzeit-Einsatz gar nicht eignen; schließlich werden am Markt schon einige angeboten. Dies liegt zum einen daran, daß der Geschwindigkeitsvorteil von RISC-Prozes-

soren oftmals so enorm sind, daß sie die echtzeitspezifischen Nachteile wettma-
chen. So wurden z. B. in [GEG] bei der Portierung eines Echtzeit-Betriebssystems von Motorola-Prozessoren auf den Am 29000 überraschend gute Erfahrungen gemacht, die aber zum Teil auf der speziellen Struktur des portierten
Betriebssystems beruhen und daher nicht immer verallgemeinerbar sind. Zum
anderen machen auch moderne CISC-Typen immer mehr Gebrauch von prozessorinternen Caches sowie von vielstufigen Fließbändern, wodurch ihre Vorteile
bezüglich des deterministischen Verhaltens verlorengehen.

RISC-Systeme haben damit vor allem in rechenintensiven Echtzeit-Anwendungen (Echtzeit-Simulation, Robotersteuerung) ihren Sinn, denn dort können die
RISC-Prozessoren mit ihrer hohen Rechenleistung ihre Stärke ausspielen. Für
die übrigen Anwendungsbereiche sollten die vorausgegangenen Überlegungen
aber einige Problempunkte bewußt machen und, da die RISC-spezifischen Vorteile im Echtzeit-Bereich nicht so deutlich zum Tragen kommen, die These zur
Diskussion stellen, ob man mit Echtzeit-Systemen auf RISC-Basis nicht zu
große Anstrengungen auf einen falschen Punkt konzentriert.

Die Frage, ob sich RISC-Prozessoren für den allgemeinen Echtzeit-Einsatz eignen, kann hier auch gar nicht endgültig beantwortet werden; stattdessen sollen
die genannten Gesichtspunkte die Diskussion anregen. Insbesondere sollte
deutlich werden, daß man sich bei einer Entscheidung für einen Prozessor nicht
durch glänzende Durchsatzzahlen blenden lassen darf, sondern man muß prüfen, inwieweit benötigte Echtzeit-Anforderungen in der betrachteten Architektur eine Entsprechung finden bzw. wie zeitaufwendig die Nachbildung fehlen-
der echtzeitspezifischer Merkmale ist. Die obigen Ausführungen, insbesondere
die architektonischen Kennzahlen, können Anwendern wie Entwicklern hierzu
Entscheidungshilfen bieten. Insbesondere ist vor einer Entscheidung sorgfältig
zu prüfen, welche der benötigten Eigenschaften die zur Auswahl stehenden Prozessoren bieten und welche nicht. Wie oben gezeigt wurde, ist hier RISC kei-
neswegs gleich RISC.

Keinesfalls darf man die Architektur-Kontroverse zwischen RISC und CISC
dogmatisch angehen, sondern man sollte eher einen Mittelweg suchen. Er führt
zu Prozessor-Architekturen, die speziell für den Echtzeit-Einsatz zugeschnitten
sind und dabei durchaus RISC- und CISC-Merkmale miteinander kombinieren:

Als Ergebnis eines Forschungsprojektes wurde in [WYE] eine RISC-
Architektur für die Echtzeit-Datenverarbeitung vorgeschlagen, nämlich das

Omega-CReStA-Konzept (CReStA = Configurable Register/Stack Arrangement), das vor allem eine Lösung für die Probleme mit den großen Registersätzen vorsieht.

Am Markt gibt es Prozessortypen wie den Transputer von Inmos oder den 80960 von Intel, der sich auch in einer Version mit integrierter Unterbrechungssteuerung liefern läßt. Sie werden zwar beide von ihren Herstellern aus werblichen Gründen unter dem Schlagwort "RISC" eingestuft, stellen aber eben keine lupenreinen RISC-Architekturen dar, denn in beiden sind per Mikroprogramm sehr leistungsfähige, mehrtaktige Befehle für Kontextwechsel, Listen- und Semaphor-Operationen implementiert. Der Registersatz des 80960 kann (wie es ähnlich auch bei SPARC und Am 29000 möglich ist) in mehrere Bänke aufgeteilt werden, die einzelnen Prozessen reserviert werden, und bei den Transputern kann man in analoger Weise den prozessorinternen Hauptspeicher mit einer Größenordnung von einigen KByte in prozeßeigene Arbeitsbereiche aufteilen, zwischen denen zum Kontextwechsel ohne Umladen durch Zeigeränderung schnell umgeschaltet wird.

Literatur

[DMM] M. DEMONEY, J. MOORE, J. MASHEY: Operating system support
on a RISC
COMPCON Spring 1986. 31st IEEE Computer Soc. Int. Conf., San
Francisco, USA, March 3 - 6, 1986. Proceedings (1986), S. 138 - 143

[GEG] W. GERTH, J. GOTTFRIEDSEN: RISC contra CISC - Beobachtungen
bei der Portierung eines Echtzeit-Betriebssystemes
in: W. HALANG (Hrg.): PEARL '91. Workshop über Realzeitsysteme.
Springer-Verlag (1991), Informatik-Fachberichte Nr. 295, S. 166 - 179

[HUF] R. HUTTENLOHER, J. FEY (Hrg.): CISC oder RISC oder ...
Markt&Technik-Verlag, München (1989)

[KEL] KELLY: System-Designs mit dem SAB-R3000, insbesondere für
Embedded-Control-Anwendungen
in: R.-J. BRÜß (Hrg.): RISC: Die MIPS-R3000-Familie. Siemens AG
(1991)

[SMI] B. SMITH: The Byte Unix benchmarks
Byte 15 Nr. 3 (März 1990), S. 273 - 277

[WER] R. WEICKER, R. RICHARDSON: Ergebnisliste Dhrystone 2.0, 2.1

[WEN]   M. WENDT: Co-Prozessorstrukturen in Mikrorechnern und ihre
        Anwendung in der Echtzeit-Datenverarbeitung
        Hüthig-Verlag, Heidelberg (1990) (Hochschultexte Informatik 21)

[WIL]   R. WILSON: Real-time executives take on newest processors
        Computer Design 28, Nr. 2, 1.2.89, S. 88 - 105

[WYE]   H.-W. WYES: Die Omega/CReStA-Maschine. Eine RISC-Architektur
        für die Echtzeit-Datenverarbeitung
        Hüthig-Verlag, Heidelberg (1988) (Hochschultexte Informatik)

Konzept und vergleichende Leistungsdaten eines hochreaktiven PEARL-orientierten RISC-Echtzeitbetriebssystemes

W. Gerth

Kurzfassung

RISC-Prozessoren findet man heute zunehmend in verschiedenen Arbeitsplatz-rechnern mit UNIX-ähnlichen Betriebssystemen. Aber es gibt inzwischen auch RISC-Prozessor-Hardware in Form von VME-Bus-Karten, die für die Prozeßda-tenverarbeitung konzipiert wurden. Neuerdings werden, z.B. mit dem Am 29200, sogar Mikrokontrollerversionen für Kleinstsysteme angeboten. Sollten die Chippreise akzeptable Werte erreichen, so könnten RISC-Prozessoren in Zukunft vielleicht verstärkt Einzug in die Prozeßrechentechnik finden. Voraus-setzung dafür ist allerdings, daß sie auch im Bereich der Echtzeitdatenverarbei-tung mindestens mit den CISC-Prozessoren mithalten. Über die Vor- und Nach-teile der RISC-Architektur gibt es seit langem Diskussionen. Dagegen gibt es offenbar wenige vergleichende Erfahrungen aus der Praxis bezüglich ihrer Eig-nung für Echtzeitbetriebssysteme. Mit diesem Beitrag sollen keine neuen Spe-kulationen sondern die im Labor ermittelten Meßdaten diskutiert werden.

1. Zur Portierung des Echtzeitbetriebssystemes

Portiert wurde das RTOS-Betriebssystem. Es verwendet ein ideal an PEARL angepaßtes und damit für die Regelungstechnik optimiertes Prozeßmodell. In diesem Punkt unterscheidet es sich sehr deutlich von den meisten anderen Be-triebssystemen, die oft unix-ähnliche (und damit wenig ingenieurnahe) Systemdienste für das Multitasking anbieten. Vor 10 Jahren wurde RTOS/PEARL schon einmal portiert, damals auf die seinerzeit neuen Prozesso-ren der 680xx-Familie. Mit dieser Prozessorfamilie hat es sich in den letzten Jahren schnell verbreitet und heute sind mehrere tausend Realisierungen im industriellen Einsatz zu finden. Seit Anfang 1991 läuft es auch auf dem 68040, mit dem eine neue Leistungsdimension erschlossen wurde: Der 68040-CISC-

Prozessor hat eine RISC-ähnliche Taktausbeute. Die hier nun vorgestellte neue RISC-RTOS-Version entstand aus einer Diplomarbeit [1] heraus. Da das neue System nach außen völlig funktionskompatibel zum 680xx-RTOS ist, eignen sich die erzielten Ergebnisse hervorragend für eine vergleichende Bewertung RISC contra CISC im Echtzeitbereich.

2. Gegenüberstellung von RISC- und CISC-Prozessoren

Bevor wir das Portierungsprojekt gestartet haben, wurden die verbreiteten RISC-Prozessortypen inspiziert. Die Wahl fiel schließlich auf den Prozessor Am 29000 von Advanced Micro Devices (AMD), weil er vom Preis-Leistungsverhältnis her besonders günstig erschien. Zudem stellte sich dann heraus, daß es vermutlich der zur Zeit in größter Zahl eingesetzte RISC-Prozessor ist. Er wird z.B. auch in Laserdruckern und Hochleistungsgrafikkarten eingesetzt. Die folgende Gegenüberstellung von 68000 und 29000 ist zwar hardwarespezifisch, jedoch würde sich hinsichtlich des Gesamteindruckes nicht sehr viel ändern, wenn man statt dessen etwa eine Gegenüberstellung des 80386 mit dem 88000 wählen würde. Von der Herstellerfirma (AMD) erhielten wir dankenswerte Unterstützung in Form eines 29000-Singleboardsystemes 'STEB' (Standalone Evaluation Board), welches wohl ursprünglich für firmeninterne Vorführungs und Schulungszwecke in der Anfangszeit des 29000 gedacht war. Dieses kleine System arbeitete zu unserer großen Zufriedenheit robust und fehlerfrei - eine Beobachtung, die heute selbst bei ziemlich teurer Rechnerhardware leider immer seltener gemacht werden kann. Bei AMD sieht man anscheinend genau wie bei uns im Am 29k ein preiswertes Hochleistungszugpferd für den Embedded-Controller-Bereich. Im März 1992 brachte AMD den Am 29200-Mikrokontroller auf den Markt. Die mit dem 29000 gemessenen Daten konnten wir inzwischen auch mit diesem Mikrokontroller verifizieren - allerdings ist die Taktrate beim 29200 auf 16 Mhz begrenzt.

Die unten geschilderten strukturellen Portierungsprobleme mit dem 29000 dürfen keinesfalls speziell diesem Chiptyp angelastet werden. Sie sind RISC-typisch und wären in dieser oder sogar verschärfter Form bei den Konkurrenztypen genauso aufgetreten.

MC68000	Am 29000
Mikroprogramm	kein Mikroprogramm
Befehle unterschiedlich lang	festes Befehlsformat
16/32 Bit Architektur	32 Bit Architektur
10 Adressierungsarten	2 Adressierungsarten
ALU kann auf Speicher zugreifen	ALU kann nur auf Reg. zugr.
Systemstack	kein Systemstack
Autom. Interruptmaske	keine autom. Interruptmaske
ca. 200 Interruptvektoren mögl.	Nur 4(7) IR-Autovektoren
8 Adress + 8 Datenregister	192 General-Purpose Reg.
2 Spezialregister (PC+SR)	27 (!) Spezialregister

Tabelle 1 Gegenüberstellung von Architekturmerkmalen

Ein entscheidender Unterschied zwischen CISC und RISC ist auch beim Rechendatenflußbild hinsichtlich der Zugriffsmöglichkeiten des Rechenwerks zu erkennen:

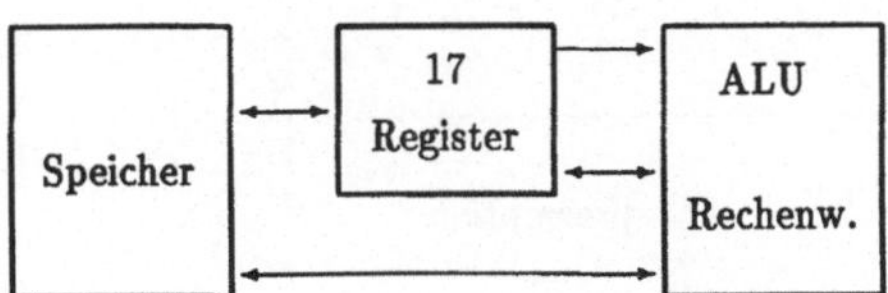

Abb. 1 Rechendatenfluß der CISC-Registermaschine (680xx)

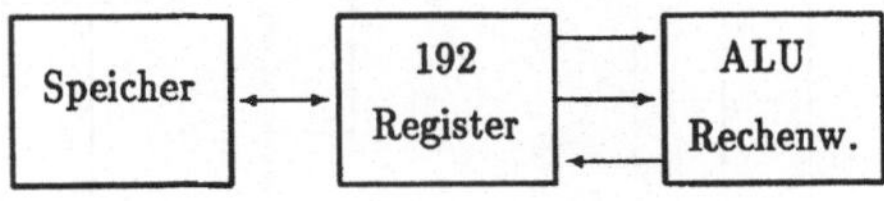

Abb. 2 Rechendatenfluß beim RISC-Prozessor (Am 29000)

Um es gleich vorweg zu sagen: Die bei der Portierung relevanten Probleme gründen sich überhaupt nicht auf den 'Reduzierten Befehlssatz' (reduced instruction set), der Befehlssatz des 29000 eignet sich sogar sehr gut, um ein Echtzeitbetriebssystem zu kodieren. Die Probleme entspringen sämtlich den begleitenden architektonischen Besonderheiten, die den RISC-Prozessor mit einem möglichst niedrigen gegen 1.0 strebenden Verhältnis Clockzyklen/Maschinenbefehl ausstatten sollen. Bei den arithm./log. Befehlen und bei einem schnellen Instruktionsspeicher wird der Wert 1.0 auch tatsächlich erreicht, während beim (alten) 68.000 hier Werte über 4.0 anzusetzen sind. Als Folge davon stellen die Prozessoren 68000 und 68020 im Vergleich zum RISC-Prozessor bei gleicher Clockfrequenz allerdings wesentlich geringere Anforderungen an die Speichergeschwindigkeit.

3. Beschreibung des RTOS/PEARL-Prozeßmodelles

Das Innenleben eines Echtzeitbetriebssystemes mit seinen Stärken und Schwächen begreift der Ingenieur am besten an Hand eines sauber definierten 'Prozeßmodelles'. Dazu studieren wir hier einfach einen hypothetischen Ablauf längs der Zeitachse. Als Ordinate wird mit wachsender Priorität nach oben der jeweils aktive Prozeßlevel aufgetragen. Jeder Level ist für darunterliegende nicht unterbrechbar.

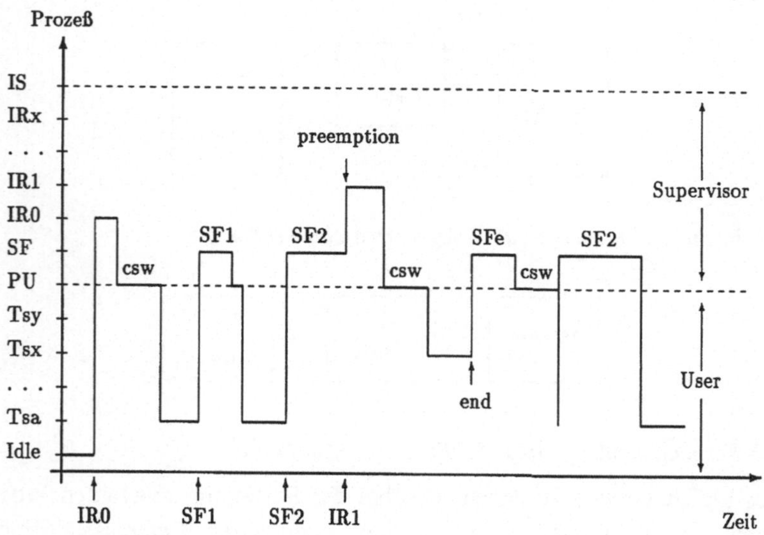

Abb. 3 Ein beispielhaftes Prozeß/Zeitdiagramm von RTOS/PEARL

Dargestellt ist die durch einen Hardwareinterrupt bewirkte Aktivierung der Task 'TSa', wie sie etwa durch das PEARL-Statement

```
WHEN IR0 ACTIVATE TSa;
```

vereinbart sein könnte.

Die Task TSa ruft dann eine Systemfunktion SF1 auf, z.B. ein erfolgreiches **REQUEST** auf eine Semaphorvariable. Im obigen Beispiel wurde angenommen, daß beim Aufruf einer weiteren Systemfunktion SF2 zufällig gerade ein Hardwareinterrupt ausgelöst wird, der zum echten 'preemptive Contextswitch' (CSW) zugunsten der Task TSx führt. SF2 wird also abgebrochen, damit TSx möglichst sofort starten kann. TSx ruft an ihrem dynamischen Ende die Terminate- (end)-Systemfunktion SFe auf. Der PU exekutiert einen Contextswitch, der jedoch nur fiktiv in den Prozeß TSa zurückführt, da sofort die abgebrochene Systemfunktion SF2 wieder in Bearbeitung genommen wird. Ein eventueller interner Kontext von SF2 wird bedingt durch ihre Bauart dabei neu erstellt - mußte also vorher nicht gerettet werden (s.u.).

RTOS verwendet zwangsweise dennoch in den Systemfunktionen Sequenzen, die durch den PU nicht aufgebrochen werden können, wie z.B. beim Semaphorrequest zwischen Abfrage und Umsetzen unbedingt erforderlich. Solche Sequenzen sind aber vorher statisch auszählbar, hängen also z.B. nicht von der aktuellen Speicherbelegung ab. Auch die Suche nach Platz oder irgendwelchen Objekten im Speicher ist nach jeweils einer Handvoll Maschinenbefehle immer wieder für den PU abbrechbar. Bei der Unterbrechung einer SF durch den PU gilt so eine Art 'Throw-away'-Prinzip: Die SF selbst haben keinen eigenen Kontext oder nur solchen, der bei Neubeginn der SF von alleine wiederkehrt; was die SF bis zum Abbruch geleistet hat, wird einfach bei Wiederaufnahme der verdrängten Task wiederholt. Dadurch entsteht theoretisch natürlich ein Verlust von Prozessorarbeitsleistung. Er ist jedoch in der Praxis kaum je nachzuweisen, lediglich beim Labortestbetrieb mit Signalgenerator und zyklischen Interrupts im Frequenzbereich der (hohen) Systemleistungsgrenze beobachtet man verfahrensbedingte charakteristische Phänomene. Man beachte, daß die Wegwerfarbeit stets dem minderwichtigen, zu verdrängenden Prozeß aufgehalst wird. Diese Technik wurde in den modernen Versionen von RTOS ständig weiter perfektioniert und ist sicher einer der Gründe für die sehr gute Phasentreue, Determiniertheit und schnelle Reaktivität der aktuellen Implementierungen. Die Abbrechbarkeit von Systemfunktionen ist für den Regelungstechnikingenieur zwingend. Multiusersysteme, wie z.B. normales Unix oder OS-9 haben trotz ihrer sonstigen Qualitäten hier ganz gravierende konzeptionelle Mängel, die sie für typische anspruchvolle Regelaufgaben ungeeignet machen [2]: Irgendeine niederpriore Task macht eine Terminalausgabe, ruft dazu eine SF auf und schon ist der Reglerzyklus unvorhersehbar gestört, weil der Timerinterrupt erst am Ende der SF zum Taskwechsel führt.

In RTOS bildet der Prozeßumschalter PU die Grenzlinie zwischen Nutzerprozessen und folgenden Supervisorprozessen:

IS	=	Interruptsperre, durch Software ein-/ausgeschaltet
IR	=	Interruptroutinen, durch Prozessorhardw. aktiviert
SF	=	Systemfunktion, durch Software-IR/Trap aktiviert

Der RTOS-Kern prüft bei jedem 'Abstieg' vom Supervisor- in den Userstatus auf der PU-Ebene eine Sammelflag, in der jede zwischenzeitliche Taskzustandsänderung archiviert wurde. Der PU selbst ist der niedrigst priorisierte Supervisorprozess des Systemes, läuft also im privilegierten Mode des Prozessors mit vollem Instruktionssatz.

4. Überlegungen zur Implementierungssprache

Mancher Systemprogrammierer würde hier vermuten, daß die RTOS-Portierung in der Programmiersprache 'C' durchgeführt wurde. Tatsächlich haben wir aber niemals ernsthaft daran gedacht, den Kern des Betriebssystemes in irgendeiner höheren Programmiersprache zu kodieren. Auch wenn es völlig gegen den Zeitgeist zu sein scheint: ein voll ausoptimiertes und effizientes Echtzeitmultitaskingbetriebssystem kann im Kern nach unserer Meinung nur in Maschinensprache kodiert werden. Bei der Umsetzung des präzise durchdachten obigen Prozeßmodelles sind ständig Zugriffe auf die spezifischen Hardwarekomponenten des Prozessors erforderlich, Maschinenzyklen müssen abgeschätzt werden können etc. Darüber hinaus haben wir hinsichtlich der Effizienz auch der besten C-Compiler bei hardwarenahen Programmierproblemen, z.B. beim Emulatorbau, mittlerweile etliche negative Beobachtungen machen müssen (s.u.). Oft genug sind hier schon unerfahrene Assemblerprogrammierer sogar auf so unübersichtlicher Hardware wie dem Intel 80x86 bei der Projektabwicklung hardwarenaher Probleme im Wettkampf Sieger nach Zeit und Produktqualität gegen erfahrene C-Profis geblieben. Bei der Bearbeitung komplexer Datenstrukturen und der Umsetzung anspruchsvoller Algorithmen kommt natürlich auch bei uns niemand auf die Idee, Assemblersprache zu verwenden.

Für den RISC-Prozessor wurde vor Beginn des Projektes ein Assembler geschrieben, der auf allen heutigen Betriebssystemen als Crossassembler lauffähig ist. Ein Assembler für den Am 29000 ist wegen des sehr übersichtlichen und geradlinigen Befehlsaufbaues strukturell sehr einfach zu erstellen, anstrengend war dabei nur die Eingabe der zahlreichen Mnemos für Befehle, Spezialregister und Funktionsbits. Die Codierung des neuen RTOS in der 29000-Assemblersprache erwies sich später dann ebenfalls als völlig unproblematisch und gut strukturierbar - freilich immer erst, nachdem man das zur jeweiligen Funktion gehörende Hardwarestrukturproblem gelöst hatte.

5. Definition des Kontextes einer Task

Hier gibt es zunächst eine 'dumme Frage', die bei der Erschaffung des bisherigen RTOS niemals gestellt wurde: was ist eigentlich der 'Kontext'? Beim 680xx war völlig klar, daß mit dem Kontext die Register, der PC und das Statusregister gemeint waren.

Beim Am 29000 setzt hier jedoch sofort die Diskussion an. Würde man alle 192+27 Register zum Kontext rechnen, so ergäben sich beträchtliche negative Konsequenzen für die Reaktivität des neuen Systems. Besonders der Zugriff auf die Spezialregister geht nur umständlich und zeitraubend im Umweg über die Universalregister. Wie oben erwähnt, kommt kein einziger arithmetischer oder logischer Befehl ganz RISC-typisch direkt an eine Speicherzelle heran: Das Betriebssystem kann selbst in seinem Innenleben nur mit Hilfe von Registern arbeiten, die logischerweise nicht den Tasks zugeordnet werden dürfen.

Die Software-Vorstellungen der Hardwareentwickler des Am 29000 zum Multitasking erwiesen sich leider für das RTOS-Projekt nicht als Hilfe. Von den 192 gleichartigen Universalregistern bilden 128 die Gruppe der lokalen Register. Über ein Zeigerregister kann man nun das lokale Register LR0 auf einen wählbaren Punkt des physikalischen 128-Registersatzes legen, die folgenden Register LR1 ... LR127 werden weiter aufsteigend modulo 128 (Ringstruktur) zugeordnet. Nach der Vorstellung der Hardwareleute können dann z.B. 8 Tasks in ihren Maschinenbefehlen alle die lokalen Register LR0...LR15 benutzen, der Prozeßumschalter shifted beim Taskwechsel nur das Zeigerregister, welches damit zum Kontext gehören würde. Das sieht auf den ersten Blick bestechend aus, war dann aber leider am Ende nur die Verführung in eine zeitraubende Sackgasse:

- Selbst die kleinsten RTOS-Anwendungen auf Halbeurokartenrechnern mit 68008 haben deutlich mehr als 8 Tasks in der Systemverwaltung. Der 29000 gehört aber einer viel höheren Leistungsklasse an, vergleichbar dem 68020 oder darüber. In RTOS/PEARL-Projekten auf 68020-Systemen gibt es durchaus bisweilen 300 und mehr PEARL-Tasks. Folglich benötigt man beim 29000 einen Verdrängungsalgorithmus für die Register und muß bei jeder Prozeßumschaltung prüfen, ob der Registersatz für den neuen Prozeß überhaupt noch gültig ist.

- Eine bedarfsgerechte Zuordnung der Registerzahl zur jeweiligen Task bringt zusätzliche, beim Prozeßwechsel zu erledigende Verwaltungsarbeit mit sich.

- Das Retten von 16 Universalregistern in den Speicher dauert zeitlich nur wenig länger als die Abfrage dauern würde, um festzustellen, ob der Registersatz nicht inzwischen verdrängt wurde. Man kann x Universalregister mit einem Befehl in den Speicher transportieren und umgekehrt, wobei für jedes zusätzliche Register nur 1 Elementarclockzyklus mehr verbraucht wird.

- Der wesentliche Zeitverbrauch entsteht beim Kontextswitch durch das Retten der Spezialregister. Deren Anteil am Kontext muß darum so niedrig wie möglich gehalten werden.

Trotz der ungünstigen Perspektive wurde vorsichtshalber der Ansatz mit geshiftetem Registerzeiger dennoch kodiert, wobei gleich die endgültige kleine (s.u.) Anzahl von Spezialregistern im Kontext zu Grunde gelegt wurde. Unter idealen Voraussetzungen für die Registerzeigermethode wurde von Gottfriedsen [1] nur in einer einzigen Konstellation der äußerst magere Gewinn von ganzen **4 Prozent (!)** beim Zeitverbrauch für den Kontextswitch gemessen, ansonsten war die Methode stets deutlich ineffizienter. Da diese Konstellation in der RTOS-Praxis aber fast niemals vorkommt, mußte der gesamte gutgemeinte Denk-Ansatz der Hardwareleute des Chip-Herstellers für die RTOS-Portierung letztlich verworfen werden.

Kontext des 680xx	Kontext des Am 29000
17 Register mit 32 Bit	0...128 Register 32 bit
-	PC0 32 bit
-	PC1 32 bit
Sys-stackframe 12 bytes	OPS 32 bit
(enthält PC, SR)	ALU 32 bit
-	Q 32 bit
80 Bytes (ohne FPU)	20...532 Bytes (ohne FPU)

Tabelle 2 Festlegung des Kontext

Anzumerken ist hierbei, daß die beim Am 29000 zum Kontext gerechneten Spezialregister Program-Counter 0 (PC0), Program-Counter 1 (PC1), Old Processor-Status (OPS), Arithm./Logic-UNIT-Status (ALU) und MUL/DIV-Hilfsregister (Q) das absolute Minimum darstellen, welches am Ende langer Untersuchungen herauskristallisiert werden konnte. Alle anderen Spezialregister konnten entweder konstant gehalten werden oder werden nur auf der Supervisorebene variiert. Die obigen Spezialregister reflektieren quasi den internen Verarbeitungszustand der Instructionpipeline, des Rechenwerks etc. - Daten, die bei CISC-Prozessoren nicht nach außen erscheinen, da der Mikroprogrammcode Interrupts erst am Ende eines CISC-Befehles honoriert. Eine Ausnahme hiervon bildet der 'Mid-Instruction-Interrupt' des Gleitkommarechenwerks 68881/2, bei dem u.U. ca. 200 (!) Bytes Kontext zusätzlich zu retten ist.

Die Anzahl benötigter Arbeitsregister kann also beim 29000-RTOS für jede Task vom Programmierer bzw. vom Compiler individuell festgelegt werden. Wird dadurch nicht aber die Determiniertheit der Reaktionszeit gefährdet? Im Prinzip ja, doch unterscheidet sich der Zeitverbrauch beim Kontextswitch in beiden Extremfällen 0 Register / 128 Register bei einem 25 Mhz-Prozessor ohne Waitstates nur um den anscheinend sehr kleinen Wert von lediglich **knapp 6 Mikrosekunden.**

6. Die optimierte Registerbelegung

Es wurde schon beschrieben, daß die typische RISC-Maschine auf die Speicherzellen ausschließlich mit Load- und Store-Befehlen zugreifen kann. Will man also z.B. nur 'eben schnell' prüfen, ob der Inhalt der Speicherzelle xy nega-

tiv ist oder nicht, so gehören dazu 3 Befehle, bei höheren Speicheradressen mit
mehr als 16 Bit Adressierungsinformation sogar 4:

CONSTH	regx,high16bit
CONST	regx,low16bit
LOAD	regy,regx
test	regy

Das hat für die **Interruptroutinen** die Konsequenz, daß man selbst zum Retten
irgendeines Registers bereits ein freies Register braucht. Also muß man sinn-
vollerweise für jeden Interruptprozeß eine kleine Anzahl Register **dauerhaft**
abzweigen. Dazu werden 16 'globale' Register aus dem Gesamtvorrat von 64
(192-128) festgelegt. Sie dürfen nun nur noch auf der ihnen zugeordneten IR-
Ebene benutzt werden. Für die Gesamtheit aller SF von RTOS verbleiben damit
48 Register.

Für die Portierung erwies es sich als günstig, daß es im Systemkern selbst nur
eine begrenzte und anwenderproblemunabhängige Anzahl globaler Daten gibt,
die das System für seine Prozeß- und Speicherverwaltungsarbeit benötigt. Bei
der Konzeption von RTOS waren von vornherein irgendwelche numerischen
Beschränkungen, wie sie z.B. durch altmodische Prozeßverwaltungstabellen
entstehen, ausgeschlossen worden. In der Am 29k-Version von RTOS werden
15 wichtige Systemdaten ständig in Registern gehalten. Damit sind die zeitlichen Nachteile durch den problematischen Speicherzugriff nicht nur gut in den
Griff zu bekommen, sondern werden am Ende sogar noch in einen **Leistungs-
vorteil gegenüber dem 680xx** umgekehrt.

Wie bereits erwähnt, gibt es keinen Systemstack. Die restlichen 33 Register
werden eingesetzt, um Unterprogrammrücksprungadressen, temporäre Pointer
einzelner Systemprozesse, Zeitverwaltungszellen etc. aufzunehmen. Einige
Register enthalten auch wichtige und häufig gebrauchte Konstanten, z.B. die
Null und das Bitmuster des logischen TRUE.

- 16 & Register & -- & fest den Interruptebenen zugeordnet

- 15 & Register & -- & Zentrale wichtige Systemvariable

- 33 & Register & -- & Stackersatz, temporäre SF-Variable

7. Weitere Spezialitäten der RISC-Architektur

Bei Auftreten eines Interrupts rettet der RISC-Prozessor bekanntlich keine Daten auf einen Stack, sondern legt vom Statusregister eine Kopie (OPS) an, sperrt alle Interrupts und Traps und friert die anderen Spezialregister ein. Man hat dann nur einen sehr eingeschränkten Befehlssatz zur Verfügung, kann aber mit einem Interruptreturn extrem schnell den Interruptprozeß wieder verlassen. Will man andere Interrupts zulassen oder den eingefrorenen Zustand aufheben, so ist eine recht umständliche Prozedur abzuwickeln und eine dazu komplementäre vor dem Interruptreturn. RISC-Prozessoren sind bei der Interruptverarbeitung ganz allgemein ziemlich unhandlich, weil ihnen die komplexen Interruptnebenfunktionen der CISC-Prozessoren fehlen. Der eingefrorene Zustand des 29000 ist trotz des stark reduzierten Befehlssatzes für RTOS ein attraktiver Kompromiß. Hier erwies es sich als günstig, daß das RTOS-Konzept mit Hinblick auf eine möglichst hohe Auflösungsgrenzfrequenz schon immer konzeptionell auf möglichst simple und kurze Interruptprozesse getrimmt war. Diese Prozesse erzeugen Störungen im Ablauf der anderen Prozesse und sollten auch von daher zeitlich minimiert werden. Im Am 29k-RTOS wird man wohl auch bei späteren Implementierungen mit dem eingefrorenen Zustand auskommen, wenn man zeitlich problematische Aufgaben auf Taskebene verlagert (Dämonen). Der PEARL Programmierer kodiert bekanntlich niemals Supervisorprozesse, sondern stets nur Tasks, was sich heute erneut und ganz besonders für die RISC-Prozessoren als segensreiches Konzept erweist.

8. Vergleich RISC-RTOS und CISC-RTOS

Studiert man den Maschinencode irgendwelcher Programme für den 29000, so fällt sofort eine sehr starke Dominanz des 'CONST'-Befehles auf, mit dem man jeweils eine 16-Bit-Konstante aus dem Befehlswort in die obere oder untere Hälfte eines Registers bringen kann. Dieser Befehl wird immer wieder gebraucht, wenn man an irgendeine Speicherzelle heranwill. Zwei CONST-Befehle ersetzen praktisch das 32-bit lange Extensionswort der direkten Speicheradressierung bei CISC-Prozessoren - verbrauchen aber den doppelten Platz im Instruktionsspeicher. Alle speicherorientierten CISC-Befehle lassen sich nur durch ganze Bündel von RISC-Befehlen abbilden. Trotzdem kann das RISC-Programm schneller sein, weil die RISC-Maschine bei schnellem Speicher mit der Clockfrequenz von Befehl zu Befehl eilt.

Es war darum ziemlich spannend, am Ende nachzusehen, wievielmal mehr Maschinenbefehle der neue 29000-RTOS-Kern enthalten würde. Da wurden einige Fallbeispiele probeweise kodiert und unsere Anfangsabschätzung vermutete danach etwa die 3-fache Anzahl erforderlicher Maschinenbefehle. Das wäre höchstwahrscheinlich immer noch ein Zeitgewinn gegenüber dem 680xx, wobei der 68040 ausgenommen werden muß.

8.1 Speicherbedarf für die kompletten Systemkerne

Nach der Kodierung sämtlicher RTOS-Funktionen ergibt sich der in Tabelle 3 dargestellte Speicherbedarf.

MC 680xx	Am 290xx
7,5 kbyte	12.5 kbyte

Tabelle 3 Speicherbedarf für den RTOS-Kern im Vergleich

Das ist ein sehr erstaunliches Ergebnis, denn es wird beim 29000-RTOS tatsächlich nur 1.7 mal mehr Programmspeicher benötigt als bei der 680xx-Version.

Bezüglich der Anzahl benötigter Befehle sehen die Verhältnisse sogar noch günstiger aus, manche wichtige Systemfunktion benötigt sogar nur 1.4 mal mehr Maschinenbefehle als beim 680xx-RTOS, nur bei den ungünstigsten Fällen wurde vereinzelt der Faktor 1.7 beobachtet.

Der Vorteil der sehr schnellen Befehlsausführung wurde also nicht durch Verlängerung des Codes wieder aufgezehrt!

Aus diesen Daten läßt sich einigermaßen brauchbar abschätzen, daß das 29000-RTOS in seiner Leistungsfähigkeit bei gleichem Prozessorclock irgendwo zwischen der 68030- und der 68040-Version einzuordnen sein wird. Es sei dabei daran erinnert, daß die doch überraschend guten Ergebnisse zum größten Teil auf die dauerhafte Plazierung zentraler Systemdaten in Registern zurückzuführen sind. Damit ist die Abbildung der RTOS-Funktionen nur nach außen gleichwertig und man darf diese guten Resultate zunächst nicht automatisch auf beliebige andere, z.B. algorithmische Probleme übertragen.

8.2 Echtzeitreaktivität im Vergleich

Die gemessenen Reaktionszeiten bestätigen die aus der geringen Codeverlängerung abzuleitende erfreuliche Tendenz (vgl. Tabelle 4). Dazu wurde u.a. folgendes Experiment durchgeführt:

Eine Task mit residentem (= dauernd zugewiesenem) Taskarbeitsspeicher soll auf einen Interrupt hin aktiviert werden. Es wurde genau der Maschinencode verwendet, den der RTOS/PEARL-Compiler nach der Anpassung seines Codegenerators an den 29000 aus dem PEARL-Statement

```
WHEN IRxyz ACTIVATE Antworttask;
```

erzeugt. Angenommen wurde ein Registerbedarf von 16 Registern und eine höher priorisierte aber aktuell blockierte weitere Task, die damit auch vom PU zu beachten war. Gemessen wurde die Anzahl Prozessorclockimpulse vom Auslösen des Interrupts bis zum ersten Befehl der Antworttask. Das verfügbare Board arbeitete nur mit 16 Mhz und war auf 2 Waitstates eingestellt. Gemessen wurden 36 µs und diese entsprechen beim 25 Mhz Prozessor ohne Waitstates einem errechneten Wert von weniger als 8 Mikrosekunden!

68030 / 25 MHz	68040 / 25 MHz	29000 /25 MHz
50 µs	33 µs	8 µs

Tabelle 4 Hochsprachinterruptreaktionszeiten im Vergleich

Das bisherige kleinste zyklische Einplanungsintervall von 1 ms bei RTOS/PEARL ist zwar im Vergleich zu konzeptionell längst veralteten Betriebssystemen mit Planungsatomen von 10 ms oder mehr immer noch gut. Im Lichte der obigen Reaktionsgeschwindigkeiten der Prozessoren 68040 und 29000 ist diese Auflösung jedoch inzwischen viel zu grob. Das **29000-RTOS erhielt darum als Planungsatom 0.1 ms.** Mit dem PEARL-Statement

```
ALL 0.0001 SEC ACTIVATE ...
```

erreicht man sehr saubere Abtastzyklen von 10 Khz. Interruptgetrieben erscheinen mit einem 'No-wait-25Mhz-29000' sogar Hochsprachabtastfreqenzen bis **hin zu 50 Khz** möglich.

8.3 Kompilationszeiten im Vergleich

Inzwischen ist der RTOS/PEARL-Compiler auch auf dem Am 29k lauffähig. Allerdings wurde er für diese Tests als Crosscompiler (Zielmaschine 680xx) betrieben. Der Compiler ist im Maschinencode einer fiktiven VCP-Maschine (virtual code processor) codiert und wird in der Standardversion auf allen Systemen im **exakt gleichen binären virtuellen Code benutzt.** Dadurch ergibt sich eine sehr gerechte Vergleichsmöglichkeit quer über alle möglichen Systeme. Auch die Frage nach der tatsächlichen Effizienz üblicher 'C'-Compiler und nach einer leistungsfähigen Portierung muß in diesem Zusammenhang sehr kritisch begutachtet werden: Das 'C'-Programm wurde von einem erfahrenen Programmierer erstellt und enthält inzwischen (Portierbarkeit?) etliche parametrierbare Alternativkonstrukte, um jeweils die besonderen Schwächen des gerade benutzten Compilers auszubügeln. Immerhin gibt es - wie zu sehen 'C '-Compiler, die mit diesem Programm bis auf den Verlustfaktor 1.6 an die Assemblerversion herankommen (MS-C 6.0). Dabei ist allerdings zu bemerken, daß die C-Version eine deutliche 'Marscherleichterung' gegenüber den Assemblerversionen erhielt (welche sich mit diesen Erkenntnissen noch weiter beschleunigen ließen, sobald sich jemand die Arbeit macht).

Die gemessenen Kompilationszeiten sind in Tabelle 5 zusammengestellt. Die Aufgabe war stets exakt gleich: Ein 4000-zeiliges PEARL-Programm (ein wissensch. Anwenderprogramm) war komplett bis zum binären Ladefile zu übersetzen. Gemessen wurde die verbrauchte Prozessorzeit für den VCP-Emulator im single-user-Betrieb.

Man kann neuerdings den VCP-Assemblerquelltext auch ohne Umweg über die Emulation direkt in binären Maschinencode übersetzen. Der Leistungswert für den so erzielten völlig funktionsidentischen 'Native-Code-Compiler' ist in der ersten Zeile außer Konkurrenz für den 68040 eingetragen.

Geordnet wurde die Tabelle anhand einer fiktiven auf 100 Mhz Prozessorclock hochgerechneten Zeitmaßzahl, die mit S100 = Zeit*(Prozessorclock/100) bestimmt ist. Auch wenn diese Bemaßung etwas fragwürdig ist, so können doch in etwa strukturelle (statt technologischer) Eigenschaften verglichen werden.

Hardware[1]	Betriebssystem	Spr	Sek	S100	Platz
68040 (CB) 25 Mhz	RTOS	Nt	7	1.7	-
68040 (CB) 25 Mhz	RTOS	As	14	3.5	1
Am 29000 25 Mhz	RTOS	As	23	5.8	2
68040(WT) 25 Mhz	RTOS	As	24	6.0	3
80486 33 Mhz	MS-DOS	As	21	6.9	4
HP9000/720 50 Mhz	HP-UX 8.05 + HP-C	C	16	8.0	5
68020(VME) 12.5 Mhz	RTOS	As	88	11.0	6
80386 25 Mhz	MS-DOS	As	45	11.3	7
80286 8 Mhz	MS-DOS	As	220	16.0	8
HP./3xx(68020) 20 Mhz	HP-UX * HP-C	C	107	21.4	9
Atari ST 8 Mhz	RTOS	As	280	22.4	10
80286 8 Mhz	MS-DOS * MS-C 6.0	C	306	24.5	11
HP./3xx(68020) 16 Mhz	HP-UX + HP-C	C	200	32.0	12
80286 16 Mhz	OS/2 + MS-C 6.0	C	200	32.0	12
68020(VME) 20 Mhz	RTOS + CREST-C	C	163	32.6	13
SUN4/SPARC	SUN-OS + SUN-C	C	110	33.0	14
Atari ST 8 Mhz	Atari-TOS + Turb. C	C	450	36.0	15
68020 16 Mhz	Unix V/68 AT.T-C	C	300	48.0	16
DEC VAX II GPX 25 Mhz	VMS + DEC-C	C	680	170.0	17

Tabelle 5 Gemessene Kompilationszeiten

9. Zusammenfassung und Ausblick

Das zentrale Problem der Portierung des gesamten Programmiersystemes RTOS/PEARL wurde mit der Bereitstellung aller RTOS-Systemdienste im 29000-RTOS gelöst. Alle durch das RISC-Konzept bedingten Klippen ließen sich wegen der hohen Registerzahl des 29000 nach entsprechender innerer Umstrukturierung des Betriebssystemes gut umschiffen.

Die bisher ermittelten Leistungsdaten sind wirklich beeindruckend. Allerdings stellt sich die Frage nach dem Kostenaufwand für einen 25Mhz-29000-Prozessor mit 'no-wait'-Speicher (ROM und RAM). Dennoch: Schon die tatsächlich gemessenen Werte bei 16 Mhz und 2 Waitstates liegen bezüglich der Echtzeitreaktivität bei den gleichen Werten wie beim 25Mhz-68040. Auch bei der

---

[1] (CB) steht für 'Copy-back-mode', (WT) für 'Write-Thru'.

Kompilationsgeschwindigkeit (das Hantieren mit characters liegt den RISC-Prozessoren eigentlich nicht!) sieht der Am 29k sehr gut aus. Bei gleichem Prozessorclock erreicht er annähernd das Leistungsvermögen des 68040.

Eine kleinere Ärgerlichkeit des 29000 ist darin zu sehen, daß die globalen Register zwar bankweise gegen Zugriffe der Tasks (Usermode) geschützt werden können. Erforderlich gewesen wäre aber eine Möglichkeit, nur das Beschreiben der Register zu verhindern - und das geht leider nicht. So bleiben die Register ungeschützt. Allerdings können nur 'böswillige' Assemblerprogrammierer hier Schäden anrichten. RTOS/PEARL ist ohnehin nie mit dem Anspruch angetreten, ein ix-Betriebssystem sein zu wollen; zugunsten der Kompaktheit und Schnelligkeit als Prozeßrechensystem wurde auch bisher schon kein großer Aufwand gegen absichtlich unkooperative Nutzer vorgesehen.

Offenbar geht die Entwicklung der 290xx-Familie beim Hersteller zügig weiter. Mit ca. DM 80.- für den 16 Mhz Am 29200 Chip (1000-er Preis) ist eine preiswerte Mikrokontrollerversion verfügbar. Bezüglich des Am 29k-RTOS ist ab Sommer 1993 auch der RTOS-PEARL-Compiler und die PEARL-Laufzeitbibliothek verfügbar. Erste vergleichende Benchmarktests zwischen 68332 und Am 29200 lassen eine leichte leistungsmässige Überlegenheit des RISC-Konzeptes in der PEARL-Echtzeitwelt erkennen. Allerdings ist der Speicherbedarf für den Programmcode merklich größer. In jedem Fall wird RTOS und PEARL damit schon bald eine neue und vom Preis-/Leistungsverhältnis her attraktive Hardwarebasis haben. Hinsichtlich der Skalierbarkeit gelten alle Eigenschaften des bisherigen 680xx-RTOS: Der Anwender baut das System ohne umständliche Systemgenerierung einfach additiv zusammen und der 29000-RTOS-Kern führt die erforderliche Selbstmontage beim Einschalten des Chips automatisch aus. Natürlich ist auch die EPROMfähigkeit wie bisher gegeben. Bezüglich der Ablaufgeschwindigkeiten ist den 680xx-RTOS-Systemen mit dem brüderlichen 29000-RTOS nun ein ernst zu nehmender Konkurrent erwachsen. Dies gilt nun auch für die 683xx-Mikrokontrollerfamilie.

Wer seine bisherigen Echtzeitprobleme schon in PEARL kodiert hat, kann in Ruhe die neuen Möglichkeiten abwarten, denn für ihn ändert sich PEARL-typisch überhaupt nichts bei den Quelltexten seiner Programme, wenn er die neue Hardware einsetzen möchte.

Literatur

[1] Gottfriedsen,J.: Echtzeitbetriebssystemkern für einen RISC-Prozessor, 1991, Diplomarbeit Inst. für Regelungstechnik Uni Hannover, nicht veröffentlicht

[2] Lilge, T., Gralla, C.: Drei Echtzeitbetriebssysteme für die digitale Regelung im Vergleich, in diesem Band

[3] Johnson, M.: Am 29000 User's Manual, Advanced Micro Devices 1990

The Design Of A RISC-Based Real-Time Multiprocessor System For Real-Time Applications

B. Furht

Abstract

The goal of this presentation is to discuss requirements for real-time multiprocessors and present a RISC-based architecture which meets these requirements. The described architecture, a symmetric tightly-coupled multiprocessor, runs the multiprocessor REAL/IX operating system and includes a number of features which provide high real-time performance. Performance evaluation of this architecture is presented, which includes (a) real-time benchmarks, which measure real-time performance of this system, and (b) multiprocessor benchmarks, which are specifically designed to test and measure impact of multiprocessing to real-time performance.

1. Introduction

Multiprocessor systems are used when processing requirements exceed the capabilities of a single processor system. In some other cases, multiprocessing can provide redundancy by distributing a real-time application around multiple processors. Another advantage multiprocessors have over single processor systems is system scalability. With scalability, throughput of existing configurations can be increased with the additions of other processors.

We classify real-time multiprocessor architectures into three categories:

(a) tightly-coupled multiprocessor,
(b) loosely-coupled multiprocessor, and
(c) hybrid multiprocessor.

The tightly-coupled multiprocessor architecture with a common bus, shown in Figure 1a, is the most popular real-time multiprocessor architecture today. All processors share global memory, and there is a single copy of the operating system and data structures. A loosely-coupled multiprocessor system consists of independent processors connected via high-speed communication link, as shown in Figure 1b. Processors have separate copies of the operating system and share and distribute a work load via messages. The communication link could be a crossbar switch, a shared system bus, a local area network, or even a wide-area network. Finally, hybrid multiprocessors combine features of both tightly-coupled and loosely-coupled multiprocessors, as illustrated in Figure 1c. A hybrid system may contain processors with local memory and separate operating system as well as global memory and common system bus. The communications among processors and memories are typically done using multiple buses.

2. Requirements For Real-Time Multiprocessors

All three multiprocessor architectures, introduced in Section 1, can improve the speed of computation, however, they may or may not be optimized for real-time multiprocessing. In real-time, in order to meet rigid deadline requirements, a multiprocessor system must be based on architecture that [1]:

(1) allows the application to be broken into independently schedulable tasks,

(2) provides mechanisms for intertask communication and synchronization,

(3) provides high reliability,

(4) provides predictable execution time and low interrupt latency, and

(5) supplies high performance

Specifically, interprocess communication (IPC) mechanisms play a critical role in real-time multiprocessors, because they connect processors together. Real-time IPCs can be distinguished from non-real-time IPCs by the same criteria that distinguish real-time applications from non-real-time applications. Real-time IPCs should meet the following requirements:

(a) low interrupt latency,

(b) high performance, and

(c) predictable execution lines.

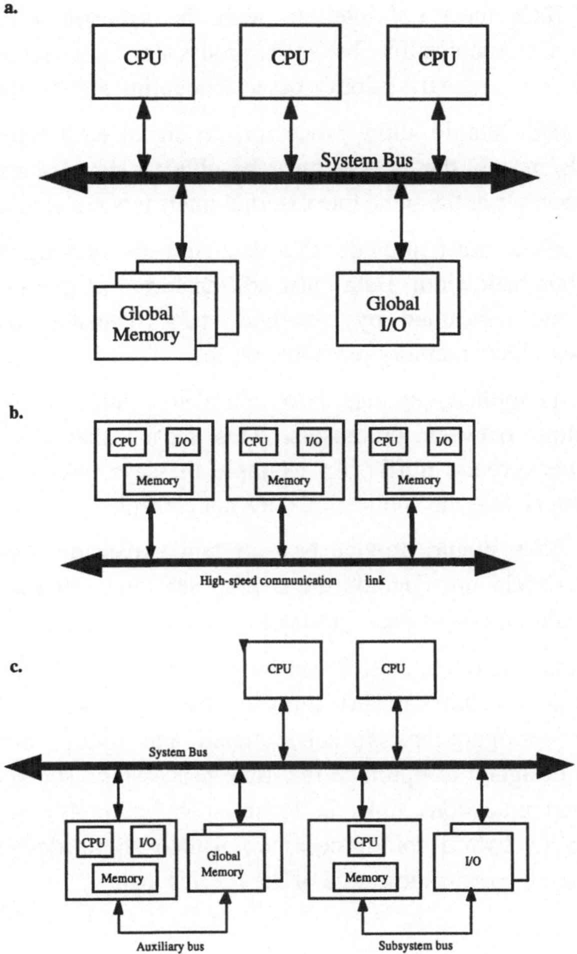

*Figure 1: Various multiprocessor architectures: (a) the tightly-coupled
multiprocessor with column memory, (b) the loosely-coupled
multiprocessor, (c) hybrid multiprocessor*

In order to meet these requirements, real-time IPCs must provide the following
features [1]:

(1) Real-time IPCs should not affect the real-time performance of each
    processor in a multiprocessor configuration.

(2) Real-time IPCs must not interfere with the scheduling of tasks on a processor. Communication between processors can neither stop task scheduling nor change the priority-based scheduling algorithms.

(3) Real-time IPCs should allow processors to signal each other at interrupt speed. This means, that a task must be able to signal a remote task on another processor at the same rate external interrupts are generated locally.

(4) Real-time IPCs must provide the data transfer among processors at processor bus bandwidth. Data must be transferred as quickly as it can be produced and consumed by real-time tasks. Transfer rate should be comparable to local memory reads and writes.

(5) The real-time applications must have complete control of the data transfer and signaling between processors. This means that the IPCs cannot introduce background traffic, for example message acknowledgements or extra interrupts, that the application does not control.

(6) Real-time IPCs should provide easy system expansion. The addition of processors should not degrade the overall real-time system performance, especially interprocessor data transfer and signaling.

By analysing these requirements, it can be concluded that the tightly-coupled multiprocessor architecture can best fit for real-time applications. The other two multiprocessor configurations, loosely-coupled and hybrid multiprocessors, have not been designed to optimize real-time processing. The access times of high-speed communications links in loosely-coupled multiprocessors, or of multiple buses in hybrid multiprocessors, usually limit designs to a few processors before the real-time nature of the IPCs is lost.

3. The REAL/STAR 2000: A High Performance Real-Time Multiprocessor

In this section, we describe the REAL/STAR 2000, a symmetric, tightly-coupled multiprocessor optimized for real-time computing. It includes RISC technology, open system architecture, high-speed memory, real-time system software, and a high-speed process I/O subsystem. The REAL/STAR 2000 system is based on open system philosophy by supporting industry standards, such as the REAL/IX operating system, a real-time implementation of the

UNIX System V, and standard buses and interfaces, such as VMEbus, SCSI, Ethernet, and others. Besides high computational performance, the system also provides deterministic and fast response time, fast task switching, low interrupt latency, real-time IPCs, and high real-time I/O throughput.

3.1 System Architecture

The REAL/STAR 2000 system is a tightly-coupled, symmetric multiprocessor using Motorola's 88100 RISC technology. The system supports three configurations: single, dual, and quad processor configurations. The quad processor system architecture is shown in Figure 2.

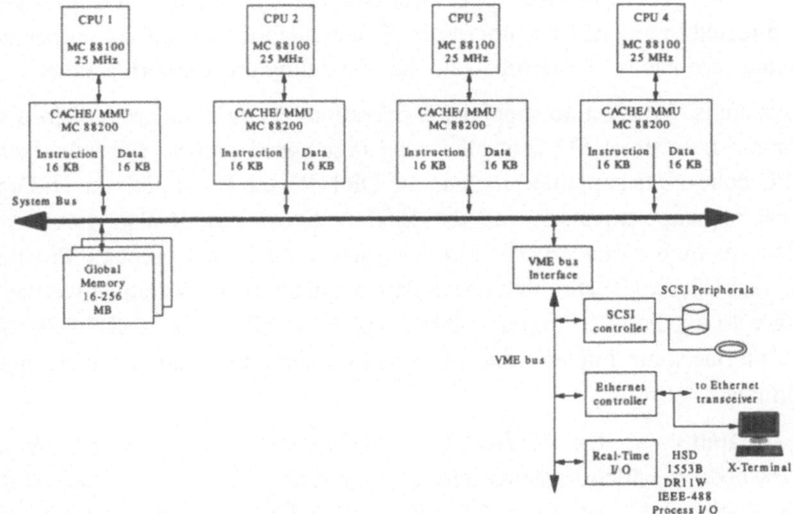

Figure 2: The architecture of the quad processor REAL/STAR 2000 system

The base system consists of three standard VME modules: main logic board, memory board, and system controller board, interconnected through a high-speed local bus. The main logic board consists of one, two, or four 25 MHz 88100 RISC processor and eight MC88200 Cache/Memory Management Units (CMMU), integrated into a HYPER-module, and the control logic required for the system bus. The 88100 processors also integrate integer and floating-point operations. The CMMU ships support tightly-coupled multiprocessing functions by providing a cache coherence protocol. In this way, all eight caches (each of 16 KB size) contain a coherent image of their shared data on the system bus. For the fastest operation, the system supports the copy back algorithm for maintaining the cache coherence. The memory board uses dynamic RAMs offering a capacity from 16 MB to 64 MB. The system can be expanded up to six boards including three additional memory boards, which provides the maximum memory capacity of 256 MB.

The system controller board contains the VMEbus interface, system controller functions, and other facilities, including those commonly required for a computer operating in a VMEbus environment. It also includes two RS-232C communication ports.

All local interrupts to the CPUs are controlled by logic on the system controller board. A multiprocessor interrupt controller enables any of 25 interrupt sources to be directed to any of four processors. The availability of multiple processors allow the acceptance of interrupts and the scheduling processes in parallel.

The system is optimized to support I/O operations on the standard VMEbus and supports a number of I/O controllers and high-speed process I/O subsystems. The I/O controllers supported include the DR11W, the IEEE-388, the HSD, the external interrupt expander, and the 1553 Avionics bus. It also provides an interface to high-speed process I/O subsystems, such as Computer Products' IOBC and G2, and Tustin high-speed data acquisition subsystem as well as an interface to Modicon's Programmable Logic Controllers via MODBUS+. The VME interfaces are implemented via a fully preemptible kernel for maximum performance.

The scalability of the REAL/STAR 2000 system is provided by the HYPERmodule, which contains one, two, or four CPU clusters. Each cluster has a single CPU and from 32 KB to 128 KB of cache memory. The HYPERmodule connects to the main logic board via a multiplexed Mbus interface.

3.2 Multiprocessor REAL/IX Operating System

The UNIX System V operating system has become a standard operating system gaining rapid acceptance because of its superior flexibility, portability, and large number of support tools. However, the UNIX operating system was originally designed for multitasking and time-sharing, and therefore the standard UNIX operating system does not have an adequate response time and the data throughput needed to support most real-time applications.

The REAL/STAR 2000 runs the multiprocessor REAL/IX operating system, which is MODCOMP's real-time enhancement of the AT&T UNIX SystemV [2]. The REAL/IX operating system incorporates all the benefits inherent in the UNIX System V operating system while providing real-time performance. The REAL/IX operating system provides full kernel preemption, enhanced task scheduling, a variety of interprocess communication facilities, a fast file system, and enhanced I/O subsystem capabilities. It delivers the predictable and deterministic response required by real-time applications. A single copy of the multiprocessing REAL/IX operating system resides in global memory and provides total operational control over all processing within the system. The multiprocessing REAL/IX operating system includes key features such as tightly-coupled, symmetric multiprocessing with load balancing, and a multiprocess-threaded kernel.

A standard single process-threaded UNIX operating system does not make full use of a multiprocessor because UNIX allows only one thread of control at a time. Because standard UNIX is single threaded, most often UNIX-based multiprocessor systems are set up in master/slave configuration.

The multiprocessing REAL/IX operating system, designed to comply with BCS and OCS standards, meets the POSIX 1003.1 standard, and has the current functionality of the emerging POSIX 1003.4 real-time standard. This allows the portability of applications with real-time requirements.

Other features of the REAL/IX operating system include support for priority-based process scheduling and disk I/O scheduling, asynchronous disk I/O operations, buffer cache bypass and write-through for data integrity, enhanced memory management facilities which enable a process to be locked into memory, directly connected interrupts and common event notification capabilities. In addition to the standard interprocess communication facilities, such as signals, messages, semaphores, and shared memory, the REAL/IX operating system supports a fast binary semaphore mechanism. The binary semaphores reduce system call overhead, allowing several processes to communicate without restricting real-time performance.

3.3 Performance Evaluation

A number of benchmarks were run on the REAL/STAR 2000 system in order to assure that the system provides very high overall system performance, which balances three key features needed for real-time application: (a) high computational speed, (b) deterministic and fast response, and (c) high I/O throughput. A summary of results is given here, while detailed benchmark results and their description are presented in [3].

<u>Standard Computational Benchmarks.</u> The aggregate performance of the quad system is 26 Whetstone MIPS (single precision), 44 Whetstone MIPS (double precision), 198,590 Dhrystones/sec, 13.4 MFLops (single precision measured with Linpack benchmark), and 6.5 MFLops (double precision). In the case of Whetstone and Dhrystone, the aggregate performance increase is practically linear with the addition of processors, however, in the case of the Linpack, the performance increase is not linear. The reason for this is that both the Whetstone and Dhrystone fit into the cache memory, while the Linpack uses the large data arrays which do not fit into the cache memory.

The SPECmark for a single processor system is 14.5, while the SPEC-throughput for the quad processor system is 4 @ 9.2, which gives 36.8 aggregate throughput.

<u>Real-Time Metrics.</u> Single-parameter real-time metrics are typically concerned with priority interrupts and scheduling, which significantly impact real-time system responsiveness. The following seven matrices are used: task switching time, preemption time, interrupt latency time, semaphore shuffling time, deadlock breaking time, intertask message latency time, and process dispatch latency time. The definition of these metrics are given in [2,3]. The results are shown in Table I and Figure 3.

Process dispatch latency time, which is often referred to as wall clock time is defined as the time it takes to transfer control from a lower priority to a higher priority process as a consequence of an external event. Figure 3 presents the range (the best and worst case) for the process dispatch latency time for the REAL/STAR 2000 system.

Metrics	Task Switch Time [μs]	Preemption Time [μs]	Interrupt Latency Time [μs]	Semaphore Shuffle Time [μs]	Deadlock Break Time [μs]	Intertask Message Latency Time [μs]
REAL/STAR 2000	16	80	20-55	22	325	306

Table I: Single-Parameter Real-Time Metrics

The worst case time is about 10 times higher than the best case time. The main reason for this is the existence of the cache memory. When an interrupt occurs and the corresponding interrupt response is not in the cache, additional time is required to update the cache and bring the interrupt routine into the cache. In the REAL/STAR 2000 systems with two and four 88100 processors, a processor can be assigned to handle interrupts, and consequently, interrupt routines can often be found in the cache memory. This will significantly reduce the process dispatch latency time.

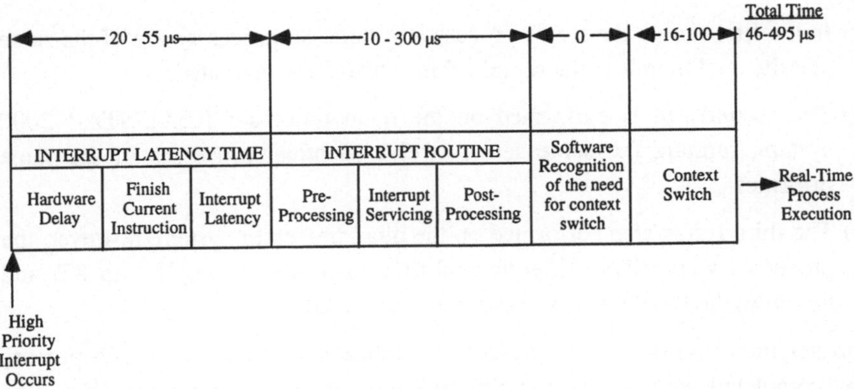

Figure 3: Process dispatch latency time for the REAL/STAR 2000 system

The REAL/STAR 2000 system provides efficient and fast interrupt handling capabilities. The maximum number of interrupts that a single processor system can handle is about 10,000 interrupts per second. The interrupt handling capability increases linearly with the addition of two and four processors.

The system also provides extremely fast intertask communication and synchronization facilities. The lock/unlock semaphore operations take only 2.7 microseconds using the Turbo™ (binary) semaphores, and 60.7 microseconds using AT&T System V semaphores. The average number of messages/sec transferred using pipes, FIFOs, and messages ranges from 1000 to 78500 messages/sec. The system asynchronous I/O operations, wherein a process can initiate an I/O operation, and then continue execution while the I/O operation is performed concurrently.

4. Multiprocessor Benchmarks

The multiprocessor benchmarks are specifically assigned to test and measure multiprocessor features of the symmetric tightly-coupled multiprocessor architecture, and their impact on system performance.

<u>Scheduler Benchmark.</u> The purpose of this benchmark is to analyse and test symmetric multiprocessing and load balancing features of the multiprocessor operating system. The test consists of running twelve identical processors, each performing a single set of instructions, that takes about 0.6 sec. The following runs are performed:

(1) In the first run on the single processor system, all processes are of the same priority, and therefore the round-robin scheduler is activated.

(2) The second run is performed on the quad processor REAL/STAR 2000 system, running the same set of twelve identical processes of the same priorities.

(3) The third run is also performed on the quad processor system, however, the processes were given different real-time priorities (from 71 - to 82) and therefore the fixed priority scheduler is activated.

The obtained results, shown in Figure 4, indicate the time when each process was completed, and the total cumulative time needed to complete all twelve processes.

Note that in the first two runs all processes completed more or less at the same time due to the round-robin scheduling algorithm. However, on the quad processor systems, REAL/STAR 2000, the microprocessor REAL/IX operating system has done the load balancing and twelve processes were distributed to four available processors. Therefore, the total time is 3.9 times better (1.87 versus 7.30 seconds) than on a single-processor system. In the third run, the higher priority processes completed before the lower priority processes. Due to parallel execution on four available processors, the first four processes completed approximately at the same time, then the next four processes, and so on. Note that the total execution time is slightly better (2%) in the third run (fixed priority scheduling), attributable to less context switching among processes.

<u>System Benchmark.</u> This test was designed to measure the performance of the system bus and the efficiency of the cache coherence algorithm in the tightly coupled multiprocessors.

In this test, two data arrays are defined, local and shared data arrays, each consisting of 10,000 elements. In each test, we measured the time that is taken to access the 10,000 data elements. We also defined ratio R: as:

$$R = \frac{\text{Number of accesses to shared array}}{\text{Number of accesses to local array}}$$

Throughout the test, R was varied from 0 to 100%. When $R=0$, all data elements are accessed from local array, and when $R=100\%$, all data elements are accessed from the shared memory. Each access consisted of one read and one write operation.

Three runs were performed: (1) on the single processor system, one copy of the program was executed, (2) on the dual processor system, two copies of the program on two processors were executed and (3) on the quad processor system, four copies of the program on four processors were executed. The results are presented in Figure 5.

The obtained results show the impact of shared memory access through the system bus in multiprocessor systems. In the single processor system, the execution time is constant with R, due to the existence of only one processor on the bus. There is no data sharing between processors, and only one processor accesses the shared data.

In summary, there is an impact on performance if processors share data. In the extreme case, when all processors do nothing else but access the common data, the performance will drop 2.875 for dual processor systems and 4.75 for quad processor systems compared to the best case, when processors access local data only.

Therefore, it is very important to take this fact into consideration when designing a real-time application and reduce the size of common data structures as well as access to them.

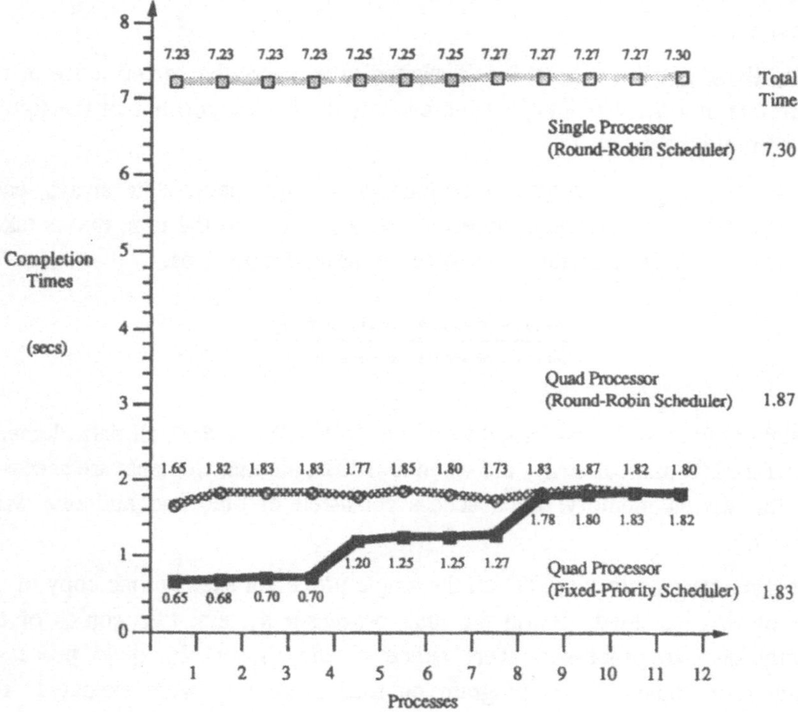

Figure 4: Results of the Scheduler Benchmark

A well-designed real-time application accesses common data approximately with maximum ratio of $R=10\%$, when the performance impact is only 1.12 (or 12%) on a dual processor system, and 1.25 (or 25%) on a quad processor system. The low impact is attributable to a fast system bus (M-bus) and an efficient cache coherence algorithm.

It should also be pointed out that the three analysed systems have various cache sizes, which impacts performance. This is specifically visible for $R=O$, when a single processor system shows better performance (lower execution time) than dual and quad processor systems.

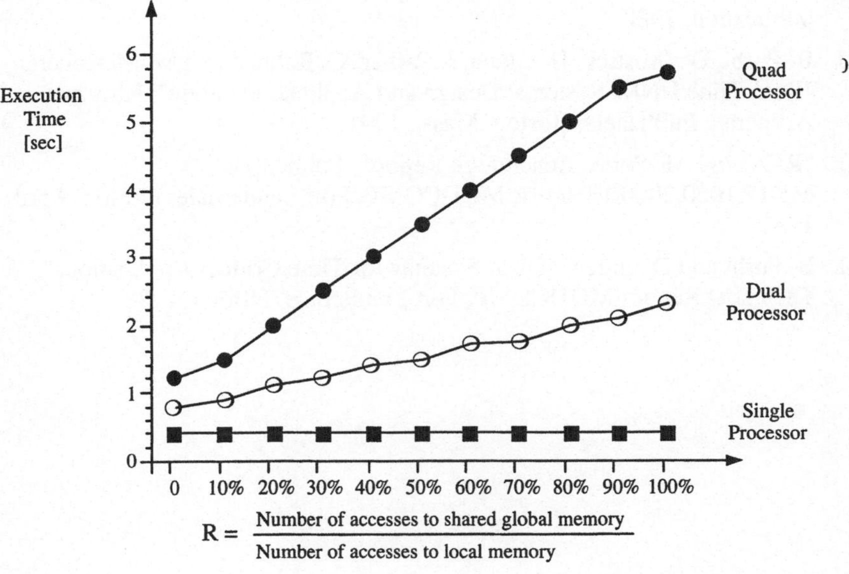

$$R = \frac{\text{Number of accesses to shared global memory}}{\text{Number of accesses to local memory}}$$

Figure 5: Results from the System Bus Benchmark for REAL/STAR systems

References

[1] V.R. Kane and M.J. Gutmann, "Multiprocessor Real-Time Systems", Intel publication, 1988.

[2] B. Furht, D. Grostick, D. Gluch, J. Parker, G. Rabbat, and M. McRoberts, "Real-Time UNIX Systems: Design and Application Guide", Kluwer Academic Publishers, Boston, Mass., 1991.

[3] "REAL/STAR Series Benchmark Report", Publication MK15.1000,2000BEN/491, MODCOMP, Fort Lauderdale, Florida, April 1991.

[4] B. Furht and D. Gluch, "Open Systems for Time Critical Applications", Technical Report, MODCOMP, Fort Lauderdale, Florida, 1990.

Benutzung der Mehrprozessor-Dienste von VRTX 32 zur Implementierung von Kommunikationssoftware

H. Rzehak, D. D. Tjhie

Kurzfassung

Die Implementierung von Kommunikationssoftware erfordert die Beachtung von Echtzeitanforderungen, so daß zur Abwicklung der Protokollaufgaben in Kommunikationskontrollern vielfach Echtzeit-Betriebssysteme verwendet werden. Für die Pilotimplementierung der verkürzten Architektur gemäß den MAP (Manufacturing Automation Protocol)-Vorschlägen war es aus Kapazitätsgründen notwendig, die Protokollsoftware auf mehrere Prozessorboards gekoppelt über einen VME-Bus zu verteilen. Diese Lösung erlaubt auch die problemlose Integration von Echtzeitanwendungen. Da ein Teil der Software bereits angepaßt für VRTX 32 (Versatile Real Time Executive) vorlag, wurde dieses Betriebssystem weiter verwandt, wobei die Mehrprozessor-Kommunikationsdienste zur Kommunikation zwischen den Prozessorboards verwendet werden sollten. Für die Programmierung und das Testen war es ferner erforderlich, Kommunikationsmöglichkeiten mit einem UNIX-Host im gleichen VME-Bus einzurichten. Hierzu wurde die für VRTX 32 verfügbare Komponente "Hyperlink" verwendet.

1. Einführung

In den letzten Jahren wurden verschiedene Lokale Netze mit einer Übertragungsrate bis zu 10 Mbit/s (IEEE 802.3, 802.4, 802.4 802.5) standardisiert. Die Anforderungen an Lokale Netze im Bezug auf Antwortzeit und Durchsatzrate nehmen im Laufe der Zeit immer mehr zu. Um diesen zunehmenden Anforderungen gerecht zu werden, wurden in den letzten Jahren Konzepte und Implementierungen erarbeitet und untersucht. Die Lösung dieses Problems durch Einsatz eines schnelleren Prozessors ist nicht ausreichend, deshalb verwendet man heute Multiprozessor-Architekturen, um eine Leistungssteigerung zu erreichen.

Dieser Trend wurde in den letzten Jahren durch die stark abfallenden Preise der Hardware begünstigt.

Der heutige Stand der Technik wird im zweiten Abschnitt kurz erläutert und diskutiert. Im dritten Abschnitt wird eine Hardware-Konfiguration vorgestellt, die im Institut für systemorientierte Informatik an der Universität der Bundeswehr München eingesetzt ist. Die Implementierungsprobleme, die während der Installation und des Testens der Multiprozessor-Umgebung aufgetaucht sind, werden im vierten Abschnitt diskutiert.

Abschließend werden die Leistungsaspekte der vorgestellten Hard- und Software-Konfiguration und die Ergebnisse der durchgeführten Messungen beispielhaft dargestellt und diskutiert.

2. Stand der Technik

Wie bereits oben erwähnt, werden Multiprozessor-Architekturen zur Leistungssteigerung verwendet. Für das ISO/OSI (International Standard Organization Open System Interconnection)-Modell lassen sich Implementierungen von Multiprozessor-Architekturen vertikal und horizontal unterteilen (Subdivision).

2.1 Vertikale Subdivision

In der vertikalen Subdivision werden eine oder mehrere Protokollschichten durch einen Prozessor bearbeitet. Eine Protokollschicht kommuniziert asynchron mit der darüber- bzw. darunterliegenden Protokollschicht mit Hilfe von Dienstprimitiven. Einzelne Schichten (z.B. Schicht 7) können in mehrere Teilschichten dividiert und diesen je ein eigener Prozessor zugeordnet werden. Das Ergebnis der vertikalen Subdivision ist eine "layer pipeline", wobei jeder Teil der Pipeline durch einen Prozessor realisiert wird.

2.2 Horizontale Subdivision

Hier wird eine Protokollschicht N in zwei Teile -- einen Empfangs- und einen Sende-Teil -- dividiert, im Gegensatz zur vertikalen Subdivision. Der Sende-Teil der Schicht N ist zuständig für die Übertragung der Daten von Schicht (N+1) zur Schicht (N-1), der Empfangs-Teil empfängt Daten von Schicht (N-1) und sendet weiter an Schicht (N+1). Dem Sende- und Empfang-Teil wird je ein eigener Prozessor zugeordnet.

Verschiedene Untersuchungen haben gezeigt, daß man die oben beschriebene Vorgehensweise noch verfeinern kann. Dies erreicht man durch weitere Zerlegung von Protokollautomaten in mehrere zusammenarbeitende Teilautomaten, die jeweils durch einen eigenen Prozessor oder Transputer abgewickelt werden (siehe [5] und [8]).

3. Hardware-Konfiguration

Verschiedene Realisierungen Lokaler Netze im Rahmen des MAP-LANs (Manufacturing Automation Protocol - Local Area Network) unterscheiden sich heute durch die vom Hersteller aus Interessengründen eingesetzter Hard- und Software-Technologie, haben jedoch eine gemeinsame Struktur, die sich in drei Komponenten untergliedern läßt: Host, Kommunikationskontroller und physikalisches Netz.

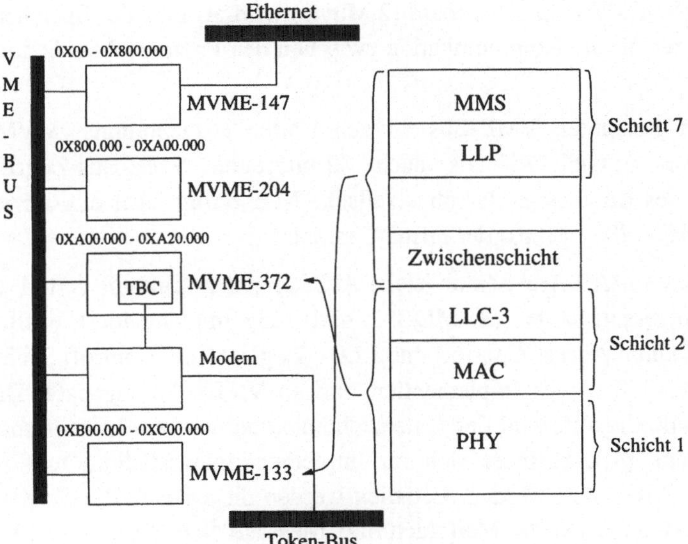

Abb. 1 Hardware-Konfiguration und ihre Zuordnung

Abbildung 1 stellt die Hardware-Konfiguration unseres Instituts dar. Alle verwendeten Prozessorboards liegen im Doppeleuroformat vor und sind durch einen VME-Bus verbunden. Die verwendeten Prozessorboards sind:

- Ein MVME-147 Prozessorboard der Fa. Motorola -- mit dem Prozessor MC 68030 (20 MHz), 8 MByte Speicher, UNIX SysV.R3 als Betriebssystem und einer Ethernet Schnittstelle -- wird als Host verwendet.

- Ein MVME-372 Prozessorboard -- mit dem Prozessor MC 68020 (12,5 MHz), 644 KByte Speicher, Token Bus Controller (TBC) MC68824 und VRTX 32 (Versatile Real Time Executive) mit MPV (Multi Processing VRTX) der Fa. Ready System als Echtzeit-Betriebssystem -- dient als Kommunikationskontroller.

- Ein MVME-133 Prozessorboard -- mit dem Prozessor MC 68020 (16,67 MHz), 1 MByte Speicher und VRTX 32/MPV als Echtzeitbetriebssystem -- wird zusätzlich zu dem Komunikationskontroller installiert, das für weitere Entwicklungen und Pilotimplementierungen der verkürzten Architektur des MAP-Modells gedacht ist (siehe [4]).

- Ein MVME-204 Speicherboard (2 Mbyte) wird als globaler Speicher eingesetzt, der für die Kommunikation zwischen den Prozessorboards notwendig ist.

Alle oben genannten VME-Bus fähigen Karten ausgenommen MVME-372, unterstützen sowohl 16- als auch 32-bitbreiten VME-Bus-Zugriff. Der Anschluß des Knotens an das physikalische Netz erfolgt über ein Carrierband-Modem MCV-20 (5 Mbps) der Firma Computrol.,

Die verkürzte MAP-Architektur (siehe Abb. 2) soll in Zukunft verteilt auf den beiden Prozessorboards (MVME-372 und 133) implementiert werden. Die MAC- (Medium Access Control) und LLC- (Logical Link Control) Schicht sind auf MVME-372 bereits implementiert und an VRTX 32 angepaßt. Die Zwischenschicht, die aufgrund der Untersuchungen an unserem Institut notwendig zu ist (siehe [4]), befindet sich im Implementierungsstadium und soll auf MVME-133 realisiert werden. Letztlich werden die Dienste der Schicht 7 des ISO/OSI Modells (MMS Manufacturing Message Specification, LLP Lower Layer Provider, etc.) auch auf MVME-133 implementiert. Diese Hard- und Software-Konfiguration läßt erkennen, daß es sich um eine vertikale Subdivision handelt.

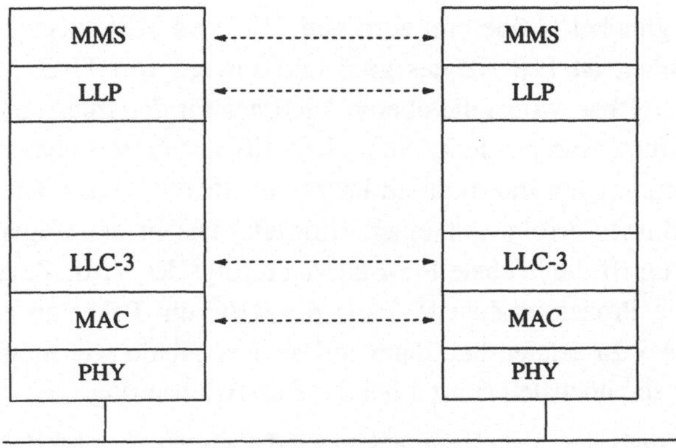

Abb. 2 Mini-MAP-Architektur

4. Implementierungsprobleme

In diesem Abschnitt sollen nun die Schwierigkeiten bei der Kommunikation -- zum einen zwischen UNIX und VRTX 32 und zum anderen zwischen VRTX 32 auf MVME-372 und auf MVME-133 -- zwischen den installierten Prozessorboards erläutert und deren Ursache diskutiert werden.

Die Kommunikation für die Entwicklung und das Testen zwischen dem Host-Rechner (MVME-147) und allen anderen Boards erfolgt mit Hilfe von Hyperlink (eine Komponente von VRTX 32) der Fa. Ready System. Die Mehrprozessorkommunikation zwischen MVME-133 und MVME-372 geschieht über den globalen Speicher mittels MPV-Diensten, die entweder mit Polling- oder Interrupt-Verfahren realisiert sind. Wir haben uns für das Interrupt-Verfahren entschieden, da das Polling-Verfahren unnötigen Leistungsverlust (durch die ständige Überprüfung, ob eine Nachricht vom anderen Prozessor angekommen ist oder nicht) zur Folge hat. Bei beiden Kommunikationen wurden ernsthafte Störungen festgestellt. Diese Störungen führten meistens zum Absturz des gesamten Systems. Um diese Störungen verstehen zu können, wird nun die Speicherstruktur des MVME-372 Prozessorboards kurz erörtert.

Der Hauptspeicher von MVME-372 ist in drei separate Einheiten aufgeteilt. Die erste Einheit ist 256KByte groß, auf diese darf nur von der MPU (Master

Processing Unit) MC68020 zugegriffen werden. Die zweite Einheit des Speichers ist von gleicher Größe und wird von TBC und MPU gemeinsam benutzt. Die letzte Einheit ist 128 KBytes groß und sowohl von TBC, MPU als auch VME-Bus zugreifbar, wobei die oberen 1 KBytes für den Interrupt-Bereich vom VME-Bus benutzt werden. Jeder Schreibzugriff auf diesen oberen Speicherbereich löst einen lokalen Interrupt am Prozessor MC68020 aus. Die Arbitrierung des lokalen Busses erfolgt auf einer Prioritätsbasis in der folgenden Reihenfolge: TBC-Zugriff die höchste Priorität, dann folgt der VME-Zugriff und letztlich der lokale Prozessor-Zugriff. Falls der TBC ein Paket an einen anderen Knoten im LAN zu senden hat, dann soll er dies sobald wie möglich tun, deshalb besitzt er die höchste Priorität bei der Bus-Arbitrierung.

Der erste Versuch der Installierung von UNIX als Host, VRTX 32, MPV und Hyperlink lief wie folgt: Hyperlink wurde als ein Treiber in den UNIX-Kern eingebunden, die Arbeitsbereiche von Hyperlink auf den anderen Prozessorboards wurden jeweils in deren eigenen lokalen Speicher, der vom VME-Bus zugreifbar ist, definiert. Wird ein bestimmter MPV-Dienst (z.B.: mpv_chsend, mpv_arsc, etc) auf MVME-372 ausgeführt, dann wird eine VME-Bus-Interrupt-Leitung mit einem bestimmten Level benutzt, die letzlich auf MVME-133 einen Interrupt mit einem bestimmten Interrupt-Vektor und Level auslöst. Falls bestimmte MPV-Dienste auf MVME-133 aufgerufen werden, wird ein Schreibzugriff auf den lokalen Speicher von MVME-372 ausgeführt, der vom VME-Bus zugreifbar ist. Er löst auf MVME-372 einen Interrupt mit dem Level 5 und einem bestimmten Vektor aus. Diese Mechanismen werden erst dann verwendet, wenn der lokale Prozessor eine Nachricht an einen anderen Prozessor zu senden hat. Ferner muß auf der MVME-147 das Mask-Register für die VME-Bus-Interrupts gesetzt werden, so daß das UNIX-Betriebssystem einwandfrei ablaufen kann. Um ein lauffähiges Programm auf MVME-372 mittels "download" Kommando von Hyperlink laden zu können, darf das MVME-147 Prozessorboard nur einen 16-bitbreiten VME-Bus-Data-Transfer ausführen, da MVME-372 nur einen 16-bitbreiten Bus-Zugriff unterstützt.

Während des Betriebes dieser Konfiguration kam das gesamte System immer wieder zum Absturz. Der Grund der Störungen wurden schließlich im Arbeitsbereich von Hyperlink auf MVME-372 festgestellt. Bei der Kommunikation zwischen dem Host-Rechner und diesem Prozessorboard -- um Meldungen von MVME-372 an Host weiterzuleiten -- werden der VME- und der lokale Bus auf MVME-372 vom lokalen Prozessor bzw. dem Prozessor auf MVME-147 für längere Zeit belegt (einige ms). Dadurch kann der TBC auf MVME-372 den lokalen Bus nicht benutzen. Sobald der TBC aktiv wird, unterbricht er daher zwangsläufig den gerade laufenden VME-Bus-Zyklus, was dazu führt, daß das UNIX-Betriebsystem auf MVME-147 einen VME-Bus-Error erhält. Um diese Störungen zu beheben, wird deshalb der Hyperlink-Arbeitsbereich auf den globalen Speicher (MVME-204) verlegt. Dadurch wird der lokale Speicher auf MVME-372 entlastet und die Einschränkung, daß MVME-147 nur einen 16-bitbreiten VME-Bus-Data-Transfer ausführen darf, entfällt.

Bei der Implementierung von höheren Protokollschichten muß die Zeit von VME-Bus-Zugriffen und aufeinanderfolgenden auszuführenden MPV-Diensten auf MVME-372 klein gehalten werden. Alle MPV-Dienste verwenden den VME-Bus, um mit einem anderen Prozessorboard zu kommunizieren, da es sich hier um eine Art von Speicherkopplung handelt. Aufgrund der Datenkonsistenz im globalen Speicher dürfen MPV-Dienste von anderen MPV-Diensten auf einem Board nicht unterbrochen werden. Dies wird durch Erhöhung der Interruptmaske des Status-Register auf Level 7 verhindert. Da der TBC auf MVME-372 mit dem MC68020 mittels Interrupt Level 4 kommuniziert, kann es, wenn MPV-Dienste in einem gewissen Zeitraum mehrmals verwendet werden, vorkommen, daß ein TBC Interrupt-Signal ganz verdrängt wird. Die Randbedingungen, daß die Zeit von VME-Bus-Zugriffen und aufeinanderfolgenden auszuführenden MPV-Diensten auf MVME-372 klein gehalten werden muß, sind notwendig, damit der TBC überhaupt eine Chance erhält, aktiv zu werden und einen laufenden VME-Bus-Zyklus nicht zwangsweise unterbricht, was einen VME-Bus-Error nach sich zieht. Diese notwendigen Bedingungen werden bei der Implementierung der Protokollschichten (MAC, LLC, Zwischenschicht, LLP und MMS) ohnehin erfüllt, weil die Kommunikationszeit im Vergleich zu Bearbeitungszeiten in den einzelnen Protokollschichten relativ gering ist. Die Messungen einzelner MPV-Dienste bei dieser Konfiguration haben folgende Messwerte ergeben:

```
MPV-Dienste      | Nachrichtenlänge | gemessene Zeit
-------------------------------------------------------
mpv_chsend()1)   | 1       byte     | 310,63  µs
mpv_chsend()     | 10      bytes    | 318,78  µs
mpv_chsend()     | 100     bytes    | 356,09  µs
mpv_chsend()     | 1000    bytes    | 837,86  µs
mpv_chsend()     | 1500    bytes    | 1112,01 µs
-------------------------------------------------------
mpv_chrecv()2)   | 1       byte     | 677,53  µs
mpv_chrecv()     | 10      bytes    | 679,06  µs
mpv_chrecv()     | 100     bytes    | 752,87  µs
mpv_chrecv()     | 1000    bytes    | 1406,83 µs
mpv_chrecv()     | 1500    bytes    | 1777,39 µs
-------------------------------------------------------
mpv_arsc()3)     | ---------------  | 308,12  µs
```

Im nächsten Abschnitt werden die gemessenen Zeiten auf ein typisches Beispiel
einer Implementierung von Kommunikationssoftware angewandt und anschlies-
send bzgl. ihrer Leistung (z.B. Durchsatz, Speedup und Zykluszeit) durch
Messungen bewertet.

5. Leistungsaspekte

Verschiedene Implementierungen einer Kommunikationssoftware im Rahmen
des ISO/OSI-Modells lassen sich wie folgt beschreiben: Jede Protokollschicht
(N) wird durch eine Protokoll-Instanz (Instanz) einer Schicht realisiert. Diese
Protokoll-Instanz kommuniziert mit der Protokoll-Instanz eines anderen Knotens (Partner-Instanz) nach einer bestimmten Regel, die sich in Form eines Au-
tomaten formal beschreiben läßt. Sie stellt der ihr zugeordneten oberen Protokollschicht (Schicht N+1) mehrere Protokoll-Dienste (Primitive) unter Hinzu-
nahme von Primitiven der unteren Schicht (Schicht N-1) zur Verfügung. Die
Regel, nach der zwei Partner-Instanzen kommunizieren, und die Primitive, die
eine Instanz abwickeln muß, werden in einem Protokoll (z.B. IEEE 802.4) festgelegt und formal beschrieben.

```
1 multi_processing_vrtx_channel_send
2 multi_processing_vrtx_channel_receive
3 multi_processing_vrtx_asynchron_remote_system_call
```

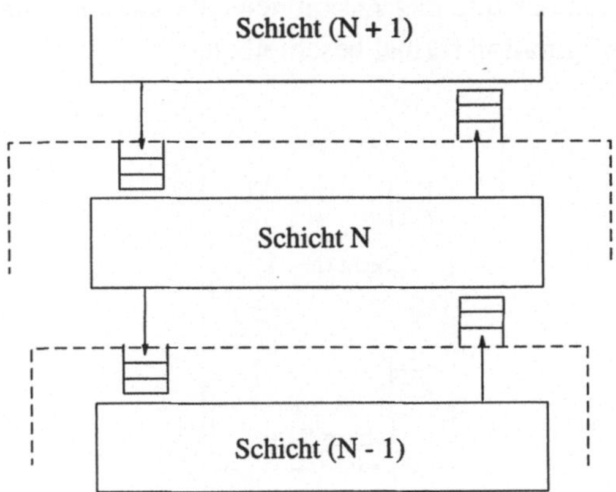

Abb. 3 Die Vorgehensweise des ISO/OSI-Modells

Die Abbildung 3 stellt die oben beschriebene Vorgehensweise dar. Für unsere Untersuchung bzgl. der Leistung einer Multiprozessor-Architektur zur Implementierung einer Kommunikationssoftware konzentrieren wir uns auf zwei Schichten des ISO/OSI-Modells (siehe Abb. 3). Die Implementierung einer Schicht wird in unserem Beispiel durch zwei Prozesse, einen "receiver" und einen "transmitter", realisiert. Der receiver empfängt eine PDU (Protocol Data Unit) von der unteren Protokoll-Instanz und sendet diese an die obere Protokoll-Instanz weiter, während der transmitter in entgegengesetzter Richtung arbeitet. Diese Vorgehensweise ist eine gängige Implementierung eines Protokolls. Die Bearbeitungszeit, die bei der Abwicklung eines Protokolls anfällt, wird mit t(p) bezeichnet. Ferner werden folgende Annahmen gemacht:

1. Das System ist in einem gesättigten Zustand -- falls eine PDU in einer Schicht fertig bearbeitet wurde, kommt eine weitere PDU in dieser Schicht mit einer Wahrscheinlichkeit von eins an.

2. Die Bearbeitungszeit von den zwei Protokollschichten ist gleich.

3. Die Länge der PDUs ist fest.

Daraus entsteht ein geschlossenes Warteschlangennetz, das in Abbildung 4 dargestellt wird. Dieses Warteschlangennetz soll nun zum einen auf MVME-372 und zum anderem verteilt auf MVME-372 und MVME-133 mit Hilfe von MPV-Diensten laufen. Mit Hilfe eines zeitbehafteten Petri-Netzes lassen sich die Struktur der Prozesse und das Zusammenspiel zwischen den Prozessen und der Hardware-Konfiguration formal beschreiben.

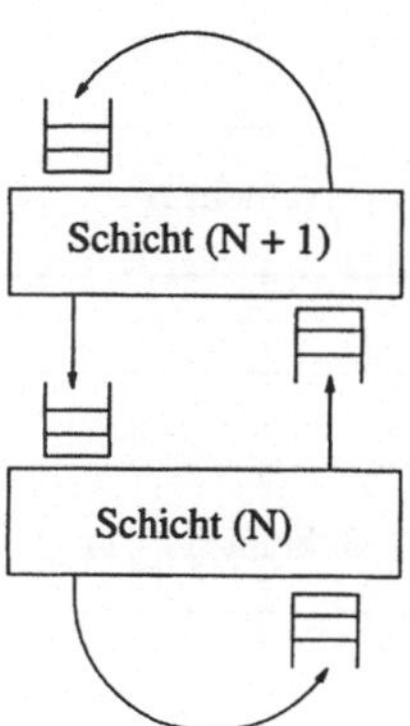

Abb. 4 Ein geschlossenes Warteschlangennetz

Die Abbildung 5 zeigt die vier Prozesse -- receiver_1, transmitter_1, receiver_2, transmitter_2 --, die auf zwei Prozessorboards verteilt sind. Durch diese formale Beschreibung lassen sich sogar bestimmte Leistungsgrößen (z.B. Durchsatz) ermitteln.

Die bei jeder Multiprozessor-Architektur interessante Leistungsgröße ist die Geschwindigkeitserhöhung (Speedup), die durch folgende Formel bestimmt wird:

Speedup = T(1) / T(n), wobei n > 1

T(1) : Die Zeit, die ein Prozessor benötigt, um eine bestimmte Aufgabe zu bearbeiten.

T(n) : Die Zeit, die n Prozessoren benötigen, um die gleiche Aufgabe zu bearbeiten.

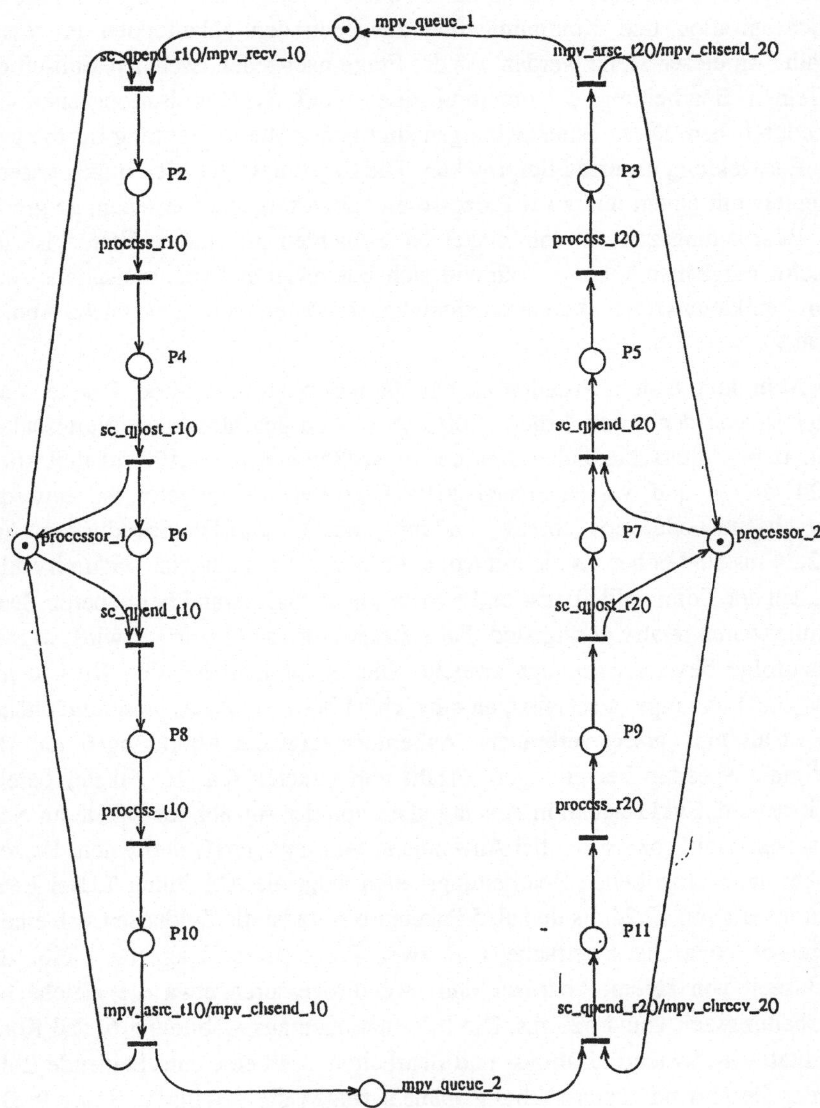

Abb. 5 Struktur der Prozesse vom Beispiel in Abb. 4

Speedup ist immer kleiner als n, da bei einem Multiprozessor-System Zeit für Synchronisation und Kommunikation zwischen den ablaufenden Prozessen anfällt. An dieser Stelle werden wir der Frage nachgehen, welchen Einfluß die einzelnen Bearbeitungs-, Kommunikations- und Synchronisationszeiten auf Speedup haben. Diese Untersuchungen sind von großer Bedeutung für die weitere Entwicklung unseres Pilotprojektes. Die Ergebnisse der Messungen unseres Beispiels mit einem und zwei Prozessoren haben folgendes ergeben: Je größer die Bearbeitungszeit in den einzelnen Schichten ist, umso besser ist die Geschwindigkeitserhöhung, während sich bei höheren Synchronisations- und Kommunikationszeiten die Geschwindigkeitserhöhung verringert (siehe Abb. 6, 8 und 9).

Die Abbildung 6 stellt Speedup als eine Funktion der Anzahl der Pakete -- ein Paket ist von der festen Größe 1500 Bytes -- im geschlossenen Warteschlangennetz mit unterschiedlichen Bearbeitungszeiten -- $t(p) = 1{,}528$ ms und $t(p) = 12{,}24$ ms -- und verschiedenen MPV-Diensten -- mpv_chx ist entweder mpv_chsend() oder mpv_chrecv() und mpv_arsc() -- dar. Die Speedups mit $t(p) = 12{,}24$ ms sind höher als die mit $t(p) = 1{,}528$ ms. Dies läßt sich dadurch erklären, daß der Kommunikations- und Synchronisationsaufwand bei höheren Bearbeitungszeiten relativ gering sind. Falls dieser Aufwand niedriger wird, werden demzufolge bessere Speedups erreicht. Dies stellt man bei den Kurven mit mpv_chx() und mpv_arsc() fest, da mpv_chx() bei 1500 Bytes wesentlich höhere Zeit als mpv_arsc() verbraucht. Außerdem zeigt die Abbildung 6, daß die maximale Speedup bei geringer Anzahl von Paketen (ca. 10 Pakete) bereits erreicht wird. Zykluszeiten in Abhängigkeit von der Anzahl der Pakete im Netz zwischen zwei Prozessoren bei Anwendung von mpv_chx() und einem Prozessor bei unterschiedlichen Bearbeitungszeiten zeigt die Abbildung 7. Bei Bearbeitungszeit von 12,24 ms und ab 5 Pakete im Netz ist die Zykluszeit von einem Prozessor etwa die zweifache von zwei Prozessoren. Dagegen bleibt die Zykluszeit von einem Prozessor und zwei Prozessoren etwa die gleiche bei Bearbeitungszeit von 1,528 ms. Die Informationen aus Abbildung 6, daß Kommunikations-, Synchronisations- und Bearbeitungszeit eine entscheidende Rolle bei der Geschwindigkeitserhöhung spielen, zeigen die Abbildung 8 und 9. Die Abbildung 8 zeigt eine abfallende Kurve von Speedup abhängig von der Länge der Pakete (d.h. abhängig von der Kommunikations- und Synchronisationszeit). Eine steigende Kurve von Speedup, die von Bearbeitungszeit abhängt, zeigt die Abbildung 9.

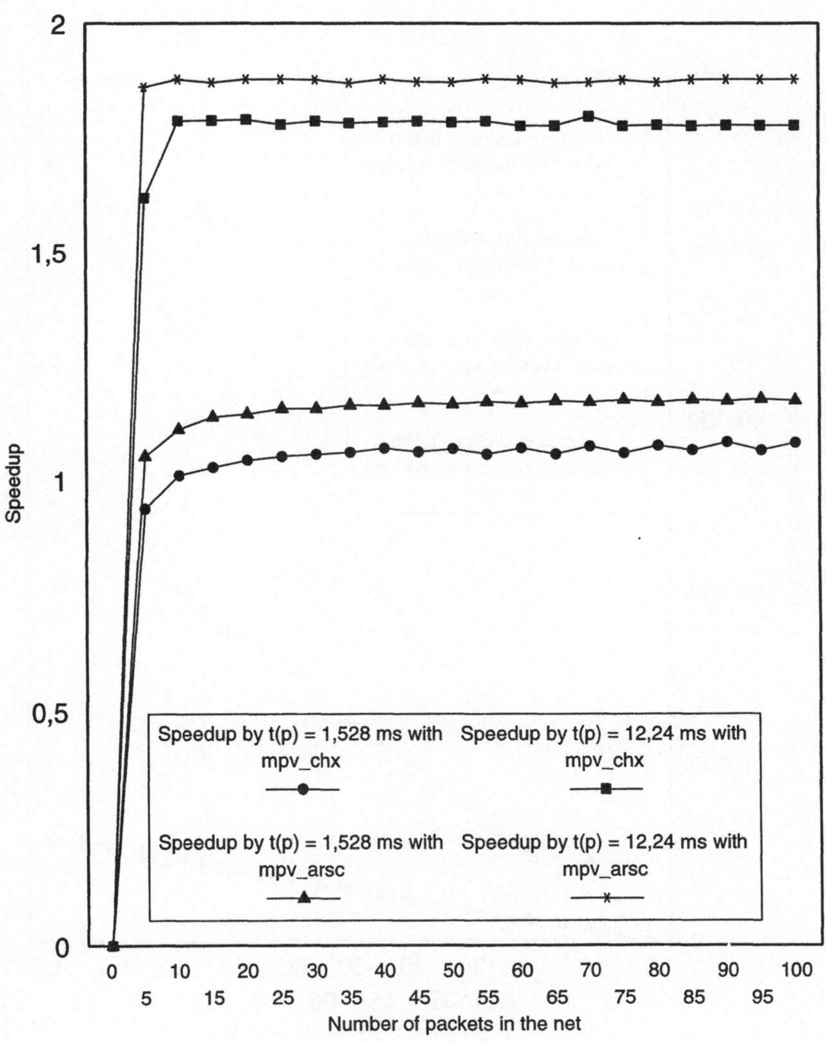

Abb. 6 Speedup als Funktion der Paketlänge zwischen einem und zwei Prozessor-boards

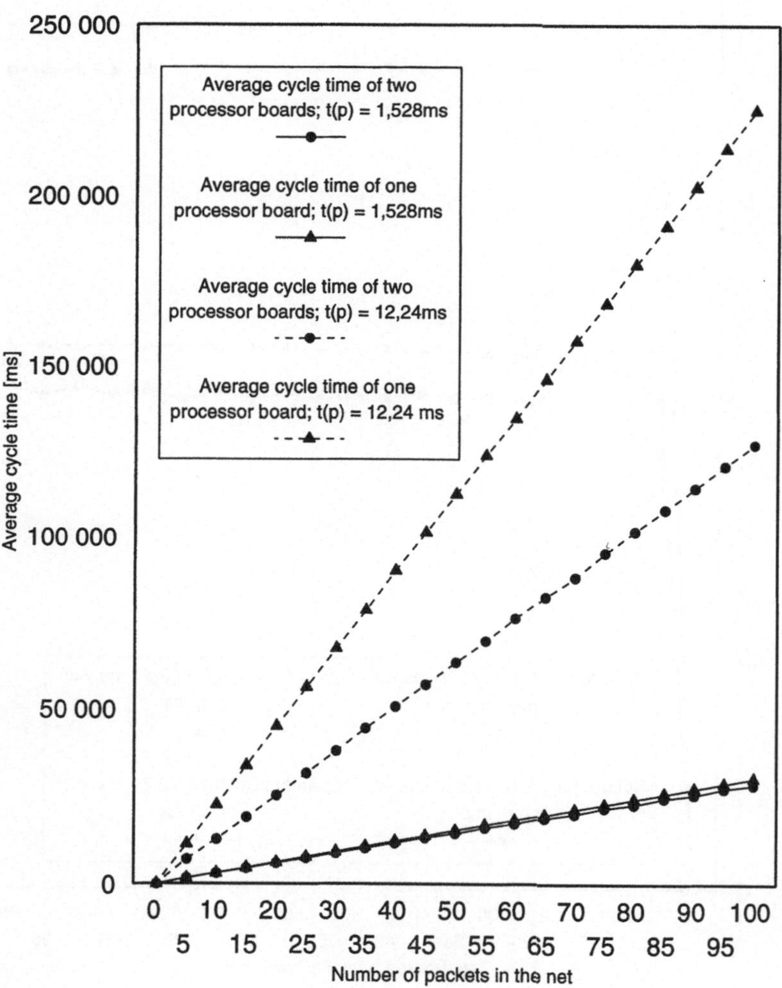

Abb. 7 Speedup als Funktion der Bearbeitungszeit zwischen einem und zwei Prozessorboards

Man darf aber nicht außer Acht lassen, daß ab einer gewissen Last (eine gewisse Anzahl von Paketen im geschlossenen Warteschlangennetz) die Leistung des Systems abfällt. Dies läßt sich dadurch erklären, daß der VME-Bus ab diesem kritischen Zeitpunkt als Engpaß wirkt.

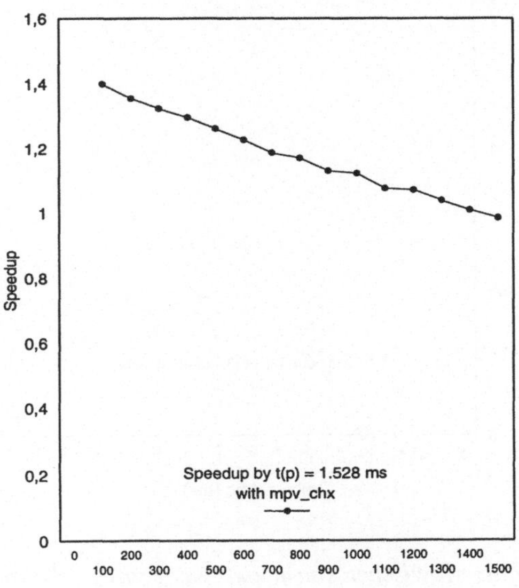

Abb. 8 Speedup zwischen einem und zwei Prozessorboards

Abbildung 9 zeigt den Speedup der gemessenen Zykluszeiten bei unterschiedlicher Anzahl von Paketen im Netz. Unter einer Zykluszeit versteht man die Zeit, die vergeht von dem Zeitpunkt, an dem ein Paket in einer bestimmten Warteschlange eintrifft, bis zu dem Zeitpunkt, an dem dasselbe Paket in derselben Warteschlange nochmals ankommt (siehe Abb. 4). Diese Kurve zeigt eine deutliche Verbesserung bei Verwendung von zwei Prozessoren.

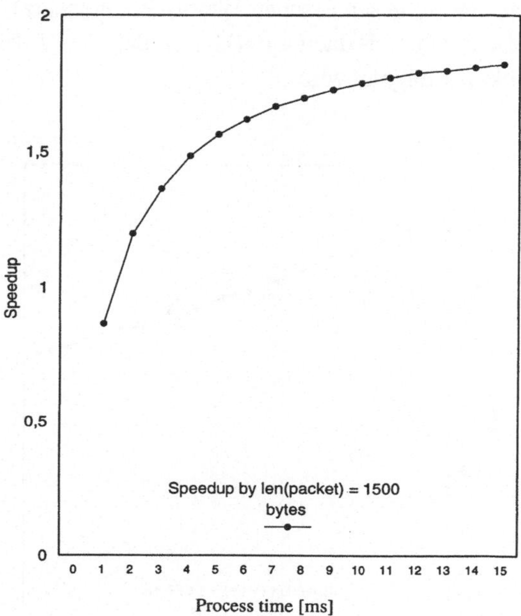

Abb. 9 Mittlere Zykluszeit zwischen einem und zwei Prozessorboards

6. Zusammenfassung und Ausblick für die weiteren Arbeiten

Die durchgeführten Messungen und Untersuchungen zeigten nicht nur die Vorteile, sondern auch die Implementierungsschwierigkeiten selbst bei auf dem Markt verfügbaren vielfach getesteten Hard- und Software, sowie zu beachtende Randbedingungen. Aus den durchgeführten Messungen in einer Multiprozessor-Architektur kann man schließen, daß man bei Implementierung von Kommunikationssoftware nicht beliebig viele Prozessoren einsetzen soll, weil man dadurch keine bessere Geschwindigkeitserhöhung erzielen kann. Basierend auf dieser Arbeit werden in Zukunft die Implementierung der Zwischenschicht sowie der Schicht 7 in Angriff genommen, wobei die durchgeführten Messungen für weitere Implementierungen in dieser Multiprozessor-Architektur von großer Bedeutung sind.

Literatur

[1]   VRTX32/68020 User's Guide, Ready System, April 1987

[2]   MPV/6800 User's Guide, Ready System, September 1987

[3]   Elnakhal, A.E., H. Rzehak: Untersuchungen zur Implementierung einer verkürzten Kommunikationsarchitektur (Mini-MAP-Konzept); GI/GMA-Fachtagung "Prozeßrechensysteme 91", Berlin, 26.-27.2.1991, Informatik-Fachberichte Bd. 269, S. 238-250, Springer-Verlag

[4]   Elnakhal, A.E. : Effiziente Kommunikationsarchitekturen für zeitkritische Anwendungen in lokalen Rechnernetzen; Dissertation Universität der Bundeswehr, Dez. 1991.

[5]   Zitterbart, M. : A Multiprocessor Architecture for High-Speed Network Interconnections; INFOCOM 1989 pp. 212-218.

[6]   MVME372 Map Interface Module User's Manual, Motorola Inc. 1987

[7]   MVME133/D1 32-Bit Monoboard Microcomputer User's Manual, Motorola Inc. 1986

[8]   H. Dietsch, R. Ulrich : Ein OSI-Kommunikationswerk auf Transputer-Basis für den Einsatz in der dezentralen Prozessrechentechnik, Prozeßrechensysteme'91, Informatik-Fachberichte Nr. 269, Springer-Verlag Berlin 1991

Werkzeuge für Programmierung und Test

Test und Inbetriebnahme paralleler und verteilter Systeme

T. Holzmüller, K. Kabitzsch

1. Neuartige Probleme

Der Test und die Inbetriebnahme paralleler und verteilter Systeme gehört zu den zeit- und aufwandsintensivsten Perioden im Lebenszyklus eines Hard- / Softwareproduktes.

Während Testmethoden für sequentielle Programme in den vergangenen Jahren umfassend weiterentwickelt wurden, gibt es für parallele und verteilte Systeme kaum geeignete Werkzeuge. Ursache dafür sind die damit in Zusammenhang stehenden neuartigen Probleme wie:

- beschränkter Zugriff auf lokale Ressourcen,

- wenig determinierte Reihenfolgeabhängigkeiten und damit wenig a-priori-Wissen beim Tester,

- globaler Zustand des verteilten Systems ist nicht erfaßbar,

- zeitliche Unschärfe sowohl zwischen den Komponenten des verteilten Systems als auch beim Datenaustausch mit dem Testwerkzeug.

Die Fehlersuche in solchen Systemen ist im allgemeinen mit einem hohen Aufwand verbunden, um die Beobachtung des Systemverhaltens zu ermöglichen, das System in einem konsistenten Zustand anhalten oder detaillierte Informationen über den Systemzustand on-line erhalten zu können bzw. Reihenfolgerelationen zwischen beobachteten Ereignissen herzustellen. Berücksichtigt man diese Gegebenheiten bereits beim Entwurf des Systems, kann der Aufwand spürbar verringert werden.

2. Entwurf verteilter Systeme

In der Entwurfsphase wird das Verhalten des verteilten Systems bereits im wesentlichen festgelegt. Die Korrektheit des Systementwurfs kann überprüft werden, wenn das Verhalten des Systems vorhersagbar ist. In verteilten Systemen bezieht sich die Vorhersagbarkeit vorrangig auf die Vorhersage aller möglichen Abläufe. Die CAD-gestützte Vorhersage aller möglichen Ablaufvarianten setzt eine Formalisierung und einen hohen Grad an Regularität der Betriebssoftwaredienste voraus. Unter dem Gesichtspunkt der Vorhersagbarkeit des Systemverhaltens entworfene Betriebssoftware ordnet also die Gestaltung ihrer Dienste und Funktionsabläufe einem regulärem und theoretisch fundierten Voraussagekalkül unter.

Zur Beschreibung des Verhaltens sind Modelle notwendig, die die spezifischen Eigenschaften des Systems widerspiegeln. Dazu ist die gängigste Form, nämlich die Quelltextdarstellung, auch die ungünstigste. Quelltext gibt nur in impliziter Form Aufschluß über die Programmstruktur. Vorteilhaft ist die große Freiheit des Programmierers in der Programmgestaltung, nachteilig aber auch die Freiheit, beliebige Fehler zu machen.

Vorteilhafter ist deshalb die graphische Darstellung, die zur Dokumentation (Struktogramme, Programmablaufpläne) und zur Programmierung speicherprogrammierbarer Steuerungen (Kontaktplan, Logikplan) weltweit genutzt wird. Die damit erzwungene Regularität wird mit Einschränkungen in den Freiheiten des Programmierers hinsichtlich der Programmgestaltung erkauft. Für sequentielle Programme geeignete graphische Darstellungsmittel beschreiben sehr detailliert die Ablaufreihenfolgen einzelner Tasks. Nicht darstellbar sind die Dynamik und die Abhängigkeiten von Tasks, die parallel abgearbeitet werden und über Kommunikationspfade miteinander verknüpft sind.

Petri-Netz-Modelle schaffen hier Abhilfe, da sie durch das Markenflußkonzept und die Zeitbewertung von Transitionen auch die Dynamik der Abläufe und die Abhängigkeiten der Tasks voneinander darstellen. Sie erlauben auch die CAD-gestützte Analyse der Eigenschaften des Systems. Das geforderte Voraussagekalkül ist mit dem Erreichbarkeitskalkül gegeben. Für die Erreichbarkeitsanalyse sind heute eine Reihe von CAD-Werkzeugen als fertige Softwareprodukte erhältlich. Dagegen ist die zu entwickelnde Betriebssoftware so zu gestalten, daß sich die Wirkung ihrer Dienste und Funktionen durch Petri-Netze beschreiben läßt. Am Institut für Automatisierungssysteme (IfAS) der Technischen

Hochschule Leipzig wurde ein Betriebssystemkonzept konsequent nach diesen Regeln entworfen und in C implementiert [1]. Fehler, die in einer inkorrekten Programmstruktur ihre Ursache haben, sind dadurch bereits in der Entwurfsphase zu erkennen.

Weitere Fehlerursachen sind ebenfalls durch geeignete Programmierwerkzeuge lokalisierbar. Verstöße gegen die typgerechte Behandlung von Daten werden durch Compiler entdeckt. Preprozessoren und Precompiler können in Grenzen die Initialisierung von Systemgrößen vornehmen oder auf fehlerhafte Anfangswerte hinweisen. Durch eine geeignete Gestaltung der Betriebssystemdienste und Funktionen können Datenverluste und Verdopplungen verhindert werden. Ausgehend von diesen grundsätzlichen Überlegungen entstand am IfAS das Konzept einer Entwicklungs- und Testumgebung für parallele und verteilte Systeme. In einem graphischen Petri-Netz-Editor legt der Entwickler im ersten Schritt die Struktur des verteilten Programmes fest. Er spezifiziert die Aufgabenverteilung auf die Tasks die Kommunikationsbeziehungen und Synchronisationspunkte. Dabei ist die Verteilung der Tasks auf die einzelnen Knoten noch ohne Bedeutung, da die Dienste zum lokalen und rechnerübergreifenden Botschaftenaustausch die gleiche Funktionalität besitzen.

Die Priorisierung und die Zuordnung der Tasks zu den einzelnen Knoten erfolgt durch Beschriftung im Netz und kann jederzeit vorgenommen und geändert werden. Die sequentiellen Programmabschnitte werden vorerst ebenfalls durch Transitionen dargestellt. Jede dieser Transitionen kann dabei stellvertretend für beliebig komplexe Teilnetze stehen, die im zweiten Schritt entworfen werden. In der letzten Phase läßt sich in den Transitionen ein Texteditor zur Erfassung der datenverarbeitenden Programmabschnitte, z.B. Steuer- und Regelalgorithmen, öffnen; der Text kann anschließend wieder in der jeweiligen Transition verborgen werden. In Bild 1 ist ein Ausschnitt aus einem Programm nach dem Strukturentwurf dargestellt.

Die mit B1 bis B4 bezeichneten Plätze stellen die Datenübergabespeicher der Kommunikationspunkte dar. Bild 2 zeigt das gleiche Programm nach der Verfeinerung der Struktur. Die mit OP1 bis OP16 bezeichneten Operationen stehen für C-Anweisungen und C-Funktionaufrufe.

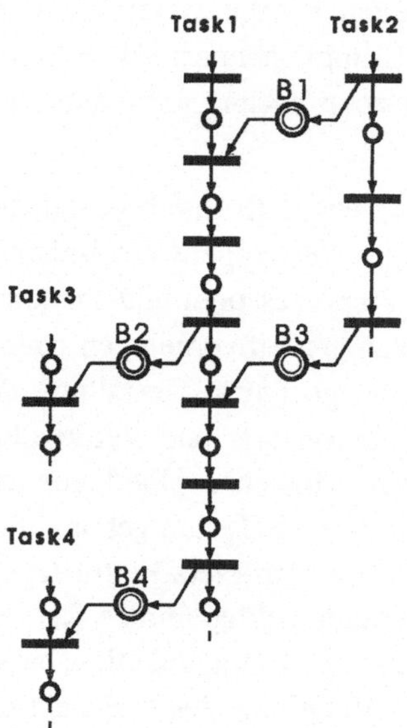

Bild 1: Struktur des verteilten Programms als Petri-Netz-Modell

Alle Petri-Netz-Eigenschaften, die relevante Eigenschaften des verteilten Programms widerspiegeln, werden mit Hilfe eines Petri-Netz-Analyseprogrammes [2,3] ermittelt. Verklemmungen, toter Programmcode, u.s.w. sind somit in einer frühen Entwicklungsphase zu erkennen. Die entsprechenden Transitionen werden farbig gekennzeichnet; der Fehler kann nach Rückkehr in den Editor beseitigt werden.

Komplizierte Programmstrukturen lassen sich mit Hilfe der Simulation, die ebenfalls auf dem Petri-Netz-Modell beruht, auf ihr korrektes Verhalten untersuchen. Mit zeitbewerteten Transitionen und durch Angabe von Wahrscheinlichkeiten an Alternativen werden mögliche Ablaufreihenfolgen durchgespielt. Die Transitionen schalten dabei entsprechend den Prioritäten der Tasks, denen sie zugeordnet wurden. Durch Eingabe einer frei definierbaren Markierung im Petri-Netz können vor dem Start der Simulation auch außergewöhnliche Systemzustände untersucht werden.

Um ablauffähigen Code zu erhalten, wird aus dem Petri-Netz und dem in den Transitionen editierten Text C-Quellcode synthetisiert, der nach dem Durchlaufen eines Preprozessors und eines Precompilers vervollständigt und auf spezifische Fehler untersucht, dem C-Compiler zugeführt wird. Auf diesem Wege werden auch alle notwendigen Angaben eingefügt, die in der Testphase notwendig sind, welche im folgenden Kapitel beschrieben wird.

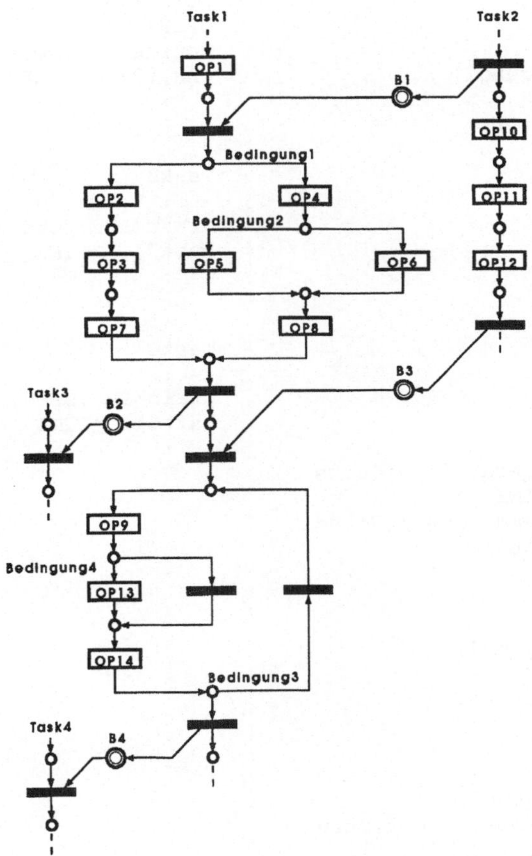

Bild 2: Petri-Netz mit verfeinerter Struktur

Vorteilhaft ist, daß die Steuer- und Regelalgorithmen vollständig in C geschrieben werden können, die globale Programmstruktur einschließlich aller Multitaskdienste aber graphisch editiert wird.

Bild 3 zeigt einen Programmausschnitt zum oben dargestellten Netz.

```
Task1                           Task2
   :                               :
OP1( );                         source(&B1.sema,sizeof(Bots
drain(&B1.sema,sizeof(struc     chaft1),__LINE__);
t Botschaft1),__LINE__);        OP10( );
if(Bedingung1)                  OP11( );
{                               OP12( );
    OP4( );                     source(&B3.sema,sizeof(Bots
    if(Bedingung2)              chaft3),__LINE__);
    {                              :
        OP5( );
    }
    else                        Task3
    {                              :
        OP6( );                 drain(&B2.sema,sizeof(Botsc
    }                           haft2),__LINE__);
    OP8( );                        :
}
else
{                               Task4
    OP2( );                        :
    OP3( );                     drain(&B4.sema,sizeof(Botsc
    OP7( );                     haft4),__LINE__);
}                                  :
source(&B2.sema,sizeof(Bots
chaft2),__LINE__);
drain(&B3.sema,sizeof(Botsc
haft3),__LINE__);
do
{
    OP9( );
    if(Bedingung4)
    {
        OP13( );
    }
    OP14( );
}
while(Bedingung3);
source(&B4.sema,sizeof(stru
ct Botschaft4),__LINE__);
   :
```

Bild 3: Auszug aus dem compilierfähigen Quelltext

3. Testbarkeit verteilter Systeme

Durch die in Kapitel 2 beschriebene Entwicklungsunterstützung lassen sich viele Fehlertypen lokalisieren und damit bereits vor der Implementation beseitigen. Hardwarefehler, die zudem noch transient sein können, äußern sich aber ebenso erst zur Laufzeit wie Fehler, die dadurch entstehen, daß nicht alle Regeln zur Beschreibung des Systemverhaltens im Modell erfaßbar sind oder sich den Kenntnissen des Entwicklers sowieso entziehen (Meßwerte, Wettläufe). Betrachtet man Testen als bewertenden Vergleich des beobachteten Systemverhaltens mit dem aus a-priori-Kenntnissen abgeleiteten Verhalten, so wird deutlich, daß einerseits die Beobachtung des Systems möglich sein muß, andererseits wieder ein Modell als Vergleichsobjekt notwendig ist. Zur Beobachtung des Systemverhaltens muß das Testobjekt mit der Testumgebung in geeigneter Weise in Verbindung treten können. Da eine Nachrüstung der dazu notwendigen Schnittstellen durch den Nutzer der Umgebung später im allgemeinen nicht möglich ist, wurden diese im Betriebssystem bereits vorgesehen.

3.1 Wahl des Testprinzips

Während die gesteuerte Abarbeitung bei sequentiellen Programmen die Methode der Wahl ist, ergeben sich bei verteilten Systemen einige wesentliche Nachteile. Wird bei Erreichen eines Haltepunktes das gesamte System angehalten, kann die Konsistenz der Daten nicht garantiert werden. Ebenso schwierig ist die dazu notwendige Kohärenz zu erzielen. Beschränkt man sich auf das Anhalten nur einer Task oder eines Prozessors, kann die Abarbeitungsfolge so verändert werden, daß der Fehler nicht in Erscheinung tritt.

Im Gegensatz dazu erlaubt die freie Aufzeichnung von zur Laufzeit erzeugten Meldungen die kontinuierliche Erfassung der tatsächlichen Ablaufreihenfolge. Dazu wurden an signifikanten Stellen in die Betriebssystemdienste Testpunkte eingebaut, die über die Testschnittstelle Ereignismeldungen aus dem verteilten System an die Testumgebung absetzen und dort auf Festplatte aufgezeichnet werden. Benutzerdefinierte Testpunkte gestatten die Erfassung von Daten aus dem Anwenderprogramm. Dadurch ist die Beobachtung des Systems ohne Störung möglich.

Die vom Testobjekt abgesetzte Ereignismeldung besteht aus einer Ereignisreferenznummer und dem Zeitstempel.

Über ein Referenzfile, das in der Compilierphase des Anwenderprogrammes durch einen Precompiler angelegt wird, lassen sich für die Phase der Auswertung alle Informationen zu dem Ereignis über die Referenznummer gewinnen. Das Referenzfile beinhaltet also außer der Ereignisreferenznummer Informationen über den Ereignistyp, den Knoten, die Task und das Objekt, das durch die Funktion manipuliert wurde, welche die Ereignismeldung erzeugte.

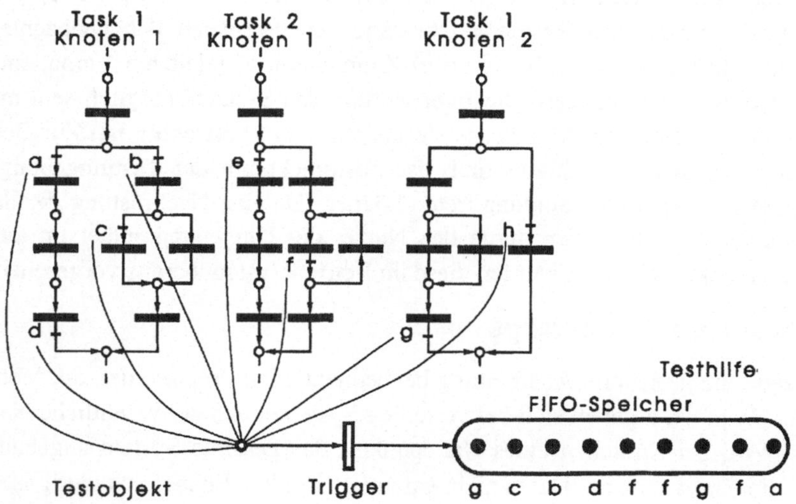

Bild 4: Freie Aufzeichnung von Ereignissen verteilter Systeme

Bei parallelen Systemen bleiben die Reihenfolgerelationen der Ereignisse in der Aufzeichnung erhalten. Für verteilte Systeme gilt dies infolge der zeitlichen Unschärfe zunächst nicht; jedoch lassen sich zumindest Teilordnungen aus der Kausalität der Kommunikationsbeziehungen rekonstruieren. Um eine genaue Rekonstruktion zu sichern, werden alle Zugriffe auf Semaphore und optional auch transportierte Botschaften, Meßwerte, Eingaben und Füllstände der Warteschlangen aufgezeichnet.

Der Programmierer hat die Möglichkeit, selbst Testpunkte zur Ablaufkontrolle als Transitionen im Netz oder als Funktionsaufruf im Textteil einzufügen. Diesen Testpunkten werden Levels zugeordnet, die zur Laufzeit interaktiv über das

Testsystem ein- und ausgeschaltet werden können. Die Ereignisspur läßt sich dadurch beliebig verfeinern, ohne das System anhalten oder das Programm erneut compilieren zu müssen. Bild 4 zeigt das Prinzip der freien Aufzeichnung von Ereignismeldungen aus dem verteilten System. Einen Ausschnitt aus einer Aufzeichnung, die durch das oben abgebildete Programm erzeugt wurde, ist in Bild 5 dargestellt. Über das Referenzfile wurden die das Ereignis beschreibenden Attribute gewonnen.

Beim Zugriff auf Semaphore und Botschaftenpuffer werden 2 Meldungen produziert. "Entry" kennzeichnet den Eintritt in die Funktion. Da das Betriebssystem Datenverluste durch Überschreiben und Verdopplungen verhindert, folgt die Meldung "ready" erst, wenn die Operation erfolgreich durchgeführt werden konnte.

Die Aufzeichnung erfolgt auf eine Festplatte. Durch die Kürze der aufzuzeichnenden Daten kann ein relativ großer Zeitraum beobachtet und ausgewertet werden. Der Abbruch der Aufzeichnung kann durch den Benutzer erfolgen oder wird durch eine zuvor definierte Triggerbedingung gesteuert.

3.2 Auswertung der Ereignisspur

Die einfachste Variante der Auswertung ist die Darstellung der Ereignisspur in Tabellenform, wie schon in Bild 5 gezeigt. Diese Darstellung ist aber zur Untersuchung der tatsächlichen Ereignisfolge ungeeignet.

Um besonders interessierende Ereignisse oder Ereignisfolgen schnell zu lokalisieren, wurde eine Recherchesprache entwickelt, mit der Suchanfragen formuliert werden können. Eine Suchanfrage für ein einfaches Ereignis besteht aus der logischen Verknüpfung von Vergleichsoperationen, die auf die Komponenten der Ereignismeldung angewandt werden. Die Suche nach bestimmten Ereignisfolgen basiert auf der Definition von Reihenfolgerelationen einfacher Ereignisse. In Bild 6 sind mit E1 bis E3 Suchanfragen für einfache Ereignisse definiert. E4 stellt eine Suchanfrage für eine Ereignisfolge dar. Die hier gesuchte Folge entsteht, wenn das Schreiben auf den Datenübergabeplatz B1 durch Task 2 verzögert wird, weil auf B1 noch nicht gelesene Daten liegen.

Referenz-nummer	Ereignistyp	Knoten	Task	Zeit	Objekt
10	drain_entry	1	1	13:17:48.028	B1
20	source_entry	1	2	13:17:48.029	B1
21	source_ready	1	2	13:17:48.029	B1
11	drain_ready	1	1	13:17:48.030	B1
12	source_entry	1	1	13:17:48.054	B2
13	source_ready	1	1	13:17:48.054	B2
14	drain_entry	1	1	13:17:48.055	B3
22	source_entry	1	2	13:17:48.058	B3
23	source_ready	1	2	13:17:48.058	B3
15	drain_ready	1	2	13:17:48.059	B3
16	source_entry	1	1	13:17:48.234	B4
17	source_ready	1	1	13:17:48.234	B4
20	source_entry	1	2	13:17:52.583	B1
21	source_ready	1	2	13:17:52.583	B1
22	source_entry	1	2	13:17:52.613	B3
23	source_ready	1	2	13:17:52.613	B3
20	source_entry	1	2	13:17:59.662	B1
10	drain_entry	1	1	13:18:02.792	B1
11	drain_ready	1	1	13:18:02.792	B1
12	source_entry	1	1	13:18:02.833	B2
13	source_ready	1	1	13:18:02.833	B2
14	drain_entry	1	1	13:18:02.834	B3
21	source_ready	1	2	13:18:02.836	B1
22	source_entry	1	2	13:18:02.957	B3
23	source_ready	1	2	13:18:02.957	B3
15	drain_ready	1	1	13:18:02.958	B3
16	source_entry	1	1	13:18:03.456	B4
17	source_ready	1	1	13:18:03.456	B4

Bild 5: Aufgezeichnete Ereignisspur

```
E1: Task=2 & Knoten=1 & source_entry(B1) & Zeit>13:10:00
E2: Knoten=1 & Task=1 & drain_entry(B1) & Zeit>13:10:00
E3: Knoten=1 & Task=2 & source_ready(B1) & Zeit>13:10:00
E4: E1>E2>E3
```

Bild 6: Suchanfragen nach Ereignissen und Ereignisfolgen

Suchanfragen nach Ablaufreihenfolgen können auch graphisch mit dem Petri-Netz-Editor formuliert werden. Das Feuern einer Transition entspricht dann dem Auffinden einer in der Folge gesuchten Ereignismeldung. Dadurch lassen sich übersichtlich und einfach auch solche Suchanfragen formulieren.

Alle Ereignisse, die den Bedingungen einer Suchanfrage genügen, werden farbig in der Tabelle gekennzeichnet. Sie können danach weiterverarbeitet, z.B. in separaten Dateien gespeichert werden.

Um den tatsächlichen Ablauf des zu untersuchenden Systems sichtbar zu machen, kann mit einem speziellen Generator ein Petri-Netz automatisch erzeugt werden [5]. Aus der Ereignisspur in Verknüpfung mit dem Referenzfile wird ein Modell erzeugt, das den realen Ablauf widerspiegelt. Dazu wird für jede Ereignismeldung aus der Spur eine Transition im Netz erzeugt oder der der Transition zugeordnete Zähler inkrementiert, falls ein Ereignis mit den gleichen Attributen schon einmal aufgetreten ist. Beobachtete man das System über einen genügend großen Zeitraum, ergibt sich ein repräsentatives Modell des realen Systemverhaltens, das für den Vergleich von Ergebnissen späterer Messungen herangezogen werden kann.

Eine weitere Möglichkeit bietet die Suche und Zählung sich wiederholender Ablaufreihenfolgen, die aber dadurch gekennzeichnet sind, daß die zu suchenden Ereignisse nicht unmittelbar aufeinander folgen, sondern durch den Mechanismus des Multitasksystems auch solche Ereignisse zwischen den zu untersuchenden Ereignissen auftreten, die nicht von Interesse sind. Mit dieser Analysemethode können charakteristische Häufigkeiten von Ereignisfolgen gefunden werden. Bestimmte, sich wiederholende, Reihenfolgen werden sich demnach als charakteristisch für das Verhalten des zu untersuchenden Systems erweisen, die z.B. auf einen fehlerfreien Lauf hindeuten, während sich andere Folgen als irrelevant herausstellen werden. Dabei werden sich auch Folgen von Ereignissen als charakteristisch erweisen, deren Einzelereignisse scheinbar nicht in direkter Beziehung zueinander stehen, d.h. im Petri-Netz-Modell des Programmes sind diese Beziehungen nicht erkennbar. Die Häufigkeit der Folgen ergeben ein Abbild des Systems, das einerseits die systemspezifischen

Schwankungen in der Reihenfolge der Ereignisse toleriert, andererseits aber
sehr empfindlich gegenüber Abweichungen vom bisherigen Verhalten ist. Diese
hohe Empfindlichkeit eröffnet Möglichkeiten, bereits während der Entstehungs-
phase nicht gewünschter Zustände des Systems, Gegenmaßnahmen ergreifen zu
können. Vorteilhaft ist, daß sich dieses Verfahren auch für Systeme eignet, über
die kein oder wenig a-priori-Wissen über die Abläufe in Form von Modellen
vorliegt [6]. Als Vergleichbasis werden dann Analyseergebnisse genutzt, die
aus Spuren gewonnen werden, die den gewünschten, normalen Ablauf widerspiegeln.

Bereitet man die in den Spuren gesicherten Daten entsprechend auf, lassen sich
charakteristische Verläufe des Programmes auch auf andere Weise anschaulich
darstellen. So liefert zum Beispiel ein Task-Histogramm Aussagen über die
Reihenfolge der Prozessorzuteilung zu den Tasks. Abweichungen vom bisher
zyklischen Verlauf lassen sich schnell lokalisieren und eingrenzen und können
dann mit anderen Mitteln untersucht werden. Die Nutzung kommerzieller Software wie Microsoft Excel eröffnet eine Vielzahl weiterer Auswerte- und Dar-
stellungsmöglichkeiten für die aufbereiteten Daten [7].

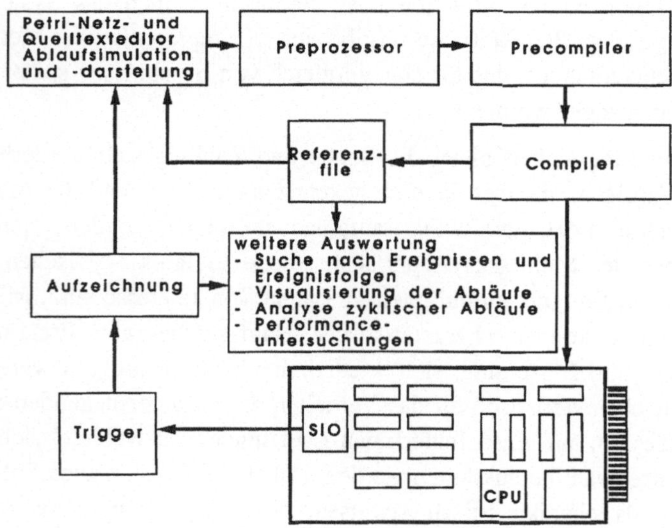

Bild 7: Komponenten der Entwicklungs- und Testumgebung

Bild 7 gibt einen Überblick über die Komponenten der Entwicklungs- und Testumgebung, von denen die Mehrzahl prototypisch realisiert wurden. Das Betriebssystem verfügt über die notwendige Schnittstelle zur Ankopplung an das Testsystem. Das mit dem Petri-Netz-Editor erstellte Netz kann in das Datenformat des Analyseprogrammes PAN [3] konvertiert werden und ist somit auf seine Eigenschaften hin analysierbar. Die Simulation der Abläufe ist ebenfalls möglich. Ein Texteditor kann zwar aus dem Netzeditor heraus aufgerufen werden, die Synthese von C-Quellcode aus der graphischen Darstellung ist aber noch nicht möglich. Preprozessor und Precompiler sind in Testversionen implementiert. Die Systemkomponente zur Aufzeichnung und der Trigger stehen bereits zur Verfügung. Zur Auswertung der Daten können Suchanfragen formuliert und die gefundenen Datensätze markiert werden. Auch die Umwandlung in das Excel-Tabellenformat [4] ist möglich. Weiterhin wurde ein Programm zur Suche nach Synchronien in den Aufzeichnungen, das heißt nach sich wiederholenden Ablaufreihenfolgen, entwickelt. Weitere Untersuchungen sollen andere Möglichkeiten der Auswertung der Spuren aufzeigen.

Literatur

[1] Kabitzsch,K.; Holzmüller,T.: Programmierung verteilter Systeme für die Kleinautomatisierung
Echtzeit ´91, Sindelfingen 1991, Tagungsband S.321-328

[2] Der Coloured Petri Net Analyser CPNA: Release 1.0
PSI GmbH Geschäftsbereich Software-Engineering und Simulation, Oktober 1989

[3] Der NET-Analysator PAN: Release 1.0
PSI GmbH Geschäftsbereich Software-Engineering und Simulation, Januar 1989

[4] Baloui,S.: Excel 3.0 - Kompendium.
Verlag Markt und Technik, Haar b. München, 1991

[5] Märten, H.: Rechnergestützte Bildung von Modellen paralleler und verteilter Systeme
Technische Hochschule Leipzig, Diplomarbeit, Leipzig 1993

[6] Warnstorff, A.: Methoden zur Synchronieanalyse in parallelen und verteilten Systemen
Technische Hochschule Leipzig, Diplomarbeit, Leipzig 1993

[7]   Pieper, C.: Praktische Untersuchungen an parallelen und verteilten Rech-
      nersystemen
      Technische Hochschule Leipzig, Diplomarbeit, Leipzig 1993

[8]   Kabitzsch, K.; Holzmüller,T.: Test und Diagnose paralleler und verteilter
      Systeme
      Tagungsband der Meßcomp ´92, Wiesbaden, September 1992, S. 410-415

[9]   Kabitzsch, K.; Kriesel, W.; Lippik, D.: Test von Mikrosystemen
      Mikroelektronik, Bd.7 (1993) Heft 4. Fachbeilage Mikrosystemtechnik

Monitoring in verteilten Echtzeitsystemen

U. Schmid

Kurzfassung

Die vorliegenden Arbeit beschäftigt sich mit einem System für das Monitoring verteilter Echtzeitsysteme, das zur Zeit an der TU Wien entwickelt wird. Dieser VTA (Versatile Timing Analyzer) dient zur statistischen Auswertung des zeitlichen Auftretens beliebig vieler, frei definierbarer, Ereignisse (Events) in dem zugrundeliegenden Echtzeitsystem. Eine Reihe flexibler Mechanismen zur Definition von Events und den darauf aufbauenden Meßgrößen (Quantities) erlaubt es, den VTA sowohl als Instrument des praktischen Requirement Engineerings als auch als universelles Testwerkzeug einzusetzen.

1. Einleitung

Ein Reihe sehr unangenehmer und bei weitem nicht gelöster Probleme im Zusammenhang mit dem Design von ereignisgesteuerten Echtzeitsystemen resultieren aus der mangelnden Beherrschbarkeit gewisser dynamischer Größen. Von zentraler Bedeutung ist etwa das Zeitverhalten derartiger Systeme, genauer gesagt, deren Fähigkeit, auf Zustandsänderungen in dem zu kontrollierenden technischen Prozeß innerhalb gewisser Zeitschranken zu reagieren. Übliche Multitasking-Systeme (zum Beispiel auf der Basis von os9 oder pSOS) leiden etwa sehr häufig darunter, daß zeitliche/funktionale Abhängigkeiten der Tasks untereinander zu unzulässig langen Bearbeitungszeiten führen können. Solche Situationen sind jedoch nicht immer leicht zu erkennen; die Anzahl der möglichen "Exekutionsreihenfolgen" eines Multitasking-Systems überschreitet bei weitem jene Größenordnung, die noch einen vollständigen Test erlauben würde.

Abgesehen von derartigen Problemen ist es auch schon sehr schwierig, das Zeitverhalten eines Echtzeitsystems im regulären Betrieb detaillierter zu erfassen. Fragen nach den zur Verfügung stehenden "Zeitreserven", also letztlich nach der Dimensionierung der notwendigen Rechnerleistung, werden im Normalfall äußerst pragmatisch beantwortet: Wenn das fertige System einige Zeit funktioniert, dann ist es auch richtig dimensioniert!

Eine ähnliche, sogar noch wesentlich tiefergehende, Problematik ist im Zusammenhang mit den Lasthypothesen für ereignisgesteuerte Echtzeitsysteme zu orten. Dabei geht es um die Bereitstellung von realistischen theoretischen Modellen, die schon in einer frühen Phase der Systementwicklung Aussagen über die nötige Rechnerleistung ermöglichen. "Klassische" Performance-Maße wie die mittlere CPU-Auslastung sind in Hinblick auf die Einhaltung harter Zeitschranken leider relativ bedeutungslos.

Sofern nun die aus dem technischen Prozeß kommenden Signale nicht zyklisch oder sonstwie deterministisch auftreten, sind die heutzutage üblichen Angaben wie "im Mittel 4000 Ereignisse/Sekunde" (allein) ziemlich wertlos. Zusätzliche Informationen, etwa Wahrscheinlichkeitsverteilungen und Angaben über die Korrelation verschiedener Prozeßsignale, sind aber oftmals nicht verfügbar oder in der Praxis nicht verwertbar. Es erscheint uns daher zunächst erforderlich, relevante Kenngrößen jener Stimuli zu definieren und zu messen, mit denen technische Prozesse ein Echtzeitsystem konfrontieren. Aufbauend auf einem vernünftigen theoretischen Modell sollte es dann möglich sein, halbwegs realistische und trotzdem handhabbare Lasthypothesen zu formulieren.

Der zur Zeit am Institut für Automation (183/1) der TU Wien in Entwicklung befindliche VTA (Versatile Timing Analyzer) ist nun ein Werkzeug, mit dessen Hilfe dem umrissenen Problemkreis praktisch zu Leibe gerückt werden kann. Grob klassifiziert handelt sich hierbei um ein System zur (statistischen) Auswertung des zeitlichen Auftretens frei definierbarer Events in einem verteilten Echtzeitsystem.

Die folgenden Abschnitte 2 (Konfiguration) und 3 (Funktionalität) sind der Vorstellung des prinzipiellen Aufbaus und der Funktionalität des VTAs gewidmet, Aspekte der Implementierung werden im Abschnitt 4 (Realisierung) erläutert. Einige abschließende Bemerkungen finden sich schließlich im Abschnitt 5 (Ausblick).

2. Konfiguration

Der projektierte Prototyp des VTAs ist für das Monitoring in einem verteilten VME-basierenden Echtzeitsystem (im folgenden Targetsystem genannt) gedacht. Ein solches Targetsystem besteht aus einem oder mehreren, untereinander beliebig gekoppelten VME-Racks, mit jeweils einer oder mehreren CPUs. Das offene Design des VTAs sieht die prinzipielle Unterstützung verschiedener (Target-)Programmiersprachen (C, PEARL, Ada, ...), verschiedener Betriebssysteme (pSOS, VRTX, os9, ...) und verschiedener CPU-Boards bzw. Prozessoren vor.

Der VTA selbst besteht aus einer oder mehreren Monitoring-CPUs (VTA-Targets), die in die einzelnen Racks des Targetsystems gesteckt werden, und einer Workstation (VTA-Host). Diese Komponenten werden durch ein Ethernet-basierendes LAN miteinander verbunden. Das folgende Bild zeigt den prinzipiellen Aufbau

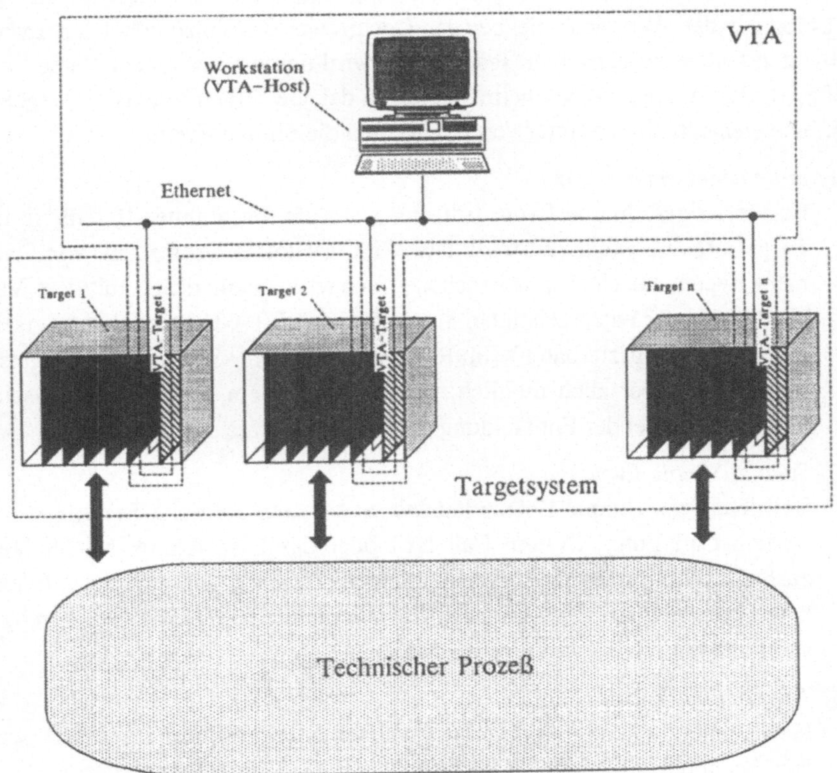

Der VTA-Host stellt das Benutzer-Interface des VTAs bereit; zur Laufzeit des Targetsystems können Monitoring-Funktionen aktiviert und deaktiviert und erfaßte Daten (Quantities) ausgewertet bzw. dargestellt werden. Den VTA-Targets obliegt hingegen das Setzen/Modifizieren/Löschen von Instrumentierungspunkten in der Targetsoftware und natürlich die Erfassung und Vorverarbeitung der über diese Instrumentierung "signalisierten" Events.

3. Funktionalität

Von zentraler Bedeutung ist der Begriff eines Events, das eine bestimmte Situation im Targetsystem spezifiziert. Das Eintreten der durch ein Event charakterisierten Situation wird als Occurrence bezeichnet. Unter dem Aufsetzen eines Events ist die konkrete Formulierung einer solchen Situation und die Festlegung der Aktionen, die bei der Occurrence des entsprechenden Events ablaufen sollen, zu verstehen. Jedes Event wird durch einen Event Name identifiziert, der im allgemeinen beim Aufsetzen des jeweiligen Events zu vergeben ist. Die elementaren Vertreter von Events sind die Simple Events:

(1) *Statement Simple Events*

Ein derartiges Simple Event tritt ein, wenn ein bestimmter Befehl in der Targetsoftware exekutiert wird. Der VTA erlaubt das Aufsetzen von Statement Events auf Hochsprachenebene, rechnet also einerseits mit dem Vorhandensein der entsprechenden Sourcefiles am VTA-Host und andererseits mit einer "modifizierbaren" (im RAM befindlichen) Software im Targetsystem. Es ist aber auch möglich, gewisse (vor allem extrem zeitkritische) Events schon bei der Entwicklung der Targetsoftware einzubinden.

(2) *Special Simple Events*

Bei derartigen Simple Events handelt es sich um spezielle Ereignisse wie System Call Entry, System Call Exit oder das Dispatching. Mit einigem zusätzlichen Hardware-Aufwand können (später) auch Simple Events betreffend gewisse (Bus-)Signale, vor allem Interrupt-Leitungen, bereitgestellt werden.

(3) *Time Simple Events*

Hier können beliebige Zeitpunkte (zyklisch oder one-shot) aufgesetzt werden, bei deren Erreichen das korrespondierende Simple Event eintritt.

(4) *Quantity Simple Events*

Ein derartiges Simple Event tritt ein, wenn der Wert einer Quantity eine spezifizierte Bedingung erfüllt.

In allen Fällen können dabei auch Nebenbedingungen gefordert werden. Ein Conditional Simple Event tritt nur dann ein, wenn das Simple Event eintritt und die spezifizierten Nebenbedingungen zu diesem Zeitpunkt erfüllt sind. Im Detail existieren hier unter anderem folgende Möglichkeiten:

- Exekution im Kontext eines oder mehrerer bestimmter Tasks/Prozessoren

- Vorliegen bestimmter Variablenwerte

- Vorliegen bestimmter Werte in den Prozessor-Registern

- Nebenbedingungen mit VTA-Variablen (letztere werden im VTA organisiert)

Ein Event stellt nun eine Verknüpfung von (Simple) Events dar. Solche Verknüpfungen werden mit Hilfe einer geeigneten Event Definition Language (EDL) formuliert, siehe dazu auch [2]. Die Syntax unserer EDL folgt der herkömmlichen Notation der geklammerten Ausdrücke mit +, - und *, wobei natürlich die Semantik der Operatoren unterschiedlich ist. Ein Beispiel, nämlich das Event "Telefonat mit einem Familienmitglied", soll dies illustrieren:

```
E := ABHEBEN*WÄHLEN*(EHEFRAU+KIND-BESETZT)*SPRECHEN*AUFLEGEN
```

Das zitierte Ereignis tritt nur dann ein, wenn zuerst die Events ABHEBEN und dann WÄHLEN eintreten und danach entweder die EHEFRAU oder das KIND den Hörer abnehmen. Sollte hingegen statt dessen das Event BESETZT eintreten, wird wieder der Status des Beginns (also vor dem ABHEBEN) erreicht.

Die in einem derartigen Ausdruck verwendeten Events dürfen nun Simple Events oder aber auch andere Events sein; das Event SPRECHEN könnte etwa durch

```
SPRECHEN := SATZ_SAGEN*(VERSTANDEN-NICHT_VERSTANDEN)*SERVUS
```

aufgesetzt werden. Das Event NICHT_VERSTANDEN würde hier den Zustand vor dem SATZ_SAGEN wiederherstellen.

Beim Aufsetzen eines Events kann spezifiziert werden, welche Aktionen bei der Occurrence desselben ausgeführt werden sollen. Es gibt dabei zwei Klassen von Aktivitäten:

(1) *Aktivitäten im Targetsystem auslösen*
   Hierbei geht es hauptsächlich um die Modifikation bestimmter Variablen im Targetsystem.

(2) *Aktivitäten im VTA(-Target) auslösen*
   Neben der Modifikation von VTA-Variablen können hier unter anderem Timer Simple Events aufgesetzt und Quantities verändert werden.

Wie bei den Simple Events können auch für ein Event als Ganzes Nebenbedingungen mit VTA-Variablen gefordert werden. Auf diese Weise ist zum Beispiel ein Suspend/Resume von Events über VTA-Variable zu realisieren.

Bei den erwähnten Möglichkeiten handelt es sich um das von der Funktionalität her gesehen mächtigste, aber klarerweise etwas umständlich zu handhabende, Low Level VTA-Programming. Darauf aufbauend werden einige höhere Mechanismen bereitgestellt, die eine Reihe von häufig benötigten (Standard-) Meßverfahren (also Standard-Quantities) realisieren. Verzwickte Meßprobleme können aber selbstverständlich durch spezielle "(User-)Programme" auf der Ebene des Low Level VTA-Programmings gelöst werden.

Der VTA soll im Endeffekt bestimmte Parameter wie Maxima, Minima, Mittelwert, Varianz, usw. beliebig vieler, frei definierbarer Quantities (Meßgrößen) erfassen. Jede solche Quantity gehört einer bestimmten Quantity Class an. Betrachtet man das Targetsystem während eines gewissen Sampling Intervals, so werden in der Regel die eine Quantity bestimmenden Events mehrmals auftreten, sodaß am Ende eines Sampling Intervals eine ganze Folge von Meßwerten X0, X1, ... , Xn für die entsprechende Größe vorliegen wird.

Unter anderem sind nun folgende (Standard-)Quantity Classes, quasi ein "Basiskatalog" von Meßmöglichkeiten, denkbar:

(1) *Durations*
   Dabei handelt es sich im Prinzip um die Erfassung von mehr oder weniger komplexen Zeitintervallen.

   (A) *Interarrival Times*
      Eine Interarrival Time wird durch ein einzelnes Event E bestimmt:

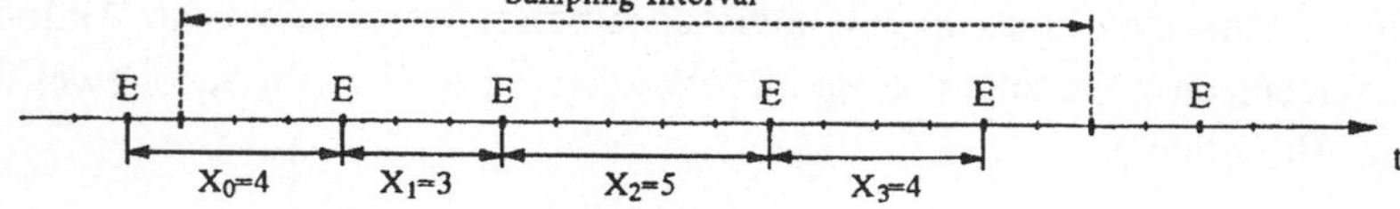

(B) *Simple Durations*

Eine Simple Duration durch ein Begin-Event B und ein korrespondierendes Termination-Event T definiert. Hierbei gibt es

- *Single Asymmetric Simple Durations*
  Dies ist die (immer nicht-negative) Differenz zwischen der Occurrence von T und B, wobei B vor T kommen muß:

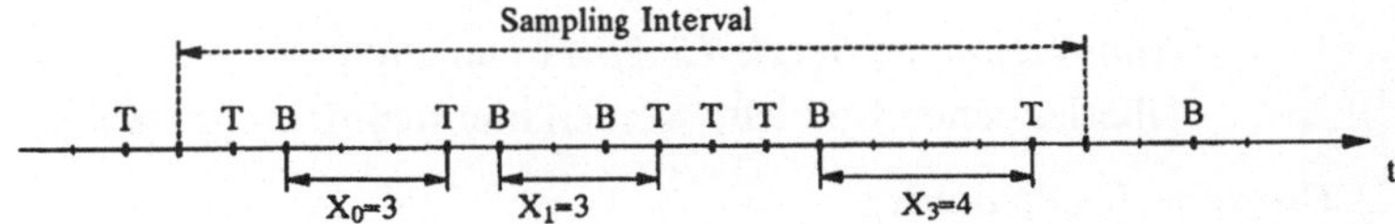

- *Single Symmetric Simple Durations*
  Dabei handelt es sich um die Differenz zwischen der Occurrence von T und B, wobei auch T vor B zugelassen wird. Eine negative Duration ergibt sich genau dann, wenn das Termination-Event vor dem Begin-Event kommt.
- *Multiple Asymmetric Simple Durations*
  Dies ist wieder die (immer nicht-negative) Differenz zwischen der Occurrence von T und B, wobei B vor T kommen muß. Wichtig ist, daß in diesem Fall zwei oder mehrere Durations gleichzeitig "aktiv" sein können. Kommen also zwei Begin-Events hintereinander, so werden gleichzeitig zwei Meßwerte (Xi und Xi+1) erfaßt.
- *Multiple Symmetric Simple Durations*
  Dabei handelt es sich wieder um die Differenz zwischen der Occurrence von T und B, wobei auch T vor B zugelassen wird. Hier können ebenfalls, wie zuvor, mehrere Durations gleichzeitig "aktiv" sein.

(C) *Single Complex Durations*

Derartige Quantities ergeben sich aus der Summe mehrerer (Single Asymmetric oder Single Symmetric) Simple Durations. Zu beachten ist, daß zu jedem Zeitpunkt höchstens eine solche Meßgröße aktiv sein kann. Es gibt jedoch zwei Varianten für den Fall, wo sich zwei beteiligte Simple Durations überlappen:

- *Overlapped Single Complex Durations*
  Überlappende Bereiche (schraffiert) werden nur einmal "gezählt"

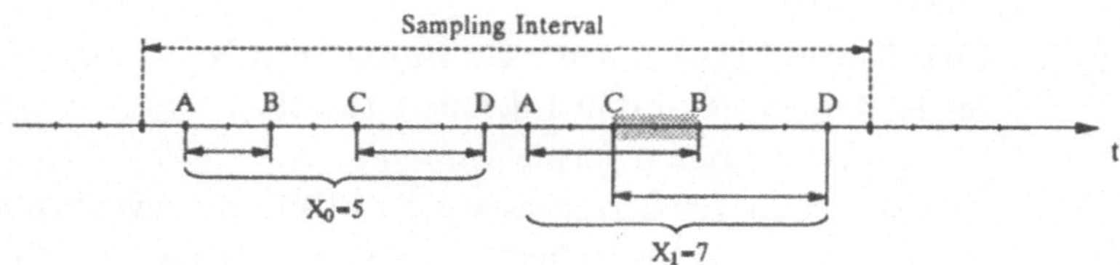

- *Nonoverlapped Single Complex Durations*
  Überlappende Bereiche werden hier mehrfach "gezählt".

(2) *Duration Eventcounts*

Dabei handelt es sich im Prinzip um die Erfassung der Anzahl der Occurrences eines Events I innerhalb mehr oder weniger komplexer Zeitintervalle.

(A) *Interarrival Time Eventcounts*

Im Gegensatz zu der bereits vorgestellten Quantity Class Interarrival Times handelt es sich hier um die Erfassung der Anzahl von Events I zwischen den Occurrences eines Events E:

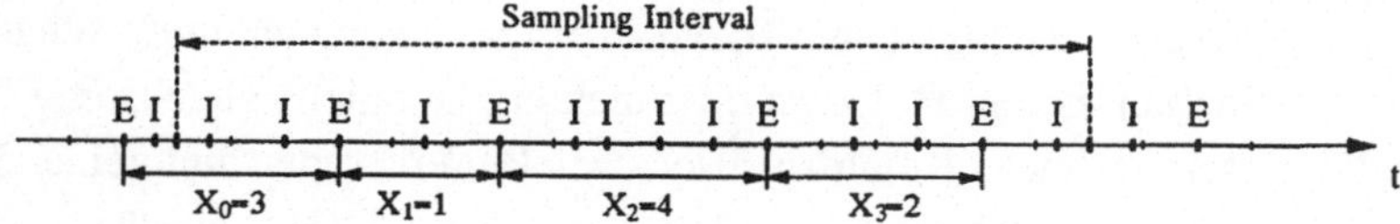

(B) *Single Simple Duration Eventcounts*

Eine Simple Duration wird bekanntlich durch ein Begin-Event B und ein korrespondierendes Termination-Event T definiert. Bei den darauf aufbauenden Eventcounts gibt es zwei Möglichkeiten:

- *Single Asymmetric Simple Duration Eventcounts*
  Dies ist die Anzahl der Occurrences von Event I zwischen Occurrences von T und B, wobei B vor T kommen muß.
- *Single Symmetric Simple Duration Eventcounts*
  Dabei handelt es sich um die Anzahl der Occurrences von I zwischen Occurrences von T und B, wobei auch T vor B zugelassen wird.

Zu beachten ist, daß zu jedem Zeitpunkt nur eine Meßgröße aktiv sein kann.

(C) *Single Complex Duration Eventcounts*
Derartige Quantities ergeben sich aus der Summe mehrerer (Single Asymmetric oder Single Symmetric) Simple Duration Eventcounts. Auch hier kann zu jedem Zeitpunkt höchstens eine solche Meßgröße aktiv sein.

(3) *Values*
Hierbei handelt es sich um Werte spezifizierter Variablen beim Eintreten eines Events.

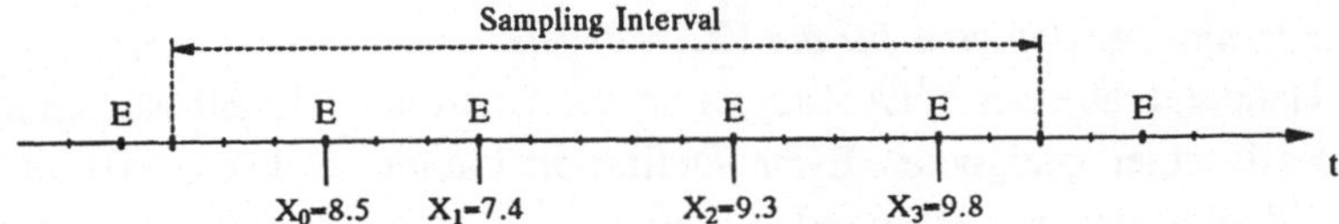

4. Realisierung

Bei der Realisierung des VTAs sind drei voneinander relativ unabhängige Teilaspekte zu unterscheiden:

(1) *Bereitstellung eines leistungsfähigen verteilten Systems von VTA-Targets*
Die Aufgabenstellungen, mit der sich der Verbund der VTA-Targets konfrontiert sieht, erfordern zunächst einmal relativ leistungsfähige (singleboard) Hardware-Komponenten. Ein VTA-Target muß den "Strom" der aus der jeweiligen Targetsystem stammenden Events entgegennehmen und entsprechend den Ausführungen im folgenden Punkt (2) verarbeiten. Die Distributed Event Recognition erfordert darüber hinaus auch einen verteilten(!) Timestamp-Mechanismus sehr feiner Granularität, was im Endeffekt auf das bekannte Problem der Clock-Synchronisation in verteilten Systemen führt (siehe zum Beispiel [5], [6], [1]).

Die Realisierung der VTA-Targets erfolgt auf der Basis von Force CPU-30 Boards. Diese sollen jedoch anstelle des standardmäßigen Ethernet-Piggybacks ein spezielles Netzwerk-Interface tragen, das hardwaremäßig die Clock-Synchronisation ganz wesentlich erleichtert. Die Kommunikation der Instrumentierungsroutinen in der Targetsoftware mit dem jeweiligen VTA-Target wird über das Force Message Broadcast abgewickelt.

Als Betriebssystem werden wir pSOS+ von Software Components Group einsetzen. Systemnahe Funktionen wie die Clock-Synchronisation können hier im ohnedies notwendigen Multiprocessor Interface verborgen werden, sodaß sich im Endeffekt ohne viel Aufwand ein leistungsfähiges, clock-synchronisiertes verteiltes System von VTA-Targets bereitstellen läßt. Da auf der ohnedies für den VTA-Host benötigten Workstation auch gleich die Entwicklungsumgebung für das pSOS+ installiert werden kann, ergibt sich auch eine optimale Konfiguration für die Entwicklung der Software der VTA-Targets.

(2) *Realisierung der Software für die VTA-Targets*
Die Hauptaufgabe der VTA-Targets ist die Distributed Event Recognition auf Basis einer geeigneten Event Definition Language. Diese erlaubt die Spezifikation der interessierenden Events und impliziert dadurch auch eine Art Datenabstraktion, also letztlich eine Datenreduktion. Grundvoraussetzung dafür ist allerdings ein verteiler Algorithmus, der ein Matching der von den VTA-Targets erfaßten Simple Events mit den in der EDL formulierten komplexeren Events durchführt; ein bei weitem nicht triviales Problem (siehe [2], [3], [8]).

Darüber hinaus müssen natürlich auch jene Möglichkeiten realisiert werden, die das Aufsetzen/Ändern/Löschen von Events erlauben. Von besonderer Bedeutung ist hier das Eintragen der für Statement Simple Events notwendigen Instrumentierungen in der Targetsoftware (siehe dazu auch [4]).

(3) *Realisierung der Software für den VTA-Host*
Hierbei handelt es sich um eine "klassische" UNIX Workstation-Applikation, nämlich um die Bereitstellung der Benutzerschnittstelle in einer geeigneten Multiwindow-Technik. Das eigentliche Problem liegt jedoch nicht so sehr darin, wie etwa die Daten-Darstellung nun tatsächlich realisiert werden kann. Die zentrale Frage ist vielmehr die, welche Kenngrößen überhaupt von Interesse sind und wie aussagekräftige Darstellungen aussehen sollten. Es gibt zwar im Kontext der "gewöhnlichen" verteilten Systeme einige Ansätze dazu (siehe [7] für einen Überblick), für Echtzeitsysteme sind diese Ideen jedoch kaum verwendbar. Es scheint sich hier tatsächlich weitgehend um Neuland zu handeln.

5. Ausblick

Obwohl der VTA für uns primär ein Werkzeug darstellt, mit dessen Hilfe wir realistische "Eingangsdaten" für unsere theoretischen Untersuchungen zum Problemkreis Lasthypothesen/Performance Requirements für ereignisgesteuerte Systeme gewinnen wollen, war uns auch die unmittelbare Praxisrelevanz eines derartigen Meßsystems für den Test von Echtzeitsystemen von Anfang an bewußt. Das zugrundeliegende Konzept stellt dabei einen vernünftigen Kompromiß zwischen vertretbarem Aufwand einerseits und zulässiger Beeinflussung der ablaufenden Targetsoftware andererseits dar.

Der VTA erlaubt es zum Beispiel, die Dauer einer zeitkritischen Befehlssequenz der Targetsoftware kontinuierlich zu überwachen und auf diese Weise Performance-Engpässe (oder Überdimensionierungen) aufzudecken. Die Besonderheit liegt dabei in der Möglichkeit, komplexe Bedingungen spezifizieren und auf diese Weise den "Scope" einer solchen Untersuchung zum Beispiel auf eine oder mehrere bestimmte Tasks einschränken zu können. Spezielle komplexe Quantities gestatten es sogar, Entscheidungen betreffend die Verteilung von Tasks auf verschiedene Prozessoren zu verifizieren. Selbst die Dimensionierung von Speicherplatz für dynamische Datenstrukturen (Buffer, Heaps, Stacks, ...) kann überprüft werden.

Im Zusammenhang mit dem Problemkreis Lasthypothesen eröffnet der VTA die Möglichkeit, hierfür notwendigen Kenngrößen praktisch zu bestimmen bzw. zu verifizieren. Es ist dazu lediglich notwendig, Events in den für die Bedienung der Prozeßperipherie zuständigen Programmteilen aufzusetzen und geeignete Quantities zu erfassen. Die Voraussetzung ist natürlich ein an dem jeweiligen technischen Prozeß angekoppeltes Targetsystem. Darüber hinaus können aber auch die "Auswirkungen" derartiger Stimuli, also letztlich die in der Targetsoftware ausgelösten weiteren (also weitergehenden) Aktivitäten, verfolgt werden. Auf eine derartige praktische "Beobachtung" realer Systeme kann in Hinblick auf eine vernünftige Modellbildung wohl kaum verzichtet werden. Allerdings erfordern derartige Anwendungen des VTAs mit Sicherheit erweiterte Meß- und Auswertungsmöglichkeiten; entsprechende Erfordernisse werden sich sicherlich erst im Laufe der Zeit ergeben.

Gerade in diesem Zusammenhang sollten wir abschließend anmerken, daß sich das Projekt VTA sicherlich noch einige Zeit in einer Design-Phase befinden wird, in der die tatsächliche Realisierung sekundär ist. In Anbetracht der spärlichen Ergebnisse unserer bisherigen Literaturrecherche sind wir gezwungen, einige grundsätzliche Probleme selbst in Angriff zu nehmen. So gibt es, wie schon erwähnt, zum Teil sehr brauchbare Literatur aus dem Kontext des Monitorings "gewöhnlicher" verteilter Systeme, die etwa bei der Clock-Synchronisation oder der Distributed Event Recognition hilfreich sind, aber keine für Echtzeitsysteme verwendbaren Ansätze im Bereich der Datendarstellung.

Literatur

[1]   Arvind, K., "A New Probabilistic Algorithm for Clock Synchronization", Proc. Real-Time Systems Symposium IEEE (1989), 330-339

[2]   Bates, P., Wileden, J.C., "High-Level Debugging of Distributed Systems: The Behavioral Abstraction Approach", Journal of Systems and Software 3, (1983), 255-264

[3]   Bates, P., "Debugging Heterogeneous Distributed Systems Using Event-Based Models of Behavior", Proc. ACM SIGPLAN and SIGOPS Workshop on Parallel and Distributed Debugging (1988), 11-22

[4]   Haban, D., Wybranietz, D., "A Hybrid Monitor for Behavior and Performance Analysis of Distributed Systems", IEEE Trans. Soft. Eng., Vol. 16, No. 2 (Feb. 1990), 197-211

[5]   Lamport, L., "Time, Clocks and the Ordering of Events in a Distributed System", Comm. ACM, Vol. 21, No. 7, (July 1978), 558-565

[6]   Kopetz, H., Ochsenreiter, W., "Clock Synchronization in Distributed Real Time Systems", IEEE Trans. Comput., Vol 36, No. 8, (August 1987), 933-940

[7]   McDowell, C.E., Helmbold, D.P., "Debugging Concurrent Programs", ACM Comput. Surv., Vol. 21, No. 4, (December 1989), 593-622

[8]   Spezialetti, M., Kearns, J.P., "A General Approach to Recognizing Event Occurrences in Distributed Computations", Proc. 8th Int. Conf. on Distrib. Comp. Syst., (1988), 300-307

Autorenliste

Dipl.-Ing. D. Böning   Technische Universität Braunschweig

K. Eichhorn   Technische Universität Chemnitz-Zwickau

H. Franke   FhG - IUW Fraunhofer Einrichtung Chemnitz

H. Frey   Fachhochschule Ulm

B. Furht   Boca Raton, Florida, U.S.A

Prof. Dr.-Ing. W. Gerth   Universität Hannover

Dipl.-Ing. C. Gralla   Universität Hannover

Hans Heelendoorn   Siemens AG, München

Dipl-Ing. Thomas Holzmüller   Technische Hochschule Leipzig

E.D. Jensen   Digital Equipment Corp., Maynard, MA, U.S.A.

Prof. Dr.-Ing. habil. Klaus Kabitzsch   Technische Universität Dresden

Prof. Dr. R. Kern

Georg-Simon-Ohm-Fachhochschule
Nürnberg

F. Klein

Fachhochschule Ulm

Dr. Werner Kriechbaum

IBM Deutschland, München

Dipl.-Ing. C. Lilge

Universität Hannover

Prof. Dr.-Ing. habil. D. Müller

Technische Universität Chemnitz-
Zwickau

Dipl.-Ing. Jens-Uwe Müller

Technische Hochschule Zittau

Rainer Palm

Siemens AG, München

B. Paul

Technische Universität Dresden

Dr.-Ing. Ulrich Priber

FhG - IUW Fraunhofer Einrichtung
Chemnitz

Dipl.-Ing. Karl-Heinz Rehbein

ABB Kraftwerksleittechnik GmbH,
Mannheim

Dr. M. Rheinfrank

Siemens AG, München

G. Ruhnau

FhG - IUW Fraunhofer Einrichtung
Chemnitz

Prof. Dr. Helmut Rzehak   Universität der Bundeswehr Neubiberg

P. Schlegel   Technische Universität Chemnitz-
                                 Zwickau

Dr. Ulrich Schmid   Technische Universität Wien

Prof. Dr. Uwe Schneider   Hochschule für Technik und Wirtschaft
                                 Mittweida

Prof. Dr.-Ing. W. Schroer   Fachhochschule Ulm

D. Tjhie   Universität der Bundeswehr Neubiberg

B. Vater   Fachhochschule Ulm

Sachwortverzeichnis

A

Abbrechbarkeit, 203
AD-Wandlung, 138
Ada, 5; 37
Aggregationsoperator, 147; 149
AIX, 61 ff
Akzeleratorsystem, 157 f; 163
Alpha, 43 ff
Alpha object, 51
Am 29000, 188 ff
application-specific predicates, 49
Atomare Operationen, 190

B

Bearbeitungszeit, 237; 239; 242; 244
Befehls-Pipelining,192
(vgl. Fließbandprobleme)
Benchmark, 78
    Dhrystone, 189; 194 f; 224
    Linpack, 224
    multiprocessor, 226
    real-time, 217
    scheduler, 226; 228
    system, 227
    system bus, 229
    Whetstone, 224
Benefit Accrual Model, 48 f
benefit function, 43; 49; 50
(vgl. Nutzenfunktion)
Betriebssystem-Kern, 29; 94ff
(vgl. operating system kernel)
Betriebssystem-Latenzzeit, 29
Betriebssystemaufruf, 24; 28 f
(vgl. Betriebssystemdienst, -funktion,
system call)
Betriebssystemdienst, 29; 253; 257
(vgl. Betriebssystemfunktion, -aufruf
system call)
Betriebssystemfunktion, 36; 38
(vgl. Betriebssystemdienst, -aufruf,
system call)
Betriebssystemkonzept, 253
Betriebssystemmodell, 5; 36 f
Bildvorverarbeitung, 153
Botschaftenkonzept, 34
branch delay, 192
Bussystem, 4

C

cache coherence, 221; 227
Cache-Probleme, 192

CISC, 188 ff; 199 ff
Clock-Synchronisation, 273 f
computation completion time constraint, 43; 48
(vgl. deadline, Zeitverhalten)
Control-Problematik, 107
Control-Regel, 114
CPU-Auslastung, 266
CSP, 94

D

Datenkonsistenz, 26; 31
deadline, 48
(vgl. computation completion time
constraint, Zeitverhalten)
Deadline-Scheduling (vgl. Scheduling), 35
deadlock breaking time, 224
Defuzzification, 111; 114
Defuzzifikationsverfahren, 125
(vgl. Defuzzifizierungsmethode)
Defuzzifizierungsmethode, 170
(vgl. Defuzzifikationsverfahren)
Denormierung, 111; 180 f
Determinismus (vgl. Vorhersagbarkeit), 14
digitale Regelung, 73; 87
dispatcher, 63
Dispatching, 268
Distributed Computing, 44
distributed real-time system, 48
distributed thread (vgl. Thread), 53 f
Durchsatz, 231

E

Echtzeit-System, 187 f
Echtzeitanforderung, 17
Echtzeitbetriebssystem, 73 ff; 199 ff
Echtzeitdatenverarbeitung, 3; 8; 13 f
(vgl. Realzeitbetrieb, zeitkritische Anwendungen)
Echtzeitreaktivität, 211
Echtzeitüberwachung, 157
Effizienzgewinn, 16
Embedded-Controller-Bereich, 200
ereignisgesteuert, 265 f
Ereignisspur, 259
Erreichbarkeitsanalyse, 252
Erreichbarkeitskalkül, 252
Event Definition Language, 269; 274
exception, 55
exception block, 55 f
Expertensysteme, 7
Expertensystemmodell, 134

Fuzzy-Logik und Fuzzy-Control

Eine anwendungsorientierte Einführung mit Begleitsoftware

von Jörg Kahlert und Hubert Frank

1993. XII, 339 Seiten mit Diskette. Gebunden.
ISBN 3-528-05304-6

Die Fuzzy-Logik (unscharfe Logik) ist in jüngster Zeit vor allem durch japanische Produkte bekannt geworden. Sie eignet sich im Gegensatz zur klassischen Logik hervorragend dazu, verbal formuliertes Wissen und Zusammenhänge auf einem Digitalrechner nachzubilden und für das Ziehen von Schlußfolgerungen oder die Analyse und Steuerung komplexer Vorgänge in sämtlichen Bereichen heranzuziehen. Dabei werden die interessierenden Einflußgrößen als sogenannte „Linguistische Variablen" aufgefaßt und die Zusammenhänge zwischen Ein- und Ausgangsgrößen in Form von WENN ... DANN ... Regeln formuliert. Ein wesentlicher Anwendungsbereich liegt in der Steuerung und Regelung technischer Systeme (Fuzzy-Control). Die Fuzzy-Technik ermöglicht hier die Automatisierung gerade solcher Prozesse, die bisher mit klassischen Methoden nicht zugänglich waren. Sie bietet dabei eine hervorragende Grundlage, empirisches Prozeßwissen und verbal beschreibbare Steuerungsstrategien unmittelbar umzusetzen.

Verlag Vieweg · Postfach 58 29 · 65048 Wiesbaden

Fuzzy-Theorie oder
Die Faszination des Vagen

Grundlagen einer präzisen Theorie des Unpräzisen
für Mathematiker, Informatiker und Ingenieure

von Bernd Demant

1993. VIII, 152 Seiten. Gebunden.
ISBN 3-528-05331-3

Das Buch enthält im ersten Kapitel eine Einführung in die Fuzzy-Theorie. Besonderer Wert wird auf eine anschaulich mathematische-bildliche Begleitung der formalen Darstellungen gelegt.

Die Kapitel 2 und 4 stützen sich auf die Lukasiewizc-Logik. Diese gestattet eine besonders glatte und gut interpretierbare Darstellung wichtiger, der Fuzzy-Methodik zugänglicher, Themen: Vage Einordnungen (Fuzzy-Subsumption), Vage Gleichheit (Ähnlichkeit), Vage Ordnungen, Vage Inferenzierung (u.a. Fuzzy-Regelung).

Das dritte Kapitel stellt als Gegensatz zum Begriff der Wahrscheinlichkeit den Begriff „Möglichkeit eines Ereignisses" in den Mittelpunkt. Eine hierauf aufbauende elementare Zuverlässigkeitstheorie wird entwickelt.

Verlag Vieweg · Postfach 58 29 · 65048 Wiesbaden